ÇARMIHIN
MESAJI

ÇARMIHIN
MESAJI

Rahip Dr. Jaerock Lee

URIM BOOKS

ÇARMIHIN MESAJI Yazar: **Dr. Jaerock Lee**
Urim Kitapları tarafından yayınlanmıştır
(Temsilci: Seongkeon Vin)
235-3, Guro-dong 3, Guro-gu, Seul-Kore
www.urimbooks.com

Seul, Kore'de bulunan Urim Kitapları tarafından ilk Korece basılmıştır 2002.

İlk Basım Temmuz 2012

Editör: Dr. Geumsun Vin
Çeviren: Melisa Arslan
Tasarım: Urim Kitapları Editoryal Büro
Daha çok bilgi için urimbook@hotmail.com

V

ÖNSÖZ

Tanrı'nın kalbini ve O'nun sevgi üzerine yüce planını anlamanız, imanınız için sağlam temeller atabilmeniz dileğiyle

Çarmıhın Mesajı, 1986 yılından beri sayısız insanı kurtuluşun yoluna sevk etmiş ve birçok uluslararası misyonerlik faaliyetleriyle Kutsal Ruh'un sayısız işlerini ortaya koymuştur. Nihayet Tanrım beni bu kitabı yayınlamam için kutsamıştır. Tüm şükran ve övgüler O'nadır.

Pek çok insan Yaratan Tanrımıza inandıklarını ve O'nun oğlu İsa Mesih'in sevgisini bildiklerini söylerler ama müjdeyi imanla duyurmazlar. Aslında çok az Hrıstiyan Tanrı'nın kalbini ve O'nun Takdiri İlahisini anlar. Hatta bazı Hrıstiyanlar Tanrılarından kopmuşlardır çünkü ya Kutsal Kitap'ta görünen birçok sorunun net cevabını alamamışlar, ya da Tanrının sevgisinin gizemli Takdiri İlahisini kavrayamamışlardır.

Örneğin, size şu üç soru sorulsaydı nasıl cevaplar verirdiniz? "Niçin Tanrı, iyilik ve kötülüğün bilgisini taşıyan ağacı yerleştirdi ve insanın bu ağaçtan yemesine izin verdi?", "Günahkârlar için oğlu İsa Mesih'i kurban etmesine rağmen, niçin cehennemi yarattı?" ve "Niçin İsa Mesih tek Kurtarıcı'dır?"

Hristiyan yaşantımın ilk birkaç yılında, Tanrı'nın yaratış ve çarmıhta gizli derin Takdiri İlahisini anlayamıyordum. Hizmete çağrıldıktan sonra, kendime şu soruyu yöneltmeye başladım; "Bunca insanı kurtuluşun yoluna ve Tanrı'yı yüceltmeye nasıl sevk edebilirim?" Tanrı'nın yorumuyla idrak edilmesi zor olan bölümlerle birlikte, Kutsal Kitap'ta mevcut her bir kelimeyi anlamam ve tüm dünyaya bunları duyurmam gerektiği gerçeği bende uyandı. Olabildiğince sıklıkla bunun için oruç tuttum ve dua ettim. Tanrı'nın bunları ifşa etmesine kadar yedi sene geçti.

1985 yılında kendimi adamış bir şekilde dua ederken, Kutsal Ruh ile doldum. Bana sır perdesinin gerisinde ki Takdiri İlahinin manasını açmaya başladı. O, "Çarmıhın Mesaj"ıydı. 21 hafta boyunca her pazar sabah ayinlerinde bunun vaazını verdim. "Çarmıhın Mesajı" ile ilgili kasetler gerek yurtiçi gerekse yurtdışında sayısız insanı etkiledi. Her nerede "Çarmıhın Mesajı" duyurulduysa, Kutsal Ruh tıpkı parlayan bir ateş gibi sonuçlar verdi. Pek çok insan günahlarından tövbe etti, hastalık ve rahatsızlıklarından kurtuldu. Tanrı'nın Takdiri İlahisi ile ilgili kuşkularından arındılar ve gerçek bir imanla sonsuz yaşamı kazandılar. O vakte kadar ne Tanrı'yı nede O'nun derin sevgisini tam anlamıyla bilmiyorlardı. Bu mesaj yoluyla Tanrı'nın mesajını anlamaya, O'nunla karşılaşmaya ve sonsuz yaşam için umut beslemeye başladılar.

Eğer Tanrı'nın niçin iyilik ve kötülüğün bilgisini taşıyan ağacı cennet bahçesine yerleştirdiğini tam anlamıyla anlarsanız, insanlığın yetişmesi için O'nun Takdiri İlahisini kavrar ve çok daha içten O'nu seversiniz. Buna ilaveten, hayatınızın gerçek anlamını bilerek, kanınızı dökme pahasına günahlarınızla mücadele edebilecek, İsa Mesih'in kalbini en iyi şekilde kendinizde temsil etmeye çalışacak ve ölümünüz pahasına Tanrı'ya sadakatle bağlı olacaksınız.

"Çarmıhın Mesajı" sizlere çarmıhta gizli olan Takdiri İlahiyi gösterecek, gerçek ve iyi bir Hristiyan olabilmeniz için sağlam bir temel kurmanıza yardım edecektir. Bu sebeple, bu kitabı okuyan herkes derin Takdiri İlahiyi ve Tanrı'nın sevgisini anlayacak, gerçek iman sahibi kişiler olacak ve O'nun gözlerini memnun edecek Hristiyan yaşantısını kurup sürdüreceklerdir.

Bu çalışmanın yayınlanması için her türlü gayreti gösteren Yazı İşleri Kurulu Yöneticisi ve tüm çalışanlarına teşekkürlerimi sunuyorum.

Sayısız insan Takdiri İlahiyi anlasın, sevgi Tanrı'sıyla tanışsın ve Tanrı'nın gerçek çocukları olarak kurtarılsın - tüm bunlar için Rab'bimiz İsa Mesih'in adıyla dua ediyorum.

Jaerock Lee

GİRİŞ

Çarmıhın Mesajı, yeryüzünde ki her Hrıstiyan'ın kucaklaması gereken etkili bir mesaj, Tanrı'nın hikmeti ve gücüdür.

Tüm şükranları ve övgüyü, *"Çarmıhın Mesajı"* nın yayınlanmasını mümkün kılan Babamız Tanrı'ya sunuyorum. Dünya'da ki Manmin üyelerinin pek çoğu yayınlanmasını dört gözle bekliyorlardı. Bu kitap, birçok Hrıstiyan'ın merak duyduğu pek çok soruya açıklık getirmektedir: "Başlangıçtan evvel Yaratıcı Tanrı neydi?" "Tanrı niçin insanı yarattı ve onun yeryüzünde yaşamasına izin verdi? "Tanrı niçin iyilik ve kötülüğün bilgisini taşıyan ağacı cennet bahçesine yerleştirdi?" "Tanrı niçin tek oğlunu telafi için kurban olarak gönderdi?" "Tanrı niçin sağlam ve tahtadan bir çarmıh yoluyla kurtuluşun Takdiri İlahisini planladı?" vs.

Bu kitap Dr. Lee tarafından vaaz edilmiş, ruhla dolu mesajlar içerir ve Tanrı'nın derin, geniş ve yüce sevgisini bilmeniz ve anlamanız için sizi aydınlatır.

1. Bölüm: "Yaratan Tanrı ve Kutsal Kitap," sizi Tanrı ile tanıştırır ve aranızda nasıl işler ortaya koyduğunu anlatır. Bu bölümle Yaşayan Tanrı'nın kanıtını görecek ve insanlık tarihinin ışığında Kutsal Kitap'ın doğruluğunu kavrayacaksınız. Daha da fazlası, evrim teorisinin yanlışlığını ve yaratılışçılığın doğruluğunu ortaya koyar.

2. Bölüm: "Tanrı İnsanı Yaratır ve Yetiştirir," Tanrı'nın evrende ki her şeyi yarattığını ve insanı kendi suretinde oluşturduğunu doğrular. İlaveten, bu bölüm size insan hayatının gerçek anlamını ve Tanrı'nın gerçek ruhani çocukları olarak insanoğlunu yetiştirmesinde ki amacı öğretir.

3. Bölüm: "İyilik ve Kötülüğün Bilgisini Taşıyan Ağaç" Tüm Hrıstiyanlar için temel sorulara cevaplar sağlar: Tanrı niçin iyilik ve kötülüğün bilgisini taşıyan ağacı yerleştirdi? Bu bölüm bunun nedenlerini detaylıca açıklar ve yeryüzünde insanoğlunu yetiştiren Tanrı'nın derin sevgisini ve gizemli Takdiri İlahisini anlamanıza yardımcı olur.

4. Bölüm: "Zaman Başlamadan Önce Gizlenmiş Sır" Toprağın kurtarılması kanunu ile insanın kurtuluşunun ruhani kanunu arasında ki ilişkiyi açıklar (Levililer 25). Ayrıca tüm insanların günahları sebebiyle ölümü tadacaklarını ama Tanrı'nın zaman henüz başlamadan çok önce insanların kurtuluşu için mükemmel bir yol hazırladığını anlatır. Sonunda, Tanrı'nın Seçilmiş Olanına (İsa) kadar neden insanın kurtuluş yolunu sakladığını ve İsa'nın nasıl toprağın kurtuluş yasasının şartları için yetkin olduğunu öğretir.

5. Bölüm: "Niçin İsa Tek Kurtarıcımızdır?" Tanrı'nın zamanın başlangıcından önce, insan için öngördüğü kurtuluş planının nasıl İsa tarafından yerine getirildiğini, çarmıha geriliş sebebini, Tanrı'nın çocukları olmanın lütuf ve imtiyazlarını, "İsa Mesih" adının anlamını, insanoğlunun kurtulmasının gerektiği bu göğün altında neden İsa Mesih adında başka bir ad olmadığını açıklar. Bu bölümde betimlenen mesajın ruhani anlamını keşfederseniz, Tanrı'nın sınırsız sevgisini hissedeceksiniz.

6. Bölüm: "Çarmıhın Takdiri İlahisi," İsa Mesih'in çilesinin derin anlamlarıyla sizi aydınlatır. İsa, Tanrı'nın gerçek Oğlu ise niçin hayvanlarla dolu bir ağılda doğdu? Neden tüm yaşamı boyunca fakirdi? Neden tüm bedeni kırbaçlandı, dikenli bir taç başına takıldı ve elleriyle bacaklarından çivilendi? Neden tüm kanını akıtma noktasında acı çekti?

Bu bölüm, bu gibi sorulara tam yanıtlar verir ve O'nun çekmiş olduğu acıların ruhani anlamını anlamanıza yardımcı olur. Her türlü hastalık ve rahatsızlıkla beraber fakirlik, ailevi uyuşmazlıklar, iş hayatında güçlükler ve bunun gibi niceleri, İsa'nın çilesinin ruhani anlamını anlamanız ve iman etmenizle çözülecektir. Bu bölüm Tanrı'nın sevgisinin büyüklüğünü kavramanıza, kötü olan her türlü şeyden uzak kalmanıza ve ilahi bir mizaç sahibi olmanıza yardım edecektir.

7. Bölüm: "İsa'nın Çarmıhta ki Son Yedi Sözü," İsa'nın ölmeden önce çarmıh üzerinde sarf ettiği son yedi sözün ruhani anlamlarını açıklar. Çarmıh üzerinde bu son yedi kelimeyi zikrederek, Babası Tanrı'dan almış olduğu görevi yerine

getirmiştir. Bu bölüm İsa'nın insanoğlu için duyduğu derin sevgiyi anlamanızın, ikinci kez gelişini beklemenizin ve diriliş günü için ümitle iyilik savaşını vermenizin önemini vurgular.

8. Bölüm: "Gerçek İman ve Sonsuz Yaşam," Güveyimiz İsa Mesih'le ancak gerçek bir imanla tek vücut olacağımızı anlatır. Kutsal Kitap, Kurtarıcının İsa Mesih olduğuna inandıklarını söyleyen bazı kişilerin, Mahşer Günü kurtulamayacakları konusunda uyarır. Kutsal Kitap sadece İsa Mesih'in kabul edilmesi üzerinde değil, ama sonsuz kurtuluşa kavuşmak için ayrıca Mesih'in bedenini yemek ve O'nun kanını içmek gerektiğinin üzerinde de önemle durur. Sizi kurtuluşa taşıyacak gerçek imana ancak İsa Mesih'in bedenini yiyerek ve kanını içerek sahip olabilirsiniz. Bu bölüm size ayrıca gerçek imanın doğasını, ona nasıl sahip olacağınızı ve kurtuluşa kavuşmak için neler yapmanız gerektiğini öğretir.

9. Bölüm: "Sudan ve Ruhtan Doğmak," ilk etapta İsa ile Nikodim arasında geçen konuşmayı aktarır. Bu karşılıklı konuşma *Çarmıhın Mesajı*'nı sonuca bağlar. İsa Mesih geri gelene dek kalbiniz sürekli olarak su ve kutsal ruh ile yenilenmeli ve tüm ruhunuzu, özünüzü, vücudunuzu, İsa Mesih'in ikinci kez geleceği, Tanrı'nın sizi güzel bir gelin olarak alacağı zamana dek kusursuz tutmalısınız.

10. Bölüm: "Sapkınlık Nedir?" sapkınlığın doğasını derinlemesine inceler ve pek çok Hrıstiyan'ın onunla ilgili olumsuz ve yanlış anlayışından bahseder. Bu gün çok sayıda

insan sapkınlığın İncil'e ait tanımını bilmediklerinden, dikkatsizce yanılgıya düşerler veya Tanrı'nın güçlü eserlerini sapkın ya da yanlış olarak suçlarlar. Bu bölüm Kutsal Ruh'un eserlerini hem suçlamamanız hem de çarpıtmamanız konusunda sizi uyarır ve gerçeğin ruhu ile yalanın ruhunu ve bazı sapkın mezhepler arasında ayrımı nasıl yapmanız gerektiğini açıklar. Son olarak, bu bölüm yalanın ruhunun kötülüğe teşviklerine düşmemeniz için sürekli olarak nöbette olmanızın, dua etmenizin ve hakikat ile yaşamanızın önemi üzerinde durur.

Aziz Pavlus Korintlilere Birinci Mektup'ta Tanrı'nın hikmeti, çarmıhın mesajı hakkında şöyle demiştir. *"Çarmıhla ilgili bildiri mahva gidenler için saçmalık, biz kurtulmakta olanlar içinse Tanrı gücüdür."* (1. Korintliler 1:18).

Çarmıhta saklanmış sırrı anlayan ve Tanrı'nın insanoğluna olan büyük sevgisinin Takdiri İlahisini idrak eden herkes gerçek iman gücüne sahip olabilir, yaşayan Tanrı ile tanışabilir ve dolu bir Hrıstiyan yaşamının zevkine varabilir.

Çarmıhın Mesajı, hayatınızın sade bir öğretisidir. Bu sebeple, Hrıstiyan yaşamınızın temellerini atabilmeniz ve bir bütün halinde kurtuluşa ve sonsuz hayata kavuşabilmeniz için, İsa Mesih'in adıyla dua ediyorum.

Geumsun Vin
Dyrektor redakcji

İÇİNDEKİLER

Bölüm 1.

YARATAN TANRI VE KUTSAL KITAP

- Tanrı Yaratan'dır
- Ben, BEN'im
- Tanrı Her şeyi Bilen ve Sınırsız Gücü Olan'dır
- Tanrı Kutsal Kitap'ın Yazarıdır
- Kutsal Kitap'ın Her Bir Kelimesi Gerçektir

Başlangıçta Tanrı göğü ve yeri yarattı.

Yaratılış 1:1

Tanrı Yaratan'dır

Bu gün dünyada çok sayıda kitap mevcuttur. Ama gerek evrenin kökeni ve yaratılışı, gerekse insan ırkının başı ve sonu hakkında olsun, hiçbir kitap Kutsal Kitap kadar bu sorulara berrak ve detaylı cevaplar veremez.

Kutsal Kitap bize evrenin ve hayatının kökeni hakkında ki sorulara net cevaplar verir. Yaratılış 1:1 şöyle der, *"Başlangıçta Tanrı göğü ve yeri yarattı"* ve İbraniler 11:3 şöyle der, *"Evrenin Tanrı'nın buyruğuyla yaratıldığını, böylece görülenlerin görünmeyenlerden oluştuğunu iman sayesinde anlıyoruz."* Görülebilenlerin hepsi zaten var olan şeylerden yapılmış değildir. Onlar Tanrı'nın buyruğuyla "hiçbir şey" den yaratılmışlardır.

İnsanoğlu bir şeyi yaratmak için hazırda var olan şeyleri dönüştürerek veyahut birleştirerek, zaten hali hazırda var olan bir şeyden başka bir şey meydana getirir. Ama yoktan bir şey var edemez.

İnsanoğlunun yaşayan bir organizmayı yaratması hayal edilemeyecek bir şeydir. Hatta yapay zekâya sahip bilgisayarlar ve klonlanmış koyunlar yapacak bilimsel teknolojiye ulaşmış olsa bile, yoktan bir amip yaratamaz.

Bu sebeple, insanlar sadece Tanrı tarafından verilmiş şeylerden yaşayan organizmaları çıkarır ve çeşitli şekillerde birleştirirler. Bundan daha fazlası olmadığını bilmelisiniz. Böylece bilmelisiniz ki sadece Tanrı herhangi bir şeyi yoktan var edebilir. Sadece Tanrı buyruğuyla evreni yaratmıştır ve O, evreni, insanoğlunun tarihini, yaşam ve ölümünü, nimet ve lanetleri kontrol eder.

Yaratan Tanrı'ya İnanmanızı Sağlayacak Kanıt

Her şey – ev, masa ve hatta bir çivi bile – biri tarafından tasarlanmıştır. Bu engin evrenin bir tasarımcısının olduğunu söylemek hiçte yanlış olmaz. Onu yaratan ve kontrol eden bir sahibi olması gerekir. Bu, Kutsal Kitap'ın mütemadiyen dile getirdiği Yaratan Tanrı'dır.

Etrafınıza baktığınızda, yaratılışın bolca kanıtını görürsünüz. Daha kolay bir örnekle gösterecek olursak, yeryüzünde ki muazzam sayıda ki insanı düşünün. Hangi ırk, yaş, cinsiyet, sosyal statü vs olurlarsa olsunlar, hepsinin iki gözü, iki burun deliğinden meydana gelmiş bir burnu ve bir ağzı olduğunu görürsünüz.

Hatta ve hatta türlerine göre farklılıklar gösteren hayvanlar bile aynı yüz yapısına sahiptir. Filin uzun bir burnu (hortum) vardır ama burnu yüzünün ortasında tam ağzının üstündedir. Burnu gözlerinin üzerinde, ağzının altında ya da başının üzerinde değildir. Her bir filin bir çift burun deliği, bir çift gözü ve bir ağzı vardır. Havada ki tüm kuşlar, deniz ve ırmaklarda ki tüm balıklar aynı yapıya sahiptir.

Hayvanlar sadece aynı yüz yapısını paylaşmakla kalmaz, ama her memelinin sindirim ve üreme sistemleri bile birbirleriyle benzerdir. Aynı şekilde, her biri yemeği ağzıyla tüketir ve ağza giren her şey mideden geçerek vücuttan dışarı atılır. Tüm memeliler karşı cinsle çiftleşerek zürriyetlerini devam ettirirler.

Tüm bu aşikâr etmenleri bir araya koyduğunuzda, "en uygununun hayatta kalması" nı dikte eden evrim teorisinin bir kanıtı ya da sadece bir tesadüf olduğunu söylemeniz mümkün olmaz. Bunların hiçbiri evrim teorisiyle açıklanamaz.

Bu sebeple, hem insanoğlunun hem de hayvanların aynı organik yapı yeterliliklerine sahip olduğu gerçeği, her şeyin yaratıcı tarafından tasarlanıp yaratıldığının bir kanıtıdır. Eğer Tanrı tek olmasaydı ve birçok tanrıdan biri olsaydı, yaşayan canlıların farklı sayıda organları, farklı bedensel yapı ve tip olurdu.

Ayrıca doğaya ve evrene biraz daha yakından baktığınızda, onların içersinde yaratılışın kanıtlarını daha da fazla bulursunuz. Dünyamızın devir ve dönüşü gibi en ufak bir hata olmadan güneş sistemimiz içinde ki şeylerin çalışıyor olduğunu bilmek ne kadar hoş bir şey!

Bileğinizde ki saate bakın. O, özenle hazırlanmış birçok parçayı içinde barındırır. En ufak bir parçasının kaybolması durumunda çalışmayacaktır. Evrende Tanrı'nın takdiri ilahisi altında çalışmak üzere tasarlanmıştır.

Mesela, dünyanın etrafında dönmekte olan ay olmadan ne insanoğlu nede diğer yaşam formları var olabilecekti. Ay, şu anki pozisyonundan biraz daha yakına veya uzağa yerleştirilemezdi.

Tanrı onu uygun bir uzaklığa yerleştirdi ki insanoğlu yeryüzünde yaşayabilsin. Ayın şu anki konumu nedeniyle ve çekim gücü sayesinde denizlerin suyu çekilir ve gelgitler oluşur. Bu gelgitler suların çalkalanmasına ve temizlenmesine neden olur. Aynı şekilde, evrende ki her şey Tanrı'nın Takdiri İlahisine göre hareket etmek üzere meydana gelmiştir.

Neden Bazıları Yaratan Tanrı'ya İnanmıyor?

Bazı insanlar Tanrı'ya inanır ve O'nun buyruğuna göre bir yaşantı sürerler. Peki, neden bazıları mantık yürütüp, tüm cevapları bilimde ararken Yaratan Tanrı'ya inanmazlar?

Eğer Tanrı'nın canlı ve her şeye kadir yaratıcı olduğunu çocukluğunuzdan bu yana sadık Hristiyanlardan öğrenmiş olsaydınız, Yaratan Tanrı'ya inanmanız bu kadar zor olmazdı.

Ancak bu gün pek çoğunuz ergenlik çağınızdan bu yana evrim teorisinin etkisinde kaldınız ve dışarıda da doğru olmayan birçok "bilgi" mevcuttur. Ayrıca Tanrı'ya inanmayan veya şüpheyle bakanlarla arkadaşlıklarda kurmuş olabilirsiniz.

Böyle bir çevrede yetiştikten sonra kiliseye gider ve Tanrı'nın sözünü duyarsanız, öğrenmiş olduğunuz bir önceki bilgilerin kilisede duyduklarınızla ters düşmesi nedeniyle şüphe ve çelişkiye düşer, Tanrı'ya inanamazsınız.

Sürekli olarak kiliseye gitseniz bile, dünyada öğrenmiş olduğunuz bu düşünce veya bilgilerden kurtulamadığınız sürece, şüphesiz ki ruhsal imana – Tanrı hâsıl iman – sahip olamazsınız.

Ruhsal imanınız olmadan ne göksel egemenliğe nede

cehenneme inanamazsınız. Görünen dünyayı tek dünya kabul eder ve kendinize göre yaşarsınız.

Kaç kez bazı teorilerin kabul görüldüğünü ve tanındığını ama yeni teorilerle ters yüz edilip, değiştirildiğini gördünüz? Durum tam olarak böyle olmasa bile, geleneksel teoriler ve iddialar sürekli olarak değiştirilmekte ve daha sonraları yeni bulunanlara ilave edilmektedirler.

Zaman geçtikçe bilim yol kat eder ve mükemmel olmasalar bile insanlar çok daha iyi açıklamalar ve teoriler getirir. Bilim adamları tarafından yapılan tüm araştırmaların yanlış olduğunu söylemiyorum.

Yeryüzünde insan kapasitesiyle açıklanamayacak hala pek çok şey vardır ve bu gerçeğin doğruluğunu kabul etmelisiniz.

Örneğin evren mevzu bahis olduğunda, dünyadan kalkıp evrenin en uzak köşesine gitmediniz ya da antik çağlara asla seyahat etmediniz. Fakat insanlar çeşitli hipotez ve teoriler oluşturarak evreni açıklamaya çalışmaktadır.

İnsanoğlu aya çıkmadan önce düşüncemiz, "Yukarılarda bir yerlerde yaşayan organizmalar olabilir veya dünyamızın ötesinde, güneş sistemimizin bir yerinde organizmalar olabilir" şeklindeydi. Ancak insanoğlunun aya seyahatinden sonra, ayda yaşayan bir organizma olmadığını ilan ettik. Son zamanlarda bilim adamları, "Mars'ta yaşayan organizmaların bulunması olasılığı var" ya da "Kırmızı gezegende su olduğuna dair bazı izler var" yorumlarını telaffuz etmektedir.

Çok uzun zaman araştırma yapmış ve bilgi dağarcığınızı geliştirmiş olsanız bile, eğer Yaratan Tanrı'nın isteğini, takdiri ilahisini veya gücünü bilmiyorsanız, insan kapasitesinin sınırlarıyla karşılaşırsınız.

Bu sebeple, Romalılar 1:20 şöyle der *"Tanrı'nın görünmeyen nitelikleri – sonsuz gücü ve Tanrılığı – dünya yaratılalı beri O'nun yaptıklarıyla anlaşılmakta, açıkça görülmektedir. Bu nedenle özürleri yoktur."*

Her kim kalbini açar ve tefekkür ederse, Tanrı'nın gücünü ve güneş, ay ve yıldızlar gibi varlıkların yoluyla O'nun ilahi doğasını hissedecektir.

Ben, BEN'im

Yaratan Tanrı ile ilgili bir şeyler duyduğunda pek çok kişi merak eder, "O nasıl ilk önce vardı?", "Nereden geldi?" veya "Nasıl bir görüntüsü vardır?"

İnsanın bilgisi ve düşüncesi, tüm yaşayanların bir başı ve sonu olması gerektiğini dikte eden belli bir sınırı aşamaz. Bu sebeple, bu sorulara berrak yanıtlar ararız. Fakat Tanrı insanın idrakının ötesindedir ve O, "olmuş olan", "olmakta olan" ve "olacak olandır."

Mısır'dan Çıkış 3, Tanrı'nın Musa'ya İsraillileri Kenan diyarına götürmesini buyuran bir sahneyi betimler. Musa, İsraillilerin Tanrı'nın adı ile ilgili kendisini sorgulamaları durumunda nasıl bir cevap vermesi gerektiğini sorar.

O anda Tanrı şöyle der, *"BEN, BEN'İM"* ve Musa'ya İsraillilere, *"Beni Size BEN benim diyen gönderdi"* demesini buyurur (Mısır'dan Çıkış 3:14).

"BEN," Tanrı'nın kişisel olarak kendisine işaret ettiği bir tabirdir. Hiçbir kimsenin KENDİSİNİ doğurmadığını ya da yaratmadığını ama Kendisinin mükemmel bir varlık, Yaratıcının ta kendisi olduğunu açıklar.

Tanrı Başlangıçta Sözle Işıktı

Yuhanna 1:1 şöyle der, *"Başlangıçta Söz vardı. Söz Tanrı ile birlikteydi ve Söz Tanrı'ydı."* Bu şekilde, başlangıçta söz olan Tanrı, yaratılmış olmadan, mükemmel bir şekilde tek başına var olan bir varlıktı. Nasıl ve nerede mevcuttu? Tanrı ruhtur. Bu nedenle, görülebilen üçüncü boyutta değil ama dördüncü boyutta, sözün formunda ve ruhsal hükümranlıkta bulunmaktadır. Tanrı, herhangi bir formda değil, ama saf ve berrak bir sesle beraber güçlü ve güzel bir ışık olarak vardı ve tüm evreni yönetiyordu.

1 Yuhanna 1:5 şöyle der, *"Mesih'ten işittiğimiz ve şimdi size ilettiğimiz bildiri şudur: Tanrı ışık'ır, O'nda hiç karanlık yoktur."* Bu ruhani bir anlama sahiptir ve başta ışık olan Tanrı'nın özelliğinin bir ifadesidir.

Başta Tanrı, içinde ses olan bir ışık olarak mevcuttu. Saf, hoş ve yumuşak sesi tüm evren üzerinde çınlıyordu. Tanrı'nın sesini duymuş olanlar bunun ne demek olduğunu anlayabilirler.

Zaman Başlamadan Önce Tanrı Yalnızdı

Yaratan Tanrı zaman başlamadan önce vardı, Kendisinin

gerçek ruhani çocuklarını yetiştirmeyi planladı ve bu planı izledi. Bu nedenle, eğer tam anlamıyla Tanrı-BEN'i kavramayı başarırsanız, kendi düşünce şeklinizi, teori ve klişelerinizi tamamıyla yok etmeli ve ilave olarak Tanrı tarafından sunulmuş yaratılış eserini kabul etmelisiniz.

Tanrı tarafından yaratılmış şeylerin aksine, insan tarafından yaratılmış şeylerin sınırları ve noksanları vardır. İnsanoğlunun bilgi ve medeniyeti sürekli olarak ilerleme gösterdiğinden çok daha iyi ürünler meydana getirmektedir ama buna rağmen pek çok noksanları vardır.

Bazıları altından, gümüşten, bronzdan ve metalden putlar yaparlar ve onları tanrılar diye çağırarak önlerinde eğilir, şükran için dualar ederler. Onlar nefes almayan, konuşamayan ve gözlerini kırpmayan tahtadan, metalden ya da taştan tasvirlerdir. (Habakkuk 2:18-19).

Akıllı olduklarını iddia etmelerine rağmen, insanlar doğru ile yanlışı birbirinden ayırt edemezler ama bunun yerine putlar yaparak, tapındıkları tanrılar olarak bunları çağırırlar (Romalılar 1:22-25). Bu ne kadar aptalca ve utanç verici bir durumdur?

Bundan ötürü, eğer insanlar cehaletleri yüzünden hiçbir değeri olmayan tanrılara tapınmış ve hizmette bulunmuş ise, bu yaptıklarından tamamıyla tövbe etmeli, Tanrı-BEN'e tapınmalı ve O'nun çocukları olarak vazifelerini yerine getirmelidirler.

Tanrı Her şeyi Bilen ve Sınırsız Gücü Olan'dır

Tüm evreni Yaratan Tanrı, zaman başlamadan önce var olan mükemmel bir varlıktı ve hem Her şeyi Bilen hem de Sınırsız Gücü Olandı. Kutsal Kitap, insanın gücü ve bilgisiyle gerçekleşmesi mümkün olmayan sayısız keramet ve mucizelerle belgelidir.

Dün ve bugün aynı olan, her şeyi Bilen ve Sınırsız Gücü Olan Tanrı'nın bu kudretli eserleri, Tanrı'nın gücünü almış birçok insan tarafından gerek Yeni Ahit zamanı, gerekse Eski Ahit zamanları meydana gelmiştir.

İsa, Yuhanna 4:48'de bu durumu şu sözlerle dile getirmiştir, *"Sizler belirtiler ve harikalar görmedikçe iman etmeyeceksiniz."* İnsanlar, Kudretli Tanrı'nın işlerini görmedikçe inanmazlar.

Tanrı Olağanüstü Mucizeler ve İşaretler Gösterir

Mısır'dan Çıkış, İsraillileri Mısır'dan çıkarıp Kenan diyarına getirirken, her şeyi Bilen ve Sınırsız Gücü Olan Tanrı'nın Musa yoluyla gerçekleştirdiği olağanüstü mucize ve işaretlerin detaylı bilgisini verir.

Örneğin Tanrı Musa'yı Mısır kralı Firavun'a gönderdiğinde hem ona hem de ülkesine on belayı birlikte gönderdi. Kızıldeniz'i ikiye bölerek İsraillilerin kuru toprak üzerinden geçmelerini sağladı ve ürkütücü Mısır ordusunu güçlü akıntılarla süpürdü.

Hatta Mısır'dan Çıkış'tan sonra bile, Musa elindekiyle vurduğunda kayadan su geldi, acı su tatlı suya çevrildi ve milyonlarca insanın yemek endişesi taşımadan yaşamasını sağlayan man göklerden gönderildi.

Daha sonra Eski Ahit'te İlyas'a üçbuçuk senelik kuraklığın kehanetini yapması, dualarıyla yağmuru yağdırması ve ölüyü diriltmesi için salahiyet veren Tanrı'yı buluyoruz.

Yeni Ahit'te Tanrı'nın Oğlu İsa'nın dört gün ölü yattıktan sonra Lazarus'u diriltirken, insanları hastalıklarından, illetlerinden ve kötü ruhların etkisinden şifaya kavuştururken görüyoruz. İsa, suların üzerinde yürür, rüzgârı ve dalgaları yatıştırır.

Tanrı, Pavlus'un eliyle olağanüstü mucizeler gerçekleştirmiştir. Öyle ki Pavlus'un bedenine değen peşkir ve peştamaller hasta olanlara götürüldüğünde, hastalıklar yok olmuş, kötü ruhlar içlerinden çıkmıştır. (Elçilerin İşleri 19:11-12). İsa'nın en iyi havarilerinden biri olan Petrus'u sayısız işaret izlemiştir. Yoldan geçen Petrus'un hiç değilse gölgesi bazılarının üzerine düşsün diye halk, hasta olanları caddelere çıkartıp şilteler ve döşekler üzerine yatırır olmuştur. (Elçilerin İşleri 5:15)

Bunun yanı sıra Tanrı, İncil'de İstefenos ve Filipus aracılığıyla mucizeler gerçekleştirmiş ve işaretler göstermiştir ve bu gün bile hala kilisemiz aracılığıyla bunu yapmaya devam etmektedir.

Tanrı Kutsal Kitap'ın Yazarıdır.

Tanrı ruh olduğu için görünmez ama farklı yollarla her

YARATAN TANRI VE KUTSAL KİTAP _ 13

zaman kendini gösterir. Tanrı genellikle doğa aracılığıyla ve özellikle Tanrı'dan karşılık alan insanların tanıklıklarıyla kendini ifşa eder. Ayrıca kendini Kutsal Kitap yoluyla detaylı bir şekilde açığa vurur. Böylece, Kutsal Kitap'ın aracılığıyla Tek Olan Gerçek Tanrı'yı bilebilir, O'nunla konuşabilir ve O'nun işlerini anlayarak kurtuluşa ve sonsuz yaşama kavuşabilirsiniz. Bunun yanı sıra, başarılı bir hayat sürebilir, Tanrı'nın kalbini anlayarak O'nu nasıl seveceğinizi ve O'nun tarafından nasıl sevilebileceğinizi idrak eder ve şükranlarınızı Tanrı'ya sunabilirsiniz. (2 Timoteos 3:15-17).

Kutsal Metinler Tanrı Nefesiyle Doludur

2. Petrus 1:21 şöyle der, *"Çünkü hiçbir peygamberlik sözü insan isteğinden kaynaklanmadı. Kutsal Rab tarafından yönetilen insanlar Tanrı'nın sözlerini ilettiler."* Ve 2. Timoteos 3:16'da şöyle denir, *"Kutsal Yazılar'ın tümü Tanrı esinlemesidir."* Bunun anlamı, Yaratılış kitabından Vahiy'e kadar tüm Kutsal Kitap'ın Tanrı Sözü olduğu ve O'nun iradesiyle yazılmış olduğudur.

Bu sebeple, "Tanrı derki," "Rab derki" ve "Rab Tanrı derki." gibi pek çok ifade vardır. Tüm bunlar Kutsal Kitap'ın insan değil, Tanrı'nın sözü olduğunu onaylar.

Kutsal Kitap, otuz dokuz Eski Ahit'ten ve yirmi yedi Yeni Ahit'ten olmak üzere almış altı kitaptan oluşmuştur. Yazarların sayısının 34 olduğu tahmin edilmektedir. Kutsal Kitap'ın yazılış tarihi MÖ.1500 senesinden MS.100 senesine kadar uzanan 1600 yıllık bir süredir. Farklı yazarların yazmış olmasına rağmen Kutsal Kitap'ı harikulade yapan şey, baştan sona tam bir ahenk içinde bir bütün oluşu ve her bir ayetinin diğer ayetlerle çakışık olmasıdır.

Yeşaya 34:16 şöyle der, *"RAB'bin kitabını okuyup araştırın: Bunlardan hiçbiri eksik kalmayacak, eşten yoksun hiçbir hayvan olmayacak. Çünkü bu buyruk RAB'bin ağzından çıktı, Ruhu da onları toplayacak."* Kutsal Kitap'ın gerçek yazarı Tanrı olduğu için böyle bir durum gerçekleşecektir, çünkü Kutsal Ruh yazarların kalbine hükmetmiş ve kelimeleri bir araya getirmiştir. Aklınızda tutmanız gereken şey şudur; Kutsal Kitap'ın yazarları, Tanrı için kaleme alan hayalet yazarlardır ve Kutsal Kitap'ın gerçek yazarı, Tanrı'dır.

Şimdi bir örnek verelim. Farz edin ki kırsal kesimde yaşayan yaşlı bir anne var ve şehirde okuyan oğluna bir mektup gönderir. Ancak bu annenin okuma-yazması yoktur ve büyük oğlundan mektubuna tercüman olmasını ister. Şehirde yaşayan küçük oğlu mektubu aldığında, her ne kadar mektup ağabeyi tarafından kaleme alınmış olsa da, bunun ağabeyinden değil ama annesinden geldiğini düşünecektir. Bu kutsal Kitap içinde aynıdır.

Tanrı'nın Lütuf ve Vaatlerle Dolu Sevgi Mektubu

Kutsal Kitap, Tanrı'nın kendini ifşa etmesi için, ruhla dolu

Tanrı hizmetkârları tarafından yazılmıştır. Kendini ifşa etmek isteyen Tanrı'nın Sözü olduğu gerçeğine inanmalısınız.

Tanrı'nın sözü yaşam ve ruhtur (Yuhanna 6:63), bu suretle her kim onu duyar ve ona inanırsa, ruhunun bereketli bir hayata kavuşacağı sonsuz yaşamı kazanacaktır. Her kim Tanrı'nın sözüne inanır ve itaat ederse, refah dolu bir hayatın keyfini sürecek ve İsa Mesih'ten sonra Tanrı'nın mükemmel kulu olacaktır.

Tanrı, kendini insanoğluna göstermek için yeryüzüne bir beden olarak gelmiştir ve o beden İsa'nın bedenidir. İsa'nın havarilerinden biri olan Filipus, bu konuda cahildi ve İsa'dan Tanrı'yı göstermesini istedi. İsa'nın vücut bulmuş Tanrı olduğunu idrak etmekte başarılı olamadı ve böylece "Gözünün önündekini görememek" deyişi yerini bulmuş oldu.

Yuhanna 14:8 ve onu izleyen ayetler, İsa Mesih ile Filipus arasında geçen konuşmayı takdim eder:

Filipus, "Ya Rab, bize Baba'yı göster, bu bize yeter" dedi. İsa, "Filipus" dedi, "Bunca zamandır sizinle birlikteyim. Beni daha tanımadın mı? Beni görmüş olan, Baba'yı görmüştür. Sen nasıl, 'Bize Baba'yı göster' diyorsun? Benim Baba'da, Baba'nın da bende olduğuna inanmıyor musun? Size söylediğim sözleri kendiliğimden söylemiyorum, ama bende yaşayan Baba kendi işlerini yapıyor" (Yuhanna 14:8-10).

İsa, Tanrı'nın kudreti olmadan gerçekleştirilmesi mümkün olmayan mucizeleri Tanrı ile birlikte gerçekleştirdiğinin inandırıcı kanıtlarını sunarken, Filipus İsa'dan Tanrı'yı göstermesini istemiştir. İsa ise, içinde mucizelerin kanıtı olan öğretilerine inanmasını tembihlemiştir.

Tanrı kendini göstermek için bu dünyaya bir vücut olarak gelmiştir ve normal insan gözleriyle görülmesi olanaksız olduğu için Kutsal Kitap'ı yazdırmıştır.

Böylece, Kutsal Kitap aracılığıyla Yaşayan Tanrı ile paha biçilmez bir paydaşlık kurduğunuzda ve O'nun isteğini ve takdiri ilahisini bilerek sözüne uyduğunuzda, Tanrı'nın Kutsal Kitap'ta vaat ettiği lütuf ve yanıtlara sahip olabilirsiniz.

Kutsal Kitap'ın Her Bir Kelimesi Gerçektir

Tarihi kayıtlar, geçmişte belli bir zaman içersinde meydana gelmiş olaylar ve insanlarla ilgili bilgi sahibi olmanıza yardımcı olurlar. Tarih, zaman değişimlerinin bir açıklamasıdır ve sizlerin belli olaylar, insanlar veya o zamanın yaşam koşulları hakkında detaylıca bilgi sahibi olmanızı sağlar.

İnsanoğlu tarihi Kutsal Kitap'ın doğruluğunu kanıtlamıştır. Özellikle Kutsal Kitap'ta yazılı olan olaylara, insanlara, yerlere veya göreneklere dikkatlice bakarsanız, Kutsal Kitap'ın ne kadar tarihi ve gerçekçi olduğunu anlarsınız.

İsrail Eski Ahit'i, gerçektende Âdem ile Havva'dan bu yana bireylere, insanlara ya da gruplara neler olduğunu açıklayan önemli veya önemsiz parçalarla ilgili objektif gerçeklere dayanan hükümler barındırması sebebiyle bu güne dek ulusunun ve geleneğinin kutsal ve tarihi bir belgesi addetmiştir. Hatta pek çok tarihçi bile Kutsal Kitap'ın güvenilir bir kaynak olarak doğruluğunu kabul eder.

Tarih, Kutsal Kitabın Doğruluğunu Kanıtlar

Öncelikle sizlerle Kutsal Kitap'ta yazılı olan İsrail tarihini paylaşarak, Kutsal Kitap'ta ki Tanrı sözünün doğruluğunu ispatlamak istiyorum.

İnsanoğlunun atası Âdem Tanrı'ya karşı günah işlemesi sebebiyle torunlarının hepsi günahın yoluna girmiş ve Yaratıcıları Tanrı'yı bilmeyerek yaşamışlardır. Ancak sonra, Tanrı bir ulusu seçmiş ve bu ulus aracılığıyla isteği ve takdiri ilahisini ifşa etmeye niyet etmiştir.

Tanrı önce en iyi "kalbe" sahip İbrahim'i çağırmış, onu arındırmış ve imanın babası olarak tasdik etmiştir. İbrahim İshak'ın, İshak ise Yakup'un babasıydı ve Tanrı Yakup'u İsrail adıyla isimlendirerek, oniki oğlundan oluşan oniki kabileyi oluşturmuştur.

Yakup hayatta iken Tanrı onu Mısır'a göç ettirerek soyunu orada çoğaltıp bir ulus haline getirmesini ve sonunda Kenan diyarına yerleşmesini mümkün kılmıştır.

Tanrı, Musa'ya yasayı çölde vermiş, İsraillileri sözüne göre yaşamak konusunda eğitmiş ve sadece Sözüyle Kenan diyarına varmalarını sağlamıştır.

İsrailliler, Kenan diyarına vardıktan sonra, sadece yasaya itaat ettikleri sürece refah dolu bir yaşam sürdürmüşlerdir. Putlara hizmet etmeye ve kötülük yapmaya başladıklarında ise, ya ulusal güçleri düşmüş ya da yabancı istilalara maruz kalmışlardır. İsrailliler zindanlara kapatılmış veya kölelere dönüştürülmüşlerdir. Tövbe ettiklerinde ise, ulusları yeniden tesis edilmiştir. Bu döngü, tekrar tekrar yinelenmiştir. Böylece, Tanrı yaşıyor olduğunu ve her şeyi sözüyle yönettiğini İsrail tarihi aracılığıyla gösterir. Kutsal Kitap'ta yerini bulmuş ve bulmakta olan kehanetleri ayrıca görebilirsiniz. Örneğin, İsa, Yeruşalim'in düşüşüyle ilgili Luka 19:43-44'de şöyle der,

> *Senin için öyle günler gelecek ki, düşmanların seni setlerle çevirecek, kuşatıp her yandan sıkıştıracaklar. Seni de, bağrındaki çocukları da yere çalacaklar. Sende taş üstünde taş bırakmayacaklar. Çünkü Tanrı'nın senin yardımına geldiği zamanı fark etmedin.*

İsa bu ayetlerde artmakta olan ahlaksızlık sebebiyle Yeruşalim şehrinin yok edileceğini ima etmiştir. Bu kehanet, Roma İmparatorluğu generali Titus'un adamlarına Yeruşalim'e karşı set inşa edip onu kuşatması ve duvarlar arasında kalan ne kadar insan varsa öldürmesi emrini verdiği MS.70 yılında yerini bulmuştur. Bu, İsa'nın kehanetinden tam 40 yıl sonra gerçekleşmiştir.

Matta 24:32'de İsa şöyle demiştir, *"İncir ağacından ders alın! Dalları filizlenip yaprakları sürünce, yaz mevsiminin yakın olduğunu anlarsınız."* İncir ağacı burada İsrail ulusunu temsil eder ve bu benzetme, İsa ikinci kez geldiğinde İsrail'in bağımsız olacağını öğretir. Sonuç itibarı ile tarih, MS. 70 yılında düşen İsrail'in tam 1900 yıl sonra, 14 Mayıs 1948 tarihinde yeniden mucizevî bir şekilde kurulmasıyla Tanrı'nın sözünün gerçekliğine tanıklık eder.

Eski Ahit'in Kehanetleri ve Yeni Ahit'te Gerçekleşmesi

Eski Ahit kehanetlerinin Yeni Ahit zamanı nasıl gerçekleştiklerini çalışarak, Kutsal Kitap'taki Tanrı sözünün gerçek olduğuna şahadet ederim "Tanrı'nın gerçek çocukları olabilmeyi elde edebilme" yolunda, Eski Ahit'in yasası mükemmel değildi. Tanrı'nın göstergesinin sadece bir gölgesiydi. Bu sebeple, tüm Eski Ahit boyunca Tanrı, Mesih'in geleceğinin vaadini vermiştir. Zaman geldiğinde ise, vaadini tutmak üzere İsa Mesih'i bu dünyaya göndermiştir. İsa'nın bu dünyaya 2000 sene önce geldiği aşikârdır. Batı tarihi, İsa'nın doğumuyla ilgili iki gruba ayrılmış durumdadır. Türkçede M.Ö. ve İngilizcede B.C., *Before Christ,* olarak kullanılan bu kısaltma, İngilizcede *İsa'dan önce* anlamına gelir. Yani, İsa Mesih'ten önceki tarihe işaret eder. Aynı şekilde, Türkçede M.S. ve İngilizcede A.D., *Anno Domini,* olarak kullanılan kısaltma, 'Tanrı'mızın yılında' anlamına gelir. Tarih bile İsa'nın doğumuna şahadet etmektedir.

Yaratılış 3:15'e bakalım:

Seninle kadını, onun soyuyla senin soyunu Birbirinize düşman edeceğim. Onun soyu senin başını ezecek, Sen onun topuğuna saldıracaksın.

Ayet kurtarıcımız İsa'nın kadının soyu olarak geleceğini ve ölümün yetkisini yok edeceğinin kehanetinde bulunur. Bu ayette "Kadın," İsrail'dir. Aslında İsa, İsrail'in Yahuda kabilesine ait Yusuf'un oğlu olarak dünyaya gelmiştir. (Luka 1:26-32).

Yeşaya 7:14 şöyle der, *"Bundan ötürü Rab'bin kendisi size bir belirti verecek: İşte, kız gebe kalıp bir oğul doğuracak; adını İmmanuel koyacak."*

Burada Kutsal Ruh tarafından gebe kalarak insan ırkını günahlarından kurtaracak Mesih'in gönderileceğine işaret edilmektedir. İsa Mesih, Kutsal Ruh tarafından hamile kalan Bakire Meryem'den doğmuştur. (Matta 1:18-25).

Mika 5:2'de kehanet edildiği gibi, İsa Beytlehem bölgesinde doğmuştur:

Ama sen, ey Beytlehem Efrata, Yahuda boyları arasında önemsiz olduğun halde, İsrail'i benim adıma yönetecek olan senden çıkacak. Onun kökeni öncesizliğe, zamanın başlangıcına dayanır.

Bu sözü gerçekleşmiş ve İsa, Kral Herod zamanı Beytlehem, Yahuda'da doğmuştur. Tarih bile bunu doğrular.

İsa doğduğu zaman kral Herod'un emriyle birçok masum bebeğin katledilmesi (Yeremya 31:15; Matta 2:16), İsa'nın Yeruşalim'e girişi (Zekeriya 9:9; Matta 21:1-11), ve İsa'nın göğe yükselişi (Mezmurlar 16:10; Elçilerin İşleri 1:9) kehanetle bildirilmiş ve hepsi uygun bir şekilde gerçekleşmiştir.

Buna ilaveten İsa'nın üç sene havarisi olan Yehuda İskaryot'un ihaneti (Mezmurlar 41:9) ve bu ihaneti otuz parça gümüş için yapması (Zekeriya 11:12) kehanetle bildirilmiş ve yerine gelmiştir.

Özellikle Eski Ahit'te verilen kehanetlerin Yeni Ahit'te tamamen gerçekleştiğini gördüğünüzde, Kutsal Kitap'a ve onun Tanrı'nın gerçek sözü olduğuna inanabilirsiniz.

Kutsal Kitap'ın Gerçekleşmeyi Bekleyen Kehanetleri

Tanrı, Eski Ahit'te yapılan tüm kehanetleri Yeni Ahit zamanı gerçekleştirerek İsa Mesih'i Kurtarıcımız yapmıştır. İsa ile ilgili tüm kehanetler, İsrail ulusunun tarihi akışı ve insanoğlunun tarihi, tek bir hata olmadan yerini bulmuştur. Dünya tarihinin araştırılması, Kutsal Kitap'ta yapılan tüm kehanetlerin gerçekleştiğini ve gerçekleşeceğini bulmaya sevk eder.

Hem Eski hem de Yeni Ahit zamanının peygamberleri, büyük bir dünya gücünün yükseliş ve düşüşünü, Yeruşalim'in yok ediliş ve tekrar inşasını ve önemli kişilerin gelecekte ki olaylarıyla ilgili kehanetlerde bulunmuşlardır. Kutsal Kitap'taki pek çok kehanet gerçekleşmiş ve gerçekleşmektedir. İsa'nın İkinci Gelişi, Büyük Coşku, Mutluluk Çağı ve Büyük Beyaz Taht gerçekleşecek kehanetlerdir. Rab'bimiz söz verdiği gibi şu anda yerinizi hazırlamaktadır (Yuhanna 14:2) ve çok yakında sizi sonsuz bir yere alacaktır.

Dünyamız şu anda kıtlık, depremler, olağandışı hava durumları ve devasa kazalarla ıstırap içindedir. Bunun bir rastlantı olduğunu düşünmemeli ama aksine İsa'nın İkinci Gelişinin pek yakında olacağını anlamalısınız (Matta 24:3-14).

Uyanık ve tıpkı bir gelin gibi kendinizi süsleyerek, tam bir selamete erişmelisiniz.

Bölüm 2.

TANRI İNSANI YARATIR VE YETIŞTIRIR

- Tanrı İnsanoğlunu Yaratır
- Tanrı İnsanoğlunu Niçin Yetiştirir?
- Tanrı Buğdayla Samanı Birbirinden Ayırır

Tanrı insanı kendi suretinde yarattı. Böylece insan Tanrı suretinde yaratılmış oldu. İnsanları erkek ve dişi olarak yarattı. Onları kutsayarak, "Verimli olun, çoğalın" dedi, "Yeryüzünü doldurun ve denetiminize alın; denizdeki balıklara, gökteki kuşlara, yeryüzünde yaşayan bütün canlılara egemen olun."

Yaratılış 1:27-28

En azından hayatınızın bir döneminde hayatın kökeni, varış yeri, amacı ve anlamıyla ilgili temel soruları sormuş ve cevap bulmayı denemiş olabilirsiniz. Pek çok insan bu soruları çözmek için çeşitli yöntemleri denerler ama özgün cevaplar alamadan sadece boşa vakit harcamış olurlar. Konfüçyüs, Buddha ve Sokrat gibi dünyaca tanınmış bilginlerde bu temel cevapları elde etmek için çabaladılar. Konfüçyüs, mükemmel erdemin etik bir ideal olarak görüldüğü ahlakiyat üzerine yoğunlaştı ve pek çok talebe yetiştirdi. Buddha, dünyevi yaşayış biçiminden arınmak için uzun bir süre günah çıkardı. Sokrat hakikat için kendi yolunu izledi ve gerçek bilgiyi aradı.

Ama hiçbiri sürekli ve temel bir sonucu bulamadılar, gerçeğe ulaşamadılar ya da sonsuz yaşamı elde edemediler. Bunun nedeni, görünmez ve soyut olan dünyanın yaratılışından önce gizli kalmış olan ruhani gerçektir. Yaratan Tanrı'nın insanın yetiştirilmesiyle ilgili takdiri ilahisini anlamadığınız takdirde, yaşam hakkında berrak yanıtlara ulaşamazsınız.

Tanrı İnsanoğlunu Yaratır

İnsan vücudunda ki organların, hücrelerin ve dokuların gizemli oluşumu ölçülemez. Bu yolla insanı yaratan Tanrı, sonsuza dek sevgisini paylaşabileceği gerçek çocuklarını elde etmeyi ister. Bu nedenle, insanı kendi suretinde ve tasvirinde yaratmış, insanı yetiştirmiş ve gökleri hazırlamıştır. Öyleyse, Tanrı evrendeki her şeyi nasıl yaratmış ve insanı nasıl meydana getirmiştir?

Tanrı'nın Altı Günlük Yaratışı

Yaratış kitabı 1, Tanrı'nın altı günde yeri ve göğü yaratış sürecini en iyi şekilde anlatır. Tanrı, *"Işık olsun"* diye buyurdu ve ışık oldu. (Yaratılış 1:3). Tanrı, *"Göğün altındaki sular bir yere toplansın, kuru toprak görünsün"* diye buyurdu ve öyle oldu. (Yaratılış 1:9).

İbraniler 11:3'de Şöyle der, *"Evrenin Tanrı'nın buyruğuyla yaratıldığını, böylece görülenlerin görünmeyenlerden oluştuğunu iman sayesinde anlıyoruz."* Tanrı evreni baştan sona sözüyle yaratmıştır.

Tanrı, ilk gün ışığı yaratmış ve ikinci gün sonsuz gök kubbeyi yaratmıştır. Üçüncü gün, Tanrı, *"Göğün altındaki sular bir yere toplansın, kuru toprak görünsün"* (Yaratılış 1:9), diye buyurmuş ve öyle olmuştur. Tanrı Kuru alana "Kara," toplanan sulara "Deniz" adını vermiştir. Sonra Tanrı, "Yeryüzü bitkiler, tohum veren otlar, türüne göre tohumu meyvesinde bulunan meyve ağaçları üretsin" diye buyurmuş ve yeryüzü bitkiler, türüne göre tohum veren otlar, tohumu meyvesinde bulunan meyve ağaçları yetiştirmiştir. Dördüncü gün, Tanrı gök kubbede güneşi, ayı ve yıldızları yaratmış ve güneşi gündüze, ayıda geceye egemen kılmıştır. Beşinci gün, Tanrı büyük deniz canavarlarını, sularda kaynaşan canlıları ve uçan çeşitli varlıkları yaratmıştır. Altıncı gün, Tanrı çeşit çeşit yabanıl hayvan, evcil hayvan ve sürüngen yaratmıştır.

İnsan Tanrı'nın Suretinde Yaratılmıştır

Yaratan Tanrı, insanın yaşayacağı çevreyi altı günde hazırlamış ve insanı kendi suretinde yaratmıştır. İnsanı, tüm yaşayan canlıların efendisi olarak kutsamış ve onları idaresi ve boyunduruğu altına almayı söylemiştir.

Tanrı insanı kendi suretinde yarattı. Böylece insan Tanrı suretinde yaratılmış oldu. İnsanları erkek ve dişi olarak yarattı. Onları kutsayarak, "Verimli olun, çoğalın" dedi, "Yeryüzünü doldurun ve denetiminize alın; denizdeki balıklara, gökteki kuşlara, yeryüzünde yaşayan bütün canlılara egemen olun." (Yaratılış 1:27-28).

Öyleyse Tanrı insanı nasıl yarattı?

"RAB Tanrı Âdem'i topraktan Yarattı ve burnuna yaşam soluğunu üfledi. Böylece Âdem yaşayan varlık

oldu." (Yaratılış 2:7).

Bu ayette topraktan kasıt, kildir. Hünerli bir çömlekçi kaliteli kil kullanarak yüksek parasal değeri olan açık yeşil ve beyaz porselen meydana getirebilir. Bunun tersine bazı çömlekçiler de sönük çömlekler, çatı kiremidi veya tuğla meydana getirirler. Topraktan yapılmış bir çömleğin değeri büyük ölçüde onu kimin yaptığına, ne kadar hünerli yapıldığına, ne çeşit kil kullanıldığına ve ne çeşit bir çömlek olduğuna bağlıdır. Dolayısıyla Kudretli Tanrı insanı Kendi Suretinde yaratmış olduğundan, onu ne kadar da güzel yapmıştır?

Topraktan insanı Kendi suretinde yarattıktan sonra, burnundan yaşayan enerji olan hayat nefesini üflemiştir. Ve böylelikle, insan yaşayan bir ruh olmuştur. Yaşam nefesi kudret, güç, enerji ve Tanrı'nın ruhudur.

Tanrı İnsana Hayat Nefesini Üfler

Işıyan flüoresans ışıklarının sürecini düşündüğünüzde, yaşayan bir ruh olarak insanın yaratılma sürecini daha iyi anlayabilirsiniz. Işıyan bir flüoresan ışığı yapmak isterseniz, öncelikle iyi üretilmiş bir tane hazırlamalı ve sonra fişe sokulmalıdır. Ancak elektrik akımını açana kadar, ışıldamaz.

Evinizde ki televizyon seti de aynı şekilde çalışır. Açmadığınız sürece ekranında bir şey göremezsiniz ama açtığınız takdirde, çeşitli imge ve sesleri hem duyar hem de görürsünüz. Sadece televizyonun düğmesine basarak imgeleri ekranda görünebilir hale getirebilirsiniz. Ancak, televizyon setinizin arkasında çok karmaşık bir yapıda bir araya getirilmiş ve özenle hazırlanmış parçalar vardır.

Aynı şekilde Tanrı, insanın sadece şeklini vermemiş ama toprağın tozundan iç organlarını ve kemiklerini de vermiştir. Kanın aktığı damarları oluşturmuş ve fonksiyonlarını mükemmel bir şekilde yerine getiren sinir sistemini de meydana getirmiştir.

Tanrı'nın kudreti istediği zaman ve arzu ettiği takdirde tozu yumuşak bir deriye çevirmeye muktedirdir. Elektrik akımına izin vererek, insana yaşam nefesini üflemiştir. Sonra insanın içinde ki kan hemen dolaşıma girmiş ve insanın nefes alıp hareket etmesini sağlamıştır.

Buna ilaveten, beyin hücrelerinde hafıza birimleri yaratmasından dolayı insanlar beyin hücrelerine duyduklarını ve hissettiklerini yükleyebilir ve hafızalarında tutabilirler. Yüklenen ve hafıza da tutulan şey bilgidir ve bilgi düşünceler olarak çoğalır. Yaşamınız boyunca elde etmiş olduğunuz bu muhafaza edilmiş bilgiye akıl deriz.

Basit yaratıklar olmasına rağmen insanoğlu, akıl ve bilgisini geliştirmiş ve gösterişli bir bilimsel medeniyet meydana getirmiştir. Şu anda evreni incelemekte, muazzam ebatta bilgilerin yüklendiği bilgisayarları yapmakta ve böylece tıpkı Tanrı'nın beyin hücrelerinde yapmış olduğu hafıza birimleri gibi insanlarda bilgisayarlardan çok büyük yararlar sağlamaktadırlar. Öyle ki, harfleri ya da insan sesini tanıyan ve birbirleriyle iletişim kurabilen yapay zekâya sahip bilgisayarları yaratacak kadar ilerlemişlerdir. Zaman geçtikçe çok daha fazla yol kat edeceklerdir.

Kudretli Tanrı'nın yerde ki topraktan insanı yaratması ve onu yaşayan bir varlık haline dönüştüren yaşam nefesini üflemesi ne kadar da kolaydır! Tanrı için yoktan bir şey var etmek çok kolaydır ama insan için bu çok daha müthiş ve harikadır (Mezmurlar 139:13-14).

Tanrı İnsanoğlunu Niçin Yetiştirir?

İsa, bize Tanrı'nın takdiri ilahisini birçok benzetme yolu ile öğretmektedir. Ruhani hükümranlık insan bilgisiyle kavranamayacağından, anlamanız için benzetmelerinde dünyevi nesneler kullanmıştır.

Bunların pek çoğu yetişmeyle ile ilgilidir. Mesela, ekincinin hikayesi (Matta 13:3-23; Markos 4:3-20; Luka 8:4-15), hardal tanesinin hikayesi (Matta 13:31-32; Markos 4:30-32; Luka 13:18-19), tarlada ki tohum hikayesi (Matta 13:24-30, 36-43), bağın hikayesi (Matta 20:1-16), ve kiracıların hikayesi (Matta 21:33-41; Markos 12:1-9; Luka 20:9-16) bunlardan bazılarıdır.

Bu benzetmeler bize çiftçilerin toprağı temizlediği, ekini ektiği, onları yetiştirdiği ve hasadı topladığı gibi, Tanrı'nın da yeryüzünde yaşayan insanı yetiştirdiğini ve buğdayla samanı ayıracağını gösterir.

Tanrı Çocuklarıyla Gerçek Sevgiyi Paylaşmak İster

Tanrı'da sadece tanrısallık yoktur ama insanlıkta vardır. Tanrısallık, Her şeyi Bilme ve Sınırsız Gücü Olma kudretiyle Yaratan Tanrı olmasıdır. İnsanlık ise, insanının zihnidir. Böylece Tanrı, tüm evreni yaratmış ve onun üzerindeki her şeyi, insan tarihini ve onların yaşamlarını yönetmektedir. Ayrıca keyif, öfke, üzüntü ve memnuniyet hisseder ve çocuklarıyla sevgisini paylaşmak ister.

Kutsal Kitap pek çok kere bize Tanrı'nın insanlar gibi bir kişiliği olduğunu göstermiştir; Tanrı'nın suretinde yaratılmış insan doğru olanı yaptığında Tanrı sevinç gösterir ve insanı kutsar. Eğer günah işlerlerse, öfkeyle insanoğlunu lanetler ve üzüntü duyar. Tanrı'nın arzusu çocuklarıyla iletişim kurmak ve Tanrı'nın sözüyle sıklıkla ifade edilen iyi şeyleri onlara vermektir.

Eğer Tanrı'nın sadece tanrısal özellikleri olsaydı, altıncı günün sonunda dinlenmek ihtiyacını hissetmez ve bizlerle hissi birlik kurmak amacıyla, *"Sürekli dua edin"* (1 Selanikliler 5:17), ve *"Bana yakar da seni yanıtlayayım; bilmediğin büyük, akıl almaz şeyleri sana bildireyim"* (Yeremya 33:3) demezdi.

Bazen yalnız olmayı istersiniz ama sizinle sevgisini paylaşacak aynı kafada bir dostla harcayacağınız vakitten daha hoşnutluk duyarsınız. Aynı şekilde Tanrı, sevgisini biriyle paylaşmak için Kendi suretinde insanı yaratmıştır. Kalbini anlayan ve O'nu tüm kalbiyle seven gerçek çocuklarının olmasını istediği için yeryüzünde insanoğlunu yetiştirmektedir.

Tanrı Çocuklarının Özgür İradeleriyle İtaat Etmesini İster

Bazıları Tanrı'nın göklerde birçok itaatkâr melek ve göksel varlıklar varken insanı niçin yaratmış olduğunu merak edebilir. Ancak insan karakterinde önemli bir yer tutan sevgi paylaşımına melekler sahip değildir. Diğer bir deyişle, onların seçim için özgür iradeleri yoktur. Tıpkı robotlar gibi emirlere itaat ederler ama insanlar gibi keyif, öfke, üzüntü ve memnuniyet hissetmezler. Bu sebeple, kalplerinin derinliklerinden Tanrı ile sevgi paylaşamazlar.

Örneğin farz edelim ki iki çocuğunuz var. Bunlardan bir tanesi iyi programlanmış bir robot gibi duygularını, fikirlerini ve sevgisini paylaşmadan tüm emirlerinize itaat ediyor olsun. Diğer ise, bazen kalbinizi kırıyor ama sonra yaptıklarından pişmanlık duyarak size tatlı bir şekilde sokulup gönlünüzü alıyor ve kalbini pek çok yol ile ifade ediyor olsun. Peki, bu iki evladınızdan hangisini daha çok severdiniz? Tabiî ki sonuncusunu.

Farz edelim ki yemek pişiren, evinizi temizleyen ve size hizmet eden bir robotunuz var. Böyle olmasına rağmen, robotu çocuklarınızdan daha fazla sevmezdiniz. Sizin için ne kadar çok çalışırsa çalışsın ve ne kadar yardımcı olursa olsun, çocuklarınızın yerini asla tutamazdı.

Aynı şekilde Tanrı, itaatkârlığa programlanmış robotlar misali davranan melekler ve göksel varlıklar yerine, mantık ve duygularla harmanlanmış özgür iradeleriyle, kendisine keyifle itaat eden insanları tercih eder. İnsanlara özgür iradelerini ve Kendi Sözünü verir. Sonrada onlara iyi ve kötünün, kurtuluş yolu ya da ölümün neler olduğunu öğretir.

Tanrı'nın Ebeveyn İlgisiyle İnsan'ı Yetiştirmesi

Yaratılış 6:5-6'da şöyle der, *"RAB baktı, yeryüzünde insanın yaptığı kötülük çok, aklı fikri hep kötülükte. İnsanı yarattığına pişman oldu. Yüreği sızladı."* Bu, Tanrı'nın insanı yarattığı zaman bu gerçeği bilmediği anlamına mı geliyor? Elbette ki hayır. Tanrı, Her şeyi Bilen ve Sınırsız Gücü Olan'dır ve dolayısıyla zaman başlamadan önce her şeyi biliyordu. Buna rağmen insanı yaratmış ve yetiştirmektedir.

Eğer ebeveynlerseniz bunu daha kolayca anlayabilirsiniz. Onları dünyaya getirmek ve yetiştirmek ne kadar da zordur! Bir kadın hamileyken dokuz ay boyunca mide bulantısı gibi pek çok sıkıntı çeker. Doğum vakti geldiğinde çok büyük bir acı anneye eşlik eder. Çocuklarını beslemek, giydirmek ve onlara öğretmek için, anne ve babalar gece gündüz demeden çalışır, büyük emekler sarf ederler. Çocukları geç bir vakit geldiğinde, anne-babalar onları merak ederler. Hastalandıklarında ise, anne ve babalar onlardan daha büyük bir acı çekerler.

Peki, bu kadar acı ve zahmete rağmen anne-babalar niçin çocuklarını yetiştirirler? Bunun sebebi, sevgilerini paylaşabilecekleri, sevgilerini hissedebilecek ve onları tüm kalpleriyle sevecek nesneleri istemeleridir. Anne ve babalar için böylesi acılar bile mutluluk kaynağıdır. Daha da ötesi, eğer çocuklar çok daha fazla anne ve babalarına benzerlerse, ne kadar da sevimli olurlar! Tabiî ki tüm çocuklar anne ve babalarına karşı hürmetli olmazlar. Kimi çocuklar anne ve babalarını sevip sayarken, kimileri ise büyük üzüntüler verirler.

Çocuk yetiştirmenin tüm acılarını bilmelerine rağmen anne ve babalar bunlara sıkıntı gözüyle bakmazlar. Aksine, çocuklarının iyi yetişmesi ve kendilerine mutluluk kaynağı olmalarını umarak muazzam çabalar sarf ederler. Aynı şekilde, Tanrı, insanların itaatsiz ve ahlaksız olacağını, büyük üzüntü vereceğini biliyordu ama ayrıca kendisiyle sevgilerini paylaşacak gerçek çocukları olacağını da biliyordu. Böylece Tanrı insanoğlunu yaratmış ve istekli olarak onları yetiştirmektedir.

Tanrı Gerçek Çocukları Tarafından Yüceltilmek İster

Tanrı, yeryüzünde ki insanları sadece gerçek çocuklarını elde etmek için değil ama ayrıca onlar tarafından yüceltilmek içinde yetiştirir. Tanrı, melekler ve göksel varlıklar tarafından yeterince yüceltilir. Ancak gerçek arzusu, yetişmiş gerçek çocuklarının kalplerinin derinliklerinden kendisini yüceltmesidir.

Tanrı Yeşaya 43:7'de şöyle der, *"Yüceliğim için yaratıp biçim verdiğim, Adımla çağrılan herkesi, Evet, oluşturduğum herkesi getirin diyeceğim"* ve size 1. Korintliler 10:31'de talimatları verir, *"Sonuç olarak, ne yer ne içerseniz, ne yaparsanız, her şeyi Tanrı'nın yüceliği için yapın."*

Tanrı, Yaratan, Sevgi ve Adalet'tir. Kendisinin tek ve yegâne Oğlu'nu bizi kurtarması için göndermiş, gökleri ve sonsuz yaşamı hazırlamıştır. Yüceltilmekten çok daha değerlidir. Bunun yanı sıra, Kendisini yüceltenlere övgüyü geri vermeyi ister.

Bu nedenle, Tanrı'nın niçin ruhani-terbiyeyi almış çocukları tarafından yüceltilmek istediğini anlayarak, O'nunla sevgisini paylaşan gerçek çocukları olmalısınız.

Tanrı Buğdayla Samanı Birbirinden Ayırır

Çiftçiler, mahsulün bereketli bir şekilde hasadını almak için toprağı yetiştirirler. Tanrı, sadece Kendisini tüm kalpleriyle sevmeleri ve yüceltmeleri için değil, ama ebedi göklerde de sevgisini O'nunla paylaşacak gerçek çocuklarına sahip olmak için yeryüzünde insan ruhlarını yetiştirir.

Her hasatta her zaman hem buğday hem de saman vardır ve çiftçiler samanla buğdayı birbirinden ayırır, buğdayı ambarlarında bir araya getirir ve samanı ateşle yakarlar. Aynı şekilde, insan ruhlarının yetişmesi sonrasında Tanrı, buğday ile samanı birbirinden ayıracaktır:

Yabası elindedir. Harman yerini temizleyecek, buğdayını toplayıp ambara yığacak, samanı ise sönmeyen ateşte yakacak. (Matta 3:12).

Bu sebeple Tanrı'nın yeryüzünde insan ruhlarını yetiştirdiğine kesinkes inanmalısınız ve Tanrı kendine ait bir zamanda buğday – gerçek çocuklarını – sonsuz yaşamın sunulduğu göklerde toplayacak, ama samanı cehennemin söndürülemez ateşinde yakacaktır.

Öyleyse şimdi Tanrı'nın nazarında buğday ve saman olan insanoğlunun ne tip insanlar olduğu ve gökler ile cehennemin ne tip yerler olduğu konularını derinlemesine araştıralım.

Buğday ve Saman

Buğday, İsa Mesih'i kabul edenleri, hakikat üzerinde yürüyenleri ve sevgilerini Tanrı ile paylaşanları temsil eder. Onlar, Tanrı'nın kaybolan suretini yeniden keşfeden ışığın çocuklarıdır ve Tanrı'nın emirlerine uygun davranırlar.

Öte yandan saman, İsa Mesih'i kabul etmeyenleri veya inandıklarını iddia edip benliğin arzuları peşi sıra gidenleri ve Tanrı Sözüyle yaşamayanları temsil eder.

1. Timoteos 2:4 Tanrı'mızın arzusunu anlatır *"O bütün insanların kurtulup gerçeğin bilincine erişmesini ister."* Bu, Tanrı'nın tüm insanlardan buğday olmasını ve göksel egemenliğe girmesini arzu ettiği anlamına gelir. Tanrı bunu pek çok farklı yolla anlamanızı sağlar ve sizleri kurtuluş yoluna sevk etmeye çalışır. Fakat sonunda bazı insanlar kendi özgür iradeleriyle Tanrı'nın isteği ve takdiri ilahisine aksi hareketlerde bulunurlar. İnsani değerlerini kaybetmiş olmaları nedeniyle bu insanların Tanrı'nın gözünde hayvanlardan farkı yoktur.

Çiftçiler samanı ateşte yakarlar veya gübre olarak kullanırlar çünkü eğer buğday ile saman ambara bir arada konulursa, buğday bozulur. Bu sebeple Tanrı, buğdayın olacağı göksel egemenliğe samanın girmesine izin vermeyecektir. Hayvanların aksine, insanın ruhu sonsuzdur çünkü Tanrı insanı yarattığında yaşam nefesini üflemiştir. Bu yüzden Tanrı, samanı yok edemez veya hiçbir şeye dönüşmelerine izin vermez.

Tanrı'nın buğdayı göklerde toplaması, sonsuz mutluluğun

doyasıya tadına varmalarına izin vermesi ve sonsuza dek samanı cehennemin söndürülemez ateşinde yakması kaçınılmazdır. Cehennem ateşine atılmamak için bu gerçeği aklınızda tutmalısınız.

Göklerin Güzelliği ve Cehennemin Korkunçluğu

Bir yandan gökler, bu dünyada ki hiçbir şeyle mukayese edilemeyecek kadar güzel bir yerdir. Örneğin, yeryüzünde ki çiçekler çok kısa bir zaman zarfında solarlar ama göklerde her şey ebedi olduğundan ne çiçekler solar ne de dökülürler. Sokaklar bir camın berraklığında saf altından yapılmıştır. Nehirler ise tıpkı saf bir kristal gibi parlayarak akar ve evler her türlü göz alıcı taşlardan meydana gelmiştir. Her şey sözle ifade edilemeyecek kadar güzeldir (Lütfen Göksel Egemenlik I ve II adlı kitaplara bakın).

Diğer yandan ise cehennem, kurtların ölmediği, ateşin dindirilmediği bir yerdir. Orada herkes ateşle tuzlanır. (Markos 9:48-49). Daha da fazlası, ateşten gölden yedi kat daha sıcak olan kükürt gölü vardır.(Vahiy 20:10,15). Kurtulamayan insanlar sonsuza dek ateşi hiç sönmeyecek olan gölde ya da kükürt gölünde yaşamak zorunda kalacaklardır. Sonsuza kadar böyle bir yerde yaşamak ne kadar korkunç ve ürkütücü! (Lütfen Cehennem adlı kitaba bakın)!

Bu yüzden İsa Mesih, Markos 9:43'de şöyle demiştir, *"Eğer elin günah işlemene neden olursa, onu kes. Tek elle yaşama kavuşman, iki elle sönmez ateşe, cehenneme gitmenden iyidir."*

Niçin Sevgi Tanrı'sı hem ürkütücü cehennemi hem de güzel

göksel egemenliği yapmak zorundaydı? Çünkü Tanrılarını seven,
iyi insanların yaşadığı yerde kötü insanlara yaşama izini
verilseydi, iyi insanlar için bu ıstırap verici bir şey olacak ve kötü
insanlar kötülükleriyle gökleri kirleteceklerdi. Özetle, Tanrı
cehennemi yarattı çünkü O, insanoğlunu sever ve çocukları için
en iyisini ister.

Büyük Beyaz Tahtın Adaleti

Tanrı, tıpkı çiftçinin tohumu ekmesi ve seneden seneye ekini
biçmesi gibi, Âdem'in cennet bahçesinden kovulduğu günden
beri insan ruhunu yetiştirir ve buna İsa'nın geleceği güne kadar
da devam edecektir.

Tanrı, Nuh, İbrahim, Musa, Vaftizci Yahya, Petrus ve Aziz
Pavlus gibi imanın atalarına arzusunu göstermiştir. Vaizleri ve
emekçileri yoluyla sürekli olarak insan ruhunu yetiştirmektedir.
Fakat tıpkı her başlangıcın bir sonu olacağı gibi, insan ruhlarının
yetişmesi de sonsuza kadar sürmeyecektir..

2. Petrus 3:8 bize şöyle der, *"Sevgili kardeşlerim, şunu*
unutmayın ki, Rab'bin gözünde bir gün bin yıl, bin yıl bir gün
gibidir." Tıpkı evrenin altı günlük yaratılışının ertesinde ki
yedinci gün Tanrı'nın dinlenmesi gibi, İsa'nın geri gelişi ve yeni
bir şabat dönemi olan mutluluk çağı da Âdem'in
itaatkârsızlığından 6000 sene sonra meydana gelecektir. Bundan
sonra Yüce Beyaz Tahtın Adaleti yoluyla, Tanrı buğdayın göklere
girmesine izin verecek ve samanı cehennem ateşine atacaktır.

Bu sebeple, Tanrı'nın takdiri ilahisi ve insanlığın yetişmesi
için göstermiş olduğu sevgisini içten duygularla anlayabilmek,

kutsanmış bir hayat sürdürebilmek ve göklere duyulan adanmış bir umutla Tanrı'yı yüceltebilmek için Rab'bimiz İsa Mesih'in adıyla dua ederim.

Bölüm 3.

İYILIK VE KÖTÜLÜĞÜN BILGISINI TAŞIYAN AĞAÇ

- Cennet Bahçesinde ki Âdem ve Havva
- Âdem Kendi Özgür İradesiyle İtaatsizlik Etti
- Günahın Ücreti Ölümdür
- Tanrı niçin İyilik ve Kötülüğün Bilgisini Taşıyan Ağacı Cennet Bahçesine Yerleştirdi?

RAB Tanrı Aden bahçesine bakması, onu işlemesi için Âdem'i oraya koydu. Ona, "Bahçede istediğin ağacın meyvesini yiyebilirsin" diye buyurdu, "Ama iyiyle kötüyü bilme ağacından yeme. Çünkü ondan yediğin gün kesinlikle ölürsün."

Yaratılış 2:15-17

Yaratan Tanrı'nın yüce sevgisini ve O'nun gerçek çocuklarının yetişmesinde derin takdiri ilahisini bilmeyenler şu soruları yöneltebilirler; "Tanrı niçin iyilik ve kötülüğün bilgisini taşıyan ağacı cennet bahçesine yerleştirdi?", "Niçin ilk insanı yıkıma taşıyan yola izin verdi?" Eğer Tanrı ağacı oraya yerleştirmeseydi, insanın ölmeyeceğini ve sonsuza dek cennet bahçesinde mutlu bir hayat sürdürüyor olacağını düşünürler.

Hatta bazıları "Tanrı'nın önceden Âdem'in iyilik ve kötülüğün bilgisini taşıyan ağacın meyvesinden yiyeceğini bilemediğini" söyleyen dizeler sarf eder çünkü onlar Tanrı'nın her şeyi Bilen ve Sınırsız Gücü Olan olduğuna inanmazlar. Âdem'in ileride işleyeceği itaatkârsızlığı bilmeden, zayıf bir sezgiyle mi ağacı cennet bahçesine yerleştirmişti? Ya da Tanrı kasıtlı olarak mı ağacı oraya yerleştirmiş ve insanı ölümün yoluna sevk etmiştir? Tabiî ki hayır!

Öyleyse Tanrı niçin iyilik ve kötülüğün bilgisini taşıyan ağacı cennet bahçesinin ortasına yerleştirmiştir? Âdem niçin Tanrı'nın emirlerine itaatkârsızlık etmiş ve ölümün yoluna girmiştir?

Cennet Bahçesinde ki Âdem ve Havva

Tanrı Âdem'i topraktan Yarattı ve burnuna yaşam soluğunu üfledi. Böylece Adem yaşayan varlık oldu. (Yaratılış 2:7). Yaşayan varlık, ilk ne zaman yaratıldığının bilgisine sahip olmayan ruhsal bir varlıktı. Bir örnek verelim. Yeni doğan bir bebekte akıl ve bilgi yoktur. Bebeğin beyninde bir hafıza sistemi vardır, ancak henüz hiçbir şeyi görmemiş, duymamış ve öğrenmemiştir. Bu sebeple, bebek sadece sezgileriyle davranabilir. Aynı şekilde, Âdem'de ilk yaratıldığında ruhani bir akla ve bilgiye sahip değildi.

Âdem Yaşam Bilgisini Tanrı'dan Öğrendi

Tanrı doğuda, Aden'de bir cennet bahçesi kurdu ve Âdem'i oraya yerleştirdi. Tanrı, hem Âdem'i kontrol etmek hem de cennet bahçesini idare etmek için onunla yürüyor ve yaşam bilgisini ve hakikati bire bir Adem'e veriyordu.

Yaratılış 2:19 şöyle der, *"RAB Tanrı yerdeki hayvanların, gökteki kuşların tümünü topraktan Yaratmıştı. Onlara ne ad vereceğini görmek için hepsini Âdem'e getirdi. Âdem her birine ne ad verdiyse, o canlı o adla anıldı."* Âdem, tüm şeyleri yönetecek kadar hayat bilgisiyle donatılmıştı.

Ayrıca Tanrı'ya, Âdem'in yalnız oluşu iyi görünmedi. Böylece, ona uygun bir yardımcı yaratabilmek için derin bir uykuya dalmasını sağladı. O uykudayken kaburga kemiğinden bir tanesini alıp açılan yeri etle kapladı. Sonra Âdem'den aldığı kaburga kemiğiyle bir kadın yaratarak onu Âdem'e getirdi. Böylece Tanrı, Âdem'i eşiyle birleştirdi ve onlar tek vücut oldular. (Yaratılış 2:20-22).

Bunun nedeni Âdem'in kendini yalnız hissetmesi değil ama Tanrı'nın zamanın öncesinden beri çok uzun süre yalnız olması ve yalnızlığın ne demek olduğunu bilmesi yüzündendi. Tanrı'nın yüce sevgisi ve lütuf Âdem'e bir yardımcı yapmasına sebep olmuş ve Tanrı, Âdem'in durumunu önceden bildiği için, onu ve eşini yararlı olmaları, gelişmeleri ve yeryüzünde çoğalmaları için kutsamıştı.

Âdem'in Cennet Bahçesindeki Uzun Yaşamı

Öyleyse, Âdem ve eşi Havva cennet bahçesinde ne kadar yaşadılar? Kutsal Kitap bu konuda detaylıca bilgi vermiyor ama orada pek çok insanın düşündüğünün aksine çok uzunca bir süre yaşamış olduklarını bilmelisiniz.

Kutsal Kitap bu konuyla ilgili tüm gerçekleri birkaç ayette bildirir. Ancak pek çok kimse Âdem'in cennet bahçesine konulduktan az bir süre sonra yasak meyveyi yediğini ve böylece yıkımın gerçekleştiğini düşünür. Bazıları şöyle sorarlar, "Kutsal Kitap insanlık tarihinin altı bin yıl olduğunu söyler. O zaman yüz binlerce sene önceye dayanan fosilleri nasıl açıklıyorsunuz?"

İnsanoğlunun yetişme tarihi, Âdem ile Havva'nın cennet bahçesinden kovulmasından itibaren, Kutsal Kitap'a göre 6000 senedir. Fakat bu zaman, cennet bahçesinde yaşadıkları o uzun zamanı kapsamaz. Uzunca bir süre geçtiği için, dünya üzerinde çoğalma ve neslin tükenmesi gibi döngüler, yeryüzü kabuğunda büyük çapta jeolojik ve coğrafi değişimler olmuştur. 1. Bölümde de tartışıldığı gibi birçok fosil bu gerçeği doğrular.

Tanrı'nın Yaratılış 1:28'de Âdem ve eşini kutsandığı anlatıldığı gibi, ilk insan Âdem lanetlenmeden önce uzun bir süre Tanrı ile birlikte yürümüş, birçok çocuğu olmuş ve Cennet Bahçesini doldurmuşlardır. Tüm yaratılan şeylerin efendisi olarak Âdem, hem dünyayı hem de Cennet Bahçesini boyunduruğu altına almış ve yönetmiştir.

Âdem Kendi Özgür İradesiyle İtaatsizlik Etti

Tanrı, Âdem ve Havva'nın her birine özgür irade vermiş ve onların Cennet Bahçesinin bereket ve neşesinden haz almasına izin vermiştir. Ancak Tanrı sadece tek bir şeyi yasaklamıştır; onlara iyilik ve kötülüğün bilgisini taşıyan ağaçtan yememelerini buyurmuştur.

Eğer Âdem Tanrı'nın içten kalbini anlasa ve O'nu gerçek anlamda sevseydi, Tanrı'nın buyruğu olduğu için yasak meyveyi yemezdi. Ama bu buyruğa uymadı çünkü Tanrı'yı gerçek anlamda sevmedi.

Tanrı, iyilik ve kötülüğün bilgisini taşıyan ağacı Cennet Bahçesine yerleştirmiş ve insan ile Tanrı arasında ki kati yasayı tesis etmiştir. Buyruğunu insanın özgür iradesine teslim etmiştir. Çünkü Tanrı kendisine tüm kalpleriyle bağlanarak sevecek gerçek çocuklarını kazanmak istemiştir.

Âdem Tanrı'nın Sözüne Aldırmadı

Kutsal Kitapta Tanrı sıklıkla emirlerine uyanları ve Sözlerini önemseyenleri kutsayacağına söz veriyor. (Yasa Kitabı 15:4-6, 28:1-14). Peki, kim O'nun emirlerine uyar? Kutsal Kitap bile yeryüzünde az sayıda da olsa O'nun emirlerine uyan insanlar olduğunu kabul eder.

Tanrı, ilk insan Âdem'e kendine itaat ettiği sürece sonsuz yaşamın ve kendisi tarafından kutsanmanın önemini, itaat etmediği takdirde ise sonsuz ölüme sahip olacağını öğretmiş olmalıydı. Tanrı Âdem'i iyilik ve kötülüğün bilgisini taşıyan ağaçtan yememesi konusunda uyarmıştı.

Ancak Âdem ve Havva Tanrı'nın buyruğuna karşı gelip, yasak meyveden yediler. Şeytan ta ilk baştan beri Tanrı'nın gerçek ve ruhani çocuklarını yetiştirme planını bozmaya çalışıyordu. Sonunda şeytan, diğer vahşi hayvanlardan daha hilekâr olan yılanın yardımıyla Âdem ile Havva'nın akıllarını çelmeyi başardı. (Yaratılış 3:1). Âdem ile Havva Tanrı'nın buyruğuna karşı geldiler. Peki, öyleyse yaşayan bir ruh olan ve sadece Tanrı'nın hakikati öğretilen Âdem, Tanrı'nın buyruğuna nasıl karşı gelebilmiştir?

Yaratılış 2:15'de, Tanrı'nın Cennet Bahçesinin idare ve bakımını Âdem'e verdiğini görüyoruz. Âdem Cennet Bahçesini yönetme, koruma gücü ve yetkisini Tanrı'dan almıştır. Tanrı Âdem'i düşman olan şeytan ve iblis içeri girmesin diye muhafız kılmıştır. Buna rağmen şeytan, yılanı kontrol altına alarak ve yılan sayesinde Âdem ile Havva'nın aklını çelerek başarılı olmuştur. Bu nasıl mümkün olabilmiştir? Sözün kısası, şeytan hava hükümranlığına egemen olan kötü bir ruhtur. Şeytanın bir şekli yoktur. Efesliler 2.2, şeytandan hava hükümranlığının prensi, söz dinlemeyen insanların üzerinde şimdi etkin olan ruh diye söz eder.

Şeytan, radyo dalgaları gibi havada uçabilmesi sebebiyle Âdem ile Havva'nın akıllarını çelmesi için yılanı kontrolü altına alabilmiştir. Yaratılış 1 tekrarlanan özel bir cümleye işaret eder. Yaratılışın her bir gününün sonunda Kutsal Kitap, 'Tanrı bunun iyi olduğunu gördü." diye tekrarlar. Ancak bu cümle göğün yaratıldığı ikinci günün sonunda tekrarlanmaz.

Aynı şekilde Efesliler 2:2 bir zamandan söz eder, *"Sizler bir zamanlar içinde yaşadığınız suçlardan ve günahlardan ötürü ölüydünüz. Bu dünyanın gidişine ve havadaki hükümranlığın egemenine, yani söz dinlemeyen insanlarda şimdi etkin olan ruha uymaktaydınız."* Tanrı kötü ruhların hava hükümranlığı üzerinde egemenliği olacağını biliyordu.

Havva Yılanın Aklını Çelmesine Mani Olamaz

Yılan çayırlarda yaşayan hayvanlardan sadece biridir. Havva'nın Tanrı buyruğuna karşı gelmesini ve aklını çelebilmeyi nasıl başarmıştır?

Cennet Bahçesinde insanlar, çiçekler, ağaçlar, kuşlar ve hayvanlar gibi her türlü canlıyla iletişim kurabilmekteydiler. Havva ayrıca yılanla iletişim kurabilmekteydi. Esasen yılanlar insanlar tarafından sevilen hayvanlardı ve bu günün tersine insanlarla iyi ilişkiler içersindeydiler. Havva tarafından tercih edilecek kadar yumuşak, temiz, uzun, yuvarlak ve akıllıydılar. Havva'yı çok iyi biliyor ve onu memnun ediyorlardı. Aynı durum sahipleri tarafından sevilen köpekler içinde geçerlidir çünkü diğer hayvanlara nazaran daha akıllı ve daha iyi anlarlar. Ama bazı insanlar şöyle der, "Yılanlar korkunç, zehirli ve iğrençtir." Hemen hemen içgüdüsel olarak yılanları sevmezler çünkü onlar Âdem ile Havva'nın Tanrı buyruğuna karşı gelmelerine ve ölüme itilmelerine neden olmuştur.

Yılanı daha iyi anlayabilmeniz için orijinal mekânın özelliklerini bilmeniz gerekir. Her bir toprağın birbirinden farklı ve kendine özgü içerik ve bileşenleri vardır. Toprağa eklenmiş unsurlara göre toprak iyi ya da kötü olabilir. Tanrı toprağın üzerinde yaşayan tüm hayvanları ve havada uçan tüm kuşları yarattığında her bir hayvana uygun düşen toprağı seçmiştir. (Yaratılış 2:19).

İlk başta Tanrı yılanı hilekâr bir hayvan olarak yaratmamıştır. İnsanlar tarafından sevilecek kadar akıllı yaratmıştır. Fakat kötü ruhun ona gelmesi sebebiyle yılan hilekâr bir hayvana dönüşmüştür. Eğer yılan, şeytanın sesine uymamış ve Tanrı'nın buyruğundan çıkmamış olsaydı, iyi ve akıllı bir hayvan olacaktı. Şeytanın sesini dinleyip ona uyduğu için, yılan hilekar bir hayvan olmuş ve Havva'nın ölüme itilmesi için onu kandırmıştır.

Çünkü Havva Tanrı Sözünü değiştirmiştir

Yılan, Tanrı'nın Âdem'e ne dediğini biliyordu: *"Ona, 'Bahçede istediğin ağacın meyvesini yiyebilirsin' diye*

buyurdu, Ama iyiyle kötüyü bilme ağacından yeme. Çünkü
ondan yediğin gün kesinlikle ölürsün." (Yaratılış 2:16-17). Bu
sebeple yılan Havva'ya hilekâr bir şekilde şu soruyu yöneltmiştir.
"Tanrı gerçekten, 'Bahçedeki ağaçların hiçbirinin meyvesini
yemeyin' dedi mi?" (v. 1)
Havva, yılanı nasıl yanıtladı?

Tanrı, Bahçenin ortasındaki ağacın meyvesini
yemeyin, "ona dokunmayın; yoksa ölürsünüz dedi."
(Yaratılış 3:2-3).

Tanrı Âdem'e net bir uyarı vermişti: *"Ama iyiyle kötüyü*
bilme ağacından yeme. Çünkü ondan yediğin gün kesinlikle
ölürsün." (Yaratılış 2:17). Eğer ağaçtan yerler ise asla
yaşayamayacaklarını üzerine basarak belirtmişti. Ama Havva'nın
cevabı açık değildi. Dalgın bir şekilde cevaplamıştı, "Ölürsünüz."
"Kesinlikle" kelimesini atlamıştı. Diğer bir deyişle, "Eğer yasak
meyveden yerseniz, ölebilir ya da ölmeyebilirsiniz" demeye
getirmişti.

Tanrı'nın buyruğunu aklında tutamadı ve Tanrı'nın sözü
hakkında biraz tereddüde düştü. Onun dalgın ve tereddüt içinde
olan cevabını duyan yılan, daha sıkıca aklını çelmek için işe
koyuldu. Hatta Tanrı'nın buyruğunu gerçek anlamından
saptırdı. Yılan, "Kesinlikle ölmezsiniz" dedi ve Tanrı'nın
buyruğunu değiştirerek Havva'yı teşvik etti: *"Çünkü Tanrı*
biliyor ki, o ağacın meyvesini yediğinizde gözleriniz açılacak,
iyiyle kötüyü bilerek Tanrı gibi olacaksınız." (Yaratılış 3:5).

Merakını kamçılayarak, Havva'nın aklını tekrar çeldi.

Havva Kendi Özgür İradesiyle İtaatsizlik Etti

Şeytan, gerçek olmayan düşünceler yoluyla Havva'nın içine günah dolu arzuları yerleştirdiğinden ağaç o zamana kadar göründüğünden daha farklı görünmeye başladı. Yaratılış 3:6 şöyle der, *"Kadın ağacın güzel, meyvesinin yemek için uygun ve bilgelik kazanmak için çekici olduğunu gördü. Meyveyi koparıp yedi. Yanındaki kocasına verdi, o da yedi."* Yılanın akıllarını çelmesine kararlılıkla ve kesinlikle karşı koymalıydılar. Benliğin şiddetli arzuları, gözlerinde ki şehvet ve maddi yaşamın verdiği gurur onları yakıp yok etti ve itaatkârsızlık günahına itti.

Bazıları der ki, "Âdem ile Havva içlerinde mevcut günaha eğilimli doğaları nedeniyle iyilik ve kötülüğün bilgisini taşıyan ağacın meyvesinde yemediler mi?" İtaat etmeden önce onların günaha eğilimli bir doğası yoktu. Onlarda iyilik vardı ve birde Tanrı'nın buyruğuna karşı onları iyilik ve kötülüğün bilgisini taşıyan ağaçtan yiyip yememelerinde özgür kılan özgür iradeleri vardı.

Zaman geçtikçe Tanrı'nın buyruğunu ihmal ettiler. Böylece şeytan onların aklını yılanın yardımıyla çeldi ve günaha teslim oldular. Bu yolla günah onlara geldi ve Tanrı'nın tesis etmiş olduğu düzeni çiğnediler.

Kötülük içinde büyüyen çocuklar içinde aynı şey söz konusudur. Hatta sözlerinde ve hareketlerinde kötü olan çocuk, ilk doğduğunda böyle kötü değildir. Önce anlamını bilmeden diğer çocukların kaba sözlerini ve küfürlerini taklit eder. Ve yahut bir çocuğun başka bir çocuğa vurmasını taklit eder ve bunu diğer çocuklara yapmaktan ve onların gözyaşlarına boğulmalarından zevk duyar. Böylece defalarca onlara vurarak içine şeytanın tohumu ekilir ve büyür.

Aynı şekilde Âdem'in de başta günahkâr bir doğası yoktu. Tanrı'nın buyruğuna karşı gelip kendi iradesiyle ağacın meyvesinden yediğinde, günah tohumu içine ekildi ve kendine yer edindi.

Günahın Ücreti Ölümdür

Tıpkı Tanrı'nın Âdem'e, *"İyiyle kötüyü bilme ağacından yeme. Çünkü ondan yediğin gün kesinlikle ölürsün."* dediği gibi, Âdem ve Havva ağaçtan yedikten sonra öldüler. Yakup 1:15 şöyle der, *"Sonra arzu gebe kalır ve günah doğurur. Günah olgunlaşınca da ölüm getirir."*

Romalılar 6:23 sizlere günahın neticesiyle ilgili ruhani hükümranlığının yasasını öğretir, *"Günahın ücreti ölümdür."* Öyleyse itaatkârsızlıkları sonucu Âdem ile Havva'ya ölümün nasıl geldiğini inceleyelim.

Ruhlarının Ölümü

Tanrı Âdem'e net bir şekilde, "İyiyle kötüyü bilme ağacından yeme. Çünkü ondan yediğin gün kesinlikle ölürsün.", dedi. Ancak Tanrı'nın buyruğuna itaat etmemelerinin hemen ertesinde ölmediler. Uzunca bir süre yaşayıp, çocuk sahibi oldular. Öyleyse Tanrı'nın uyardığı "ölüm" neydi? Tanrı fiziksel vücutlarının değil, ruhlarının ölümünden bahsediyordu. İnsanoğlu Tanrı ile iletişim kurabileceği bir ruh, ruha hizmet eden bir can ve ruhlarıyla canlarının içinde yaşadığı bir beden ile yaratılmıştı. 1. Selanikliler 5:23, insanoğlunun ruh, can ve bedenden meydana geldiğini söyler. Âdem ile Havva Tanrı'nın buyruğuna karşı geldikleri zaman ruhları, yani insanoğlunun temel parçası, ölmüştür.

Tanrı kusursuz, lekesiz ve yaklaşılması mümkün olmayan bir ışık içinde yaşayan kutsal Olan'dır. Bu sebeple, günah işleyenler O'nunla birlikte olamazlar. Âdem ruhani bir varlık olduğu zaman Tanrı ile iletişim kurabiliyordu ama günahı sebebiyle ruhu öldükten sonra bu son buldu.

Acı Dolu Bir Yaşamın Başlangıcı

Cennet Bahçesi, endişe ve tasadan uzak, bereketli ve güzel bir yerdi ve Âdem ile Havva hayat ağacından yiyerek sonsuza dek orada yaşayabilirlerdi. Fakat günahlarının neticesi olarak Cennet Bahçesinden kovuldular ve o andan itibaren zorluklar ve sıkıntılar başladı.

Kadın çocuk doğururken acı çekmeye başladı. Kocasına istek duymaya ve kocası da onu yönetmeye başladı. İnsan ancak toprağa emek sarf edip, diken ve çalılardan temizlediği sürece yiyecek bulur oldu (Yaratılış 3:16-17).

Tanrı Âdem'e Yaratılış 3:18-19'de şöyle demiştir, *"Toprak sana diken ve çalı verecek, Yaban otu yiyeceksin. Toprağa*

dönünceye dek Ekmeğini alın teri dökerek kazanacaksın.
Çünkü topraksın, topraktan yaratıldın Ve yine toprağa
döneceksin." Bu ayetlerde bize Tanrı, insanın tekrar toprağa
dönüşeceğini işaret eder.

Âdem insanoğlunun atası olduğu ve günah işleyerek ruhu
öldüğü için, tüm torunları günahkâr olarak doğar ve ölüm
yolunda ilerler.

Romalılar 5:12 Âdem'in baki mirasından söz eder: *"Günah*
bir insan aracılığıyla, ölüm de günah aracılığıyla dünyaya
girdi. Böylece ölüm bütün insanlara yayıldı. Çünkü hepsi
günah işledi."

Tüm İnsanlar Orijinal Günah (ilk günah) ile Doğarlar

Tanrı insanı meydana getirdiğinde, onlara verdiği yaşam
tohumları yoluyla soylarını çoğaltmalarını ve bereketli olmalarını
mümkün kılmıştır. İnsanlar Tanrı'nın erkeğe ve kadına yaşam
tohumları olarak verdiği yumurta ve spermin birleşmesi sonucu
meydana gelirler. Sperm ve yumurtanın her bir ebeveynin
özelliklerini taşıması sebebiyle, onların birleşmesi sonucu
meydana gelen bebek, anne ya da babasının tipine, karakterine,
zevklerine, alışkanlıklarına, favorilerine, yürüme şekillerine vs
andırır.

Bu şekilde insanoğlunun ilk atası Âdem'in günahkâr doğası
tüm torunlarına geçmiştir. Buna 'ilk günah' denir. Âdem'in
torunları ilk günahla doğarlar. Dolayısıyla tüm insanoğlu
kaçınılmaz olarak günahkârdır.

İnanmayan bazıları şikâyet ederler, "Nasıl oluyor da günahkâr oluyorum? Ben hiçbir günah işlemedim." ya da diğerleri şöyle sorarlar, "Âdem'in günahı bana nasıl geçebilir?" Bir çocuğu örnek olarak alalım. Emziren annenin bir yaşından küçük bir bebeği vardır. Diğer bir bebeği kendi bebeğinin yanında emzirmektedir. Büyük bir ihtimalle kendi çocuğu bundan dolayı rahatsızlık duyacak ve diğer bebeği itmeye çalışacaktır. Eğer anne diğer bebeği emzirmeyi bırakmazsa ya da diğer bebek emmeyi bırakmazsa, kendi çocuğu anneyi ya da diğer bebeği itmeye devam edebilir ve anne diğer bebeği emzirmeye devam ederse kendi çocuğu gözyaşlarına boğulabilir. Her ne kadar kimse bu küçük bebeğe kıskançlığı, hasedi, açgözlülüğü veya itişmeyi öğretmemiş olsa da, bebeğin zihninde tüm bu kötü şeyler doğduğundan beri mevcuttur. Bu gerçek insanoğlunun günahla doğduğunu ve ebeveynlerinden bunu miras aldığını açıklar.

Tüm yaşamı boyunca her bir insan daha ne kadar günah işler? Anlamalısınız ki sadece kötü eylemler değil ama zihninizden geçen her türlü kötü düşünce, ışık olan Tanrı'nın huzurunda günahtır. Tanrı, nefret, açgözlülük, ayıplama ve bunun gibi zihinlerden geçen pek çok kötü şeyi izler ve farkına varır.

Bu sebeple Kutsal Kitap bize der ki, Yasa'nın gereklerini yapmakla hiç kimse Tanrı katında aklanmayacaktır. Çünkü herkes günah işledi ve Tanrı'nın yüceliğinden yoksun kaldı. (Romalılar 3:20, 23).

Sadece İnsan Değil, Her şey Lanetlenmiştir

Tüm şeylerin efendisi olan Âdem günah işleyip lanetlendiğinde, toprak ve tüm çiftlik hayvanlarıyla birlikte diğer hayvanlar ve kuşlarda onunla birlikte lanetlendi. O günden beri sivrisinek ve diğer sinekler gibi her türlü hastalığı yayan zararlı ve zehirli böcekler meydana geldi.

Toprak diken ve çalı üretmeye başladı ve insan ancak meşakkatli çalışma ve alın teriyle yiyeceği için toprağı biçebilir oldu. Yeryüzünde lanetlenmiş olduklarından gözyaşlarıyla, acıyla, üzüntüyle, hastalıklarla ve ölümle yüzleştiler.

Bu nedenle Romalılar 8:20-22 şöyle der, *"Çünkü yaratılış amaçsızlığa teslim edildi. Bu da yaratılışın isteğiyle değil, onu amaçsızlığa teslim eden Tanrı'nın isteğiyle oldu. Çünkü yaratılışın, yozlaşmaya köle olmaktan kurtarılıp Tanrı çocuklarının yüce özgürlüğüne kavuşturulması umudu vardı. Bütün yaratılışın şu ana dek birlikte inleyip doğum ağrısı çektiğini biliyoruz."*

Öyleyse yılan nasıl lanetlendi? Yaratılış 3:14'de insanın günah işlemesi için aklını çelen hilekar yılana Tanrı şöyle der, *" 'Bu yaptığından ötürü Bütün evcil ve yabanıl hayvanların En lanetlisi sen olacaksın' dedi, 'Karnının üzerinde sürünecek, Yaşamın boyunca toprak yiyeceksin.' "* Ancak yılanlar toprak yemezler ve kuş, kurbağa, fare ve böcek gibi yaşayan diğer canlılardan beslenirler. Oysa Tanrı net bir şekilde, "Yaşamın boyunca toprak yiyeceksin." demiştir. Öyleyse bu ayeti nasıl yorumlayabiliriz?

Burada "toprak," topraktan yaratılan insanı (Yaratılış 2:7), yılan ise düşman olan şeytanı ve iblisi temsil etmektedir (Vahiy 20:2). "Yaşamın boyunca toprak yiyeceksin" ise, Tanrı'nın sözüyle yaşamak yerine, karanlıkta yürüyen insanları hırsla yiyip yutan şeytan ve iblisi simgelemektedir.

Hatta ve hatta Tanrı'nın çocukları bile eğer Tanrı'nın isteğine karşı bir günah işlerlerse şeytan ve iblisin getirdiği zorluk ve sıkıntıların içine düşerler. Bugün şeytan ve iblis kükreyen bir aslan gibi yutacak birini arayarak dolaşıyor (1. Petrus 5:8). Eğer birini bulurlarsa, onu günahın laneti altında tutsak ederler ve yok oluş yoluna sürüklerler. Mümkünse, Tanrı'nın çocuklarını bile saptırmaya çalışacaklardır.

Şeytan ve iblis "Tanrı'ya inanıyorum," diyen ama Tanrı'nın sözünün ne olduğunu bilmeyen insanları ölüm yoluna sürüklerler. Genellikle şeytan ve iblis sizlerin aklını eşiniz, arkadaşınız ve akrabalarınız gibi yakınlarınız yoluyla çelmeye çalışır- Havva'nın aklını en sevdiği hayvanı olan yılan çeldikleri gibi.

Örneğin eşiniz veya arkadaşınız size şunu sorabilir, "Senin için sadece Pazar sabahı ayinlerine katılmak yeterli değil mi? Pazar akşamları ayinlerine de katılmak zorunda mısın?" veya "Her gün sürekli en iyisini yapmak zorunda mısın?" "Tanrı Her şeyi Bilen ve Sınırsız Gücü Olan olduğu için zaten kalbinin derinliklerinde ne olduğunun farkında ve biliyor. Yakararak dua etmek zorunda mısın?"

Tanrı size Şabat gününü kutsal sayarak anımsamanızı söyledi (Mısır'dan Çıkış 20:8), Tanrı'nın adıyla bir araya gelmenizi istedi (İbraniler 10:25), ve yakararak dua etmenizi öğütledi (Yeremya

33:3). Tamamen Tanrı'nın sözüne göre yaşayanların aklını şeytan ne çelebilir ne de onları günaha sürükleyebilir (Matta7:24-25).

Tıpkı Efesliler 6:11'de dendiği gibi, *"İblis'in hilelerine karşı durabilmek için Tanrı'nın sağladığı bütün silahları kuşanın,"* Tanrı'nın gerçek sözüyle kendinizi donatmalı ve imanınızla cesurca düşmanımız şeytan ve iblisi püskürtmelisiniz.

Tanrı Niçin İyilik ile Kötülüğün Bilgisini Taşıyan Ağacı Cennet Bahçesine Yerleştirdi?

Tanrı iyilik ve kötülüğün bilgisini taşıyan ağacı cennet bahçesine insanı yıkıma sürüklemek için değil, ama onlara gerçek mutluluğu vermek için yerleştirdi. O'nun derin planını tam kavrayamadığından pek çok kişi Tanrı'nın sevgisini ve adaletini anlayamaz ve hatta O'na inanmazlar. Hayatlarının gerçek amacını bulamadan, kör ve sönük bir hayat sürerler.

Peki, öyleyse Tanrı neden iyilik ve kötülüğün bilgisini taşıyan ağacı Cennet Bahçesine yerleştirmiştir? Ve bu sizin için niçin büyük bir kutsama kaynağıdır?

Âdem ile Havva Gerçek Mutluluğu Bilemediler

Cennet Bahçesi hayallerinizin çok ötesinde bir berekete ve güzelliğe sahiptir. Tanrı, her çeşit ağacın toprakta yetişmesini sağlamıştı. Hem yiyecek olarak iyi hem de gözleri memnun ediciydiler. Bahçenin ortasında yaşam ağacıyla iyiyle kötüyü bilme ağacı vardı. (Yaratılış 2:9).

Öyleyse Tanrı niçin bu iki ağacı bahçenin ortasına yerleştirmiş ve güzel görünmelerini sağlamıştı? Tanrı, Âdem ile Havva'nın akılları çelinerek yıkım yoluna sürüklenmelerini asla niyet etmemişti. İyilik ve kötülüğün bilgisini taşıyan ağacın yardımıyla göreceliği anlamamıza ve O'nun kalbini hissedebilen gerçek ve ruhani çocukları olmamıza izin veren, Tanrı'nın takdiri ilahisiydi.

İnsanlar gözyaşı, acı, sefalet ya da hastalıklarla karşılaştıkları zaman, Cennet Bahçesinde ki Âdem ve Havva'nın dünyada kol gezen bu deneyimleri yaşamadıkları için çok mutlu olduklarını düşünebilirler. Fakat Cennet Bahçesinde ki insanlar, ne gerçek mutluluğu ne de gerçek sevgiyi biliyorlardı çünkü göreceliği yaşamamışlardı.

Bir örnek verelim. İki tane çocuk vardır. Bu çocuklardan biri sefalet içinde doğmuş ve büyümüş, diğer ise bolluk ve zenginlik içinde doğmuştur. Eğer ikisine de hediye olarak çok pahalı bir oyuncak verirseniz, her biri nasıl bir karşılık verirdi? Bir yandan refah içinde büyüyen çocuk nadiren oyuncağın değerini bildiğinden fazla müteşekkir olmazken, sefalet içinde büyüyen çocuk minnetle dolar ve oyuncağı oldukça değerli sayardı.

Gerçek Mutluluk Görecelik Yoluyla Olur

Aynı şekilde, özgürlük ve bolluk gibi göreceli şeyleri yaşayan insanlar, gerçek mutluluk veya gerçek özgürlüğün tadına varabilir. Cennet Bahçesinin aksine bu dünyada birçok göreceli şey vardır. Bir şeyin gerçek değerini bilmek ve onun keyfine varmayı arzuluyorsanız, o şeyin göreceli karşılığını tecrübe edinmeniz gerekir. Onun karşıt yönlerini deneyimlemeden gerçek değerini tam anlamıyla kavrayamazsınız. Örneğin eğer gerçek mutluluğun ne olduğunu bilmek istiyorsanız, mutsuzluğu yaşamalısınız. Gerçek sevginin değerini bilmek istiyorsanız, nefreti yaşamalısınız. Hastalanmadan ve kötü bir sağlığın ne demek olduğunu bilmeden sağlığınızın değerini anlayamazsınız. Ölümün ve cehennemin kesinlikle olduğunu anlayamadan, sonsuz yaşamın değerini anlayamaz ve gökleri hazırlayan Babamız Tanrı'ya şükran dolu olamazsınız.

İlk insan olan Âdem, istediğini yemenin keyfine vardı ve Cennet Bahçesi'ndeki her şeyi yönetme yetkisine sahipti. Bütün bunlara zahmetsizce ve alın teri dökmeden sahip olmuştu. Bu sebeple, tüm bunları veren Tanrı'ya ne minnettarlığını sundu ne de kalbinde şükran ve sevgiyi bildi.

Sonra Âdem meyveyi yiyerek Tanrı'nın buyruğuna karşı geldi. O zamana dek yaşayan bir ruhtu ama günah işledikten sonra ruhu öldü ve bedenden bir insana dönüştü. Eşiyle birlikte Cennet Bahçesi'nden kovularak yaşamak için yeryüzüne geldiler. Cennet Bahçesi'nde daha önce hiç yaşamadığı gözyaşı, keder, hastalıklar, acı, şansızlık, ölüm gibi şeylere katlanmaya başladı. Sonunda Cennet Bahçesi'nde ki mutluluğun karşıtı olan şeyleri yaşamaya başladı.

İşte ancak böyle bir süreçte Âdem ile Havva mutluluk ile mutsuzluğun ne olduğunu, Tanrı'nın onlara Cennet Bahçesinde sunduğu özgürlük ve bolluğun değerini hissedebilir ve anlayabilirlerdi.

Eğer sonsuza dek mutluluk ile mutsuzluğun ne olduğunu bilmeden yaşarsanız, hayatınız anlamsız olacaktır. Şu anda sıkıntılarınız olsa bile, ileride gerçek mutluluğu hissettiğinizde hayatınız anlam kazanacaktır.

Örneğin ebeveynler çocuklarının ders çalışmakta zorlandıklarını bilseler bile okula gitmelerini isteyeceklerdir. Eğer çocuklarını seviyorlarsa, çok çalışmaları için ve birçok iyi şeyi öğrenmeleri için seve seve onlara yardım edeceklerdir. İnsanoğlunu yeryüzüne gönderen ve çeşitli deneyimlerle gerçek çocukları olabilmeleri için insanları yetiştiren Babamız Tanrı'nın kalbi de işte böyledir.

Bu sebeple Tanrı, iyilik ile kötülüğün bilgisini taşıyan ağacı Cennet Bahçesine yerleştirdi ve kendi özgür iradeleriyle Âdem ile Havva'nın ağaçtan yemelerine mani olmadı. Tanrı, bu dünyada insanın neşe, öfke, keder ve acı gibi tüm deneyimleri yaşaması ve yetiştirme yoluyla gerçek çocukları olmaları için her şeyi planladı.

Acı dolu deneyimlerle, kalplerinin derinliklerinde birer birer tüm bunların gerçek değerini ve anlamını anlayabilirlerdi.

Gerçek mutluluğu ancak insanın yetiştirilmesiyle bilmiş ve hissetmiş olacakları için, Tanrı'nın çocukları ne kadar uzun süre geçerse geçsin, Cennet Bahçesinde ki Âdem ile Havva'nın tersine Tanrı'ya ihanet etmeyeceklerdir. Aksine, O'nu her zamankinden daha çok sevecek, neşe ve şükranla dolacak ve O'nu yücelteceklerdir.

Göklerde ki Gerçek Mutluluk

Bu dünyada gözyaşı, keder, acı, hastalık ve ölüm yaşayan Tanrı'nın çocukları sonsuz göklere girecek ve oradaki sonsuz mutluğun, sevginin, neşenin ve minnettin tadını çıkaracaklardır. Mükemmel mutluluğun coşkusunu orada yaşayacaklardır. Bu maddi dünyada her şey çürür ve ölür ama ebedi göksel egemenlikte çürüme, ölüm, gözyaşı ve keder yoktur. Bu dünyada altın en değerli metallerden biridir ama göklerde ki Yeruşalim'e çıkan tüm yollar saf altında yapılmıştır. Göklerde ki evler çok güzel ve değerli taşlardan meydana gelmiştir.

Tanrı ile karşılaşana kadar altın ve mücevheratların en değerli şeyler olduğunu düşünüyordum ama ebedi göksel egemenliği öğrendiğimden beri bu dünyada ki her şeyi boş ve değersiz görmeye başladım. Bu dünyada ki yaşam, sonsuz yaşamın yanında sadece bir andır. Eğer gerçekten inanır ve sonsuz gökler için ümit beslerseniz, bu dünyayı asla sevemezsiniz. Bunun yerine, sadece bir kişiyi daha nasıl kurtarabileceğinizi veya dünyada ki tüm insanlara müjdenin mesajını nasıl duyurabileceğinizi düşünürsünüz. Dünyada değerli şeyler biriktirmek yerine, tüm kalbinizle Tanrı'ya en iyi bağışlarınızı sunarak göklerde kendiniz için ödüller biriktirmelisiniz.

Aziz Pavlus engebeli yolunu sonuna kadar neşe ve şükranlarla doldurmuştur çünkü Tanrı ona bir öngörüyle göğün üçüncü katını göstermiştir. Yahudi olmayanların havarisi olarak muazzam sıkıntılara göğüs germek zorunda kalmıştır. Tanrı ise ona göklerin güzelliğini göstermiş ve sonuna kadar göklerin umuduyla yolunda gitmeye teşvik etmiştir. Sopalarla dövülmüş, kırbaçlanmış, taşlanmış, sıklıkla zindana atılmış ve Tanrı'nın müjdesini duyururken kanını akıtmıştır. Tüm bunlara rağmen, Pavlus tüm bu yaşadıklarının fazlasıyla ödüllendirileceğini biliyordu. Sonuç olarak tüm bu zorluklar göksel kutsamalar içindi. Tanrı'nın insanları bu dünya için umut beslemezler. Sadece göksel egemenlik için özlem duyarlar. Tanrı'nın nazarında bu dünya bir andır ama göksel egemenlikte ki yaşam sonsuzdur. Göklerde gözyaşı, keder veya çile yoktur. Ektikleri ve yaptıklarına göre Tanrı'nın göklerde onlara vereceği büyük ödülleri ümit ederek her daim mutluluk içinde yaşarlar.

Bu sebeple, Yaratan Tanrı'nın yüce sevgisini ve takdiri ilahisini anlamanız ve göz kamaştırıcı güzellikte ki göklerde sonsuz yaşamı ve gerçek mutluluğu tatmanız için Rabbimiz İsa Mesih'in adıyla dua ederim.

Bölüm 4.

ZAMAN BAŞLAMADAN ÖNCE GIZLENMIŞ SIR

- Âdem'in Yetkisi Şeytana Devrildi
- Toprağın Kurtuluş Yasası
- Zaman Başlamadan Önce Gizlenmiş Sır
- Yasaya Göre İsa Mesih Yetkindir

*Gerçi olgun kişiler arasında
bilgece sözler söylüyoruz; ama bu
bilgelik ne şimdiki çağın, ne de bu
çağın gelip geçici önderlerinin
bilgeliğidir. Tanrı'nın saklı
bilgeliğinden gizemli biçimde söz
ediyoruz. Zamanın başlangıcından
önce Tanrı'nın bizim yüceliğimiz
için belirlediği bu bilgeliği bu
çağın önderlerinden hiçbiri
anlamadı. Anlasalardı yüce Rab'bi
çarmıha germezlerdi.*

1. Korintliler 2:6-8

Âdem ile Havva'nın akılları Cennet Bahçesinde yılan tarafından çelinmiş, Tanrı'nın buyruğuna itaatsizlik etmişler ve iyilik ile kötülüğün bilgisini taşıyan ağaçtan yemişlerdir çünkü akıllarında Tanrı gibi olmak vardı. Bu nedenle onlar ve tüm torunları günahkâr olmuşlardır. Bir insanın gözüyle Âdem ile Havva'nın sefil olduğu düşünülür çünkü Cennet Bahçesinden kovulmuş ve ölümün yoluna itilmişlerdir. Ancak ruhani yönden konuşacak olursak kurtuluş, sonsuz yaşam ve İsa Mesih'in aracılığıyla göksel kutsamaların hazına varacakları bir şansa sahip olmaları, Tanrı'nın hayretlere düşüren bir kutsamasıdır. İnsanın yetişmesi yoluyla, zafer ve kurtuluş yolu tüm uluslara açılmıştır. Zamanın öncesinde gizli kalmış sır ve kurtuluş yolunun nasıl açılmış olduğu konularını biraz daha derinlemesine inceleyelim.

Âdem'in Yetkisi Şeytana Devrildi

Luka 4:5-6'da, 40 günlük bir orucun sonunda şeytanı İsa'nın aklını çelmeye çalışırken buluyoruz:

Sonra İblis İsa'yı yükseklere çıkararak bir anda O'na

dünyanın bütün ülkelerini gösterdi. O'na, "Bütün bunların yönetimini ve zenginliğini sana vereceğim" dedi. "Bunlar bana teslim edildi, ben de dilediğim kişiye veririm."

Şeytan bir başkasından teslim aldığı yetkiyi İsa Mesih'e vermekten bahsetmektedir. Her şeyi yöneten Tanrı niçin yetkiyi şeytana vermiştir?

Yaratılış 1:28 şöyle der, *"Onları kutsayarak, 'Verimli olun, çoğalın' dedi, 'Yeryüzünü doldurun ve denetiminize alın; denizdeki balıklara, gökteki kuşlara, yeryüzünde yaşayan bütün canlılara egemen olun.'"*

Âdem tüm şeyleri yönetme ve buyruğu altına alma gücü ve yetkisini Tanrı'dan almıştı. Her şeyin efendisiydi ama uzun bir süre sonra o ve eşi hilekâr yılanın kışkırtmasıyla iyilik ve kötülüğün bilgisini taşıyan ağaçtan yiyerek aldatıldılar. Tanrı'ya itaatkârsızlık ederek günah işlediler.

Romalılar 6:16 şöyle der, *"Söz dinleyen köleler gibi kendinizi kime teslim ederseniz, sözünü dinlediğiniz kişinin köleleri olduğunuzu bilmez misiniz? Ya ölüme götüren günahın ya da doğruluğa götüren sözdinlerliğin kölelerisiniz."* Ya doğruluğun ya da günahın kölesisiniz.

Eğer günah işlerseniz, günahın kölesi olursunuz ve bu sizi ölüme sürükler. Eğer doğruluğun sözüne itaat ederseniz, doğruluğun kölesi olur ve göklere girersiniz.

Âdem Tanrı'ya itaatsizlik ederek günah işledi ve günahın kölesi oldu. Bu nedenle, Tanrı'nın ona vermiş olduğu yetki ve gücünü kaybetti. Tıpkı bir kölenin tüm mal varlığının doğal olarak sahibine ait olması gibi, yetki ve gücü şeytana geçti. Kısaca Âdem, Tanrı'nın kendisine vermiş olduğu gücü ve yetkiyi şeytana devretti çünkü günah işledi ve bunun neticesinde günahın kölesi oldu. Âdem'in itaatsizliği tüm insanlığın günahlarını meydana getirdi. O'nun ve tüm soyunun köleler olarak şeytana hizmet etmesine ve ölüme mahkûm olmalarına sebep oldu.

Toprağın Kurtuluşu Yasası

İnsanlar düşmanları olan şeytan ve iblisten, ölümden ve günahlarından kurtulmak için ne yapmalılar? Bazıları şöyle der, "Tanrı kayıtsız şartsız affeder çünkü O sevgidir. Merhameti ve şefkati boldur." Ancak 1. Korintliler 14:40 şöyle der, "*Ancak her şey uygun ve düzenli biçimde yapılsın.*" Tanrı, ruhani hükümranlığının yasasına göre her şeyi düzenli bir biçimde yapar. Tanrı, ruhani yasaya karşı hiçbir şey yapmaz çünkü Kendisi adaletin ve doğruluğun Tanrı'sıdır.

Ruhani Hükümranlıkta "Günahın ücreti ölümdür" ibaresiyle günah işleyenlerin cezalandırıldığı bir yasa vardır. Ayrıca günahkârların kefaretlerini ödeyebileceği bir yasa daha vardır. Bu ruhani yasa, Âdem'in şeytana devrettiği yetkinin geri kazanımı için uygulanmalıdır.

Öyleye günahkârların kurtuluş yasası nedir? Bu yasa Eski Ahit'te bahsi geçen toprağın geri alınması yasasıdır. Zamanın başlangıcından önce Babamız Tanrı bu yasaya göre insanın kurtuluşunun gizemli yolunu hazırlamıştır.

Toprağın Geri Alınması Yasası Nedir?

Bu, Levililer 25:23-25'de Tanrı'nın İsraillilere verdiği buyruğudur:

> *Tarlanız temelli olarak satılamaz. Çünkü bana aittir. Sizse yabancısınız, konuğumsunuz. Miras alacağınız ülkenin her yerinde tarlanın asıl sahibine tarlasını geri alma hakkı tanımalısınız. Kardeşlerinizden biri yoksullaşır, toprağının bir parçasını satmak zorunda kalırsa, en yakın akrabası gelip toprağı geri alabilir.*

Toprağın her bir parçası Tanrı'ya aittir ve daimi olarak satılamaz. Eğer fakirliği sebebiyle bir kişi tarlasını satarsa, kendisinin ya da en yakın akrabasının bu toprağı geri almasına Tanrı izin vermiştir. Buna toprağın geri alınması yasası denir.

İsrail halkı topraklarını satarken ve alırken, daimi satmamak koşulunu getiren toprağın geri alınması yasasına göre bir toprak kontratı düzenlerlerdi.

Hem alıcı hem de satıcı bu kontratın üzerine toprakla ilgili tüm bilgileri detaylıca yazarlardı ki daha sonra satıcı ya da onun en yakın akrabası geri alabilsin. Bu kontratın bir kopyasını yaparlardı ve iki ile üç kişinin şahitliği önünde iki kontratı mühürlerlerdi. Kontratlardan biri mühürlü olarak kutsal tapınağın deposunda muhafaza edilirdi. Diğeri ise giriş odasında, açılmış ve mührü bozulmuş olarak tutulurdu. Toprağın geri alınması yasası satıcı ya da onun en yakın akrabasının toprağı ne zaman isterse geri almasını mümkün kılardı.

Toprağın Geri Alınması ve İnsanın Kurtuluşu Yasası

Niçin Tanrı, insanın kurtuluş yolunu toprağın gerı alınması yasasına göre hazırladı? Yaratılış 3:19 ve 23 bize net bir şekilde toprağın geri alınması yasasıyla insanoğlunun kurtuluşu arasında doğrudan bir bağlantı olduğunu açıklar:

Toprağa dönünceye dek Ekmeğini alın teri dökerek kazanacaksın. Çünkü topraksın, topraktan yaratıldın Ve yine toprağa döneceksin. (Yaratılış 3:19).

Böylece RAB Tanrı, yaratılmış olduğu toprağı işlemek üzere Âdem'i Aden bahçesinden çıkardı. (Yaratılış 3:23).

Tanrı Âdem'e itaatsizliğinin ertesinde şöyle demiştir, "Çünkü topraksın, topraktan yaratıldın Ve yine toprağa döneceksin," Burada Âdem'in topraktan yaratıldığı vurgulanır. Bu sebeple öldükten sonrada toprağa geri dönecektir.

Toprağın geri alınması yasası, toprağın her bir parçasının Tanrı'ya ait olduğunu ve daimi olarak satılamayacağını söyler (Levililer 25:23-25). Bu ayetlerde vurgulanmak istenen her insanın Tanrı'ya ait olan topraktan yaratıldığı ve daimi olarak satılamayacağıdır. Bu ayrıca Tanrı'nın Cennet Bahçe'sinde Âdem'e devrettiği güç ve yetkininde Tanrı'ya ait olması nedeniyle daimi olarak satılamayacağının işaretidir.

Âdem'in yetkisi, düşman olan şeytan ve iblise devredilmişti ama Âdem'in kaybettiği malı kim geri almak için uygunsa, o malı şeytandan geri alabilir. Bu şekilde adaletin Tanrı'sı toprağın geri alınması yasasına göre mükemmel bir Kurtarıcıyı önceden belirlemiştir ve bu Kurtarıcı tüm insanlığın Kurtarıcısı'dır.

Zaman Başlamadan Önce Gizlenmiş Sır

Zamanın başlangıcından önce sevgi Tanrı'sı, Âdem'in Kendisine itaatkârsızlık edeceğini ve tüm soyunun ölümün yoluna sürükleneceğini biliyordu. Gizlice insanın kurtuluş yolunu hazırladı ve Seçilmiş Olan'ın geliş gününe dek onu sakladı.

Eğer şeytan Tanrı'nın bu planını biliyor olsaydı, yetkisini kaybetmemek için tüm insanların günah ve ölümlerini ortadan kaldırmaya yönelik bu plana mani olmaya çalışırdı. 1. Korintliler 2:7 şöyle der, *"Tanrı'nın saklı bilgeliğinden gizemli biçimde söz ediyoruz. Zamanın başlangıcından önce Tanrı'nın bizim yüceliğimiz için belirlediği bu bilgeliği bu çağın önderlerinden hiçbiri anlamadı."*

Tanrı'nın Bilgeliği, İsa Mesih

Romalılar 5:18-19 şöyle der, *"İşte, tek bir suçun bütün insanların mahkûmiyetine yol açtığı gibi, bir doğruluk eylemi de bütün insanlara yaşam veren aklanmayı sağladı. Çünkü bir adamın sözdinlemezliği yüzünden nasıl birçoğu günahkâr kılındıysa, bir adamın söz dinlemesiyle birçoğu da doğru kılınacaktır."*

Nasıl bir adamın itaatkârsızlığıyla tüm insanlar günahkâr

kılındıysa, bir adamın söz dinlemesiyle de tüm insanlık kurtulacak ve doğru insanlar olacaklardır.

Aynı şekilde Tanrı, gizlilik içinde insanın kurtuluşu için hazırladığı İsa Mesih'i yollamış ve çarmıha gerilip sonra tekrar dirilmesini sağlamıştır. O vakitten sonra ise her kim O'na inanırsa kurtulur. 1.Korintliler 1:18'de Tanrı bize der ki, *"Çarmıhla ilgili bildiri mahva gidenler için saçmalık, biz kurtulmakta olanlar içinse Tanrı gücüdür."* Bazılarına Kudretli Tanrı'nın Oğlu'nun, yarattığı kulları tarafından aşağılanıp öldürülmesi aptalca gelir. Ancak Tanrı'nın bu "aptal" planı, en akıllı insanın planından çok daha akıllıdır ve Tanrı'nın "güçsüzlüğü", insanın gücünün çok ötesinde güçlüdür. (1.Korintliler 1:19-24). Kutsal Kitap açık bir dille yasaları izleyen hiç kimsenin Tanrı nazarında doğru olamayacaklarını açıklar. Buna rağmen Tanrı, böylesi kolay bir şekilde İsa Mesih'e inanan herkes için kurtuluş yolunu açmıştır.

Günahın ücreti ölümdür. Bu sebeple, eğer İsa Mesih günahlarımız için ölmemiş olsaydı, hiç kimse kurtuluşu bulamazdı. İsa Mesih bizim günahlarımız için çarmıha gerildi ve Tanrı'nın gücüyle tekrar dirildi. Aynı şekilde Tanrı, güçsüz ve aptalca görünen yolu hazırladı ve uzun süre sakladı.

Tanrı, İsa Mesih'i ve O'nun çarmıha gerilişini saklı tuttu çünkü eğer düşman şeytan bunu bilseydi insanın kurtuluş yoluna mani olurdu. Eğer şeytan, Tanrı'nın çarmıh yoluyla tüm insanları günahlarından arındırıp ölümden kurtaracağı ve Âdem'in yetkisini şeytandan geri alacağı kurtuluş yolunu planladığını bilseydi, İsa Mesih'i çarmıhta asla öldürmezdi.

1. Korintlilere 2:7-8'i tekrar hatırlayın: *"Tanrı'nın saklı*

bilgeliğinden gizemli biçimde söz ediyoruz. Zamanın başlangıcından önce Tanrı'nın bizim yüceliğimiz için belirlediği bu bilgeliği bu çağın önderlerinden hiçbiri anlamadı. Anlasalardı yüce Rab'bi çarmıha germezlerdi."

Yasaya Göre İsa Mesih Yetkindir

Tıpkı her kontratın kuralları olduğu gibi, ruhani hükümranlığın toprağı geri alma yasasına göre, Âdem'in şeytana karşı kaybettiği yetkisini tekrar ondan geri alacak yetkin bir Kurtarıcı'nın gerekliliğini vurgulayan bir kuralı vardır.

Örneğin, farz edin ki iflas ile yüz yüze gelmiş bir adam var. Bu adamın çok büyük bir borcu ama ödeyecek gücü yok. Eğer onu seven varlıklı bir kardeşi varsa tüm borçlarını bir çırpıda ödeyecektir.

Âdem'in düşüşünden beri günahkâr olan insanların, kendilerini günahlarından arındıracak yetkin bir kurtarıcıya gereksinimleri vardır. Peki, öyleyse bu kurtarıcının nitelikleri nelerdir? Kutsal Kitap niçin sadece İsa'nın yetkin olduğunu söyler?

İlk Olarak Kurtarıcı İnsan Olmalıdır

Levililer 25:25 şöyle der, *"Kardeşlerinizden biri yoksullaşır, toprağının bir parçasını satmak zorunda kalırsa, en yakın akrabası gelip toprağı geri alabilir."* Toprağın geri alınması yasası, kişinin fakirleşmesi sonucu toprağını satması halinde, sattığı toprağı en yakın akrabasının geri satın alabileceğini söyler. 1. Korintlilere 15:21-22 şöyle der, *"Ölüm bir insan aracılığıyla geldiğine göre, ölümden diriliş de bir insan aracılığıyla gelir. Herkes nasıl Âdem'de ölüyorsa, herkes Mesih'te yaşama kavuşacak."* Âdem'in kaybettiği yetkisini geri alabilecek kurtarıcının ilk niteliği insan olmasıdır. Bu gerçek Vahiy 5:1-5'de detaylıca anlatılır:

Tahtta oturanın sağ elinde iki yanı da yazılı, yedi mühürle mühürlenmiş bir tomar gördüm. Yüksek sesle, "Tomarı açmaya, mühürlerini çözmeye kim layıktır?" diye seslenen güçlü bir melek de gördüm. Ama ne gökte, ne yeryüzünde, ne de yeraltında tomarı açıp içine bakabilecek kimse yoktu. Acı acı ağlamaya başladım. Çünkü tomarı açıp içine bakmaya layık kimse bulunamadı. Bunun üzerine ihtiyarlardan biri bana, "Ağlama!" dedi. "İşte, Yahuda oymağından gelen Aslan, Davut'un Kökü galip geldi. Tomarı ve yedi mührünü O açacak."

"iki yanı da yazılı, yedi mühürle mühürlenmiş bir tomar," Âdem itaatkârsızlık edip günahkâr olduğunda, Tanrı ile şeytan arasında yapılan kontratı simgeler. Havari Yuhanna ne gökte, ne yeryüzünde, ne de yeraltında mührü kırıp tomarı açmaya layık kimseyi bulamaz.

Bunun nedeni göklerde ki meleklerin insan olmayışıdır ve yeryüzünde ki insanların ise Âdem'in soyu olmaları sebebiyle günahkâr olmalarıdır. Yerin altında ise, şeytana ait kötü ruhlarla ile cehenneme layık görülmüş ölü ruhlar vardır.

O sırada yaşlılardan biri Yuhanna'ya, "Ağlama İşte, Yahuda oymağından gelen Aslan, Davut'un Kökü galip geldi. Tomarı ve yedi mührünü O açacak." dedi. Burada "Davud'un Kökü," Yahuda kabilesine ait Kral Davud'un bir torunu olarak dünyaya gelen İsa'ya işaret eder (Elçilerin İşleri 13:22-23). Dolayısıyla İsa, toprağın geri alınması yasasının ilk şartı için yetkindir.

Bazıları şöyle diyebilirler "Tanrı Mutlaktır. İsa Mesih kesinlikle Tanrı'dır çünkü Tanrı'nın oğludur. Asla bir insan olmamıştır." O zaman Yuhanna 1:1' in *"Söz Tanrı'ydı."* ve Yuhanna 1:14'in *"Söz, insan olup aramızda yaşadı."* ayetlerini hatırlayın. Söz olan Tanrı vücuda gelmiş ve yeryüzünde, aramızda yaşamıştır.

İsa'nın özyapısı Tanrı olup, insan gibi vücuda gelmiştir. Kendi mevcudiyetinde Söz ve Tanrı'nın Oğlu'ydu. Hem insanlık hem de ilahi boyutu vardı. Tıpkı insan gibi bir bedenle doğmuş ve büyümüştü. İnsanlık tarihi, İsa'nın doğum yılında iki bölüme ayrılır: M.Ö. ve M.S. Bu bile İsa Mesih'in bir bedenle yeryüzüne geldiğine tanıklık eder. İsa'nın doğumu, büyümesi ve çarmıha gerilmesi bu aşikâr gerçeğin parçalarıdır.

Bu sebeple İsa, insandır ve Kurtarıcımız olmaya yetkindir.

İkinci Olarak Âdem' in Soyundan Olmamalıdır

Borçlu başkalarının borcunu ödeyemez ancak borcu olmayanlar başkalarının borcunu ödemeye yardımcı olabilirler. Aynı şekilde, insanları borçlarından kurtaracak kişi onları günah ve ölümden kurtarabilmek için, kusursuz ve lekesiz olmalıdır.

İnsanların hepsi, günah işlemiş ilk insan Âdem'in soyundan geldikleri için günahkârdırlar. Kendileri de günahkâr olduğu için Âdem'in soyundan gelen hiçbir insan Kurtarıcı olarak yetkin değildir. Tarihte ki en büyük adamlardan biri bile, diğerlerinin günahlarından sorumlu tutulamaz.

İsa'da bu özellik var mıdır?

Matta 1:18-21 İsa'nın doğumunu anlatır. İsa, bir erkekle kadının birleşmesinden değil ama Meryem'in Kutsal Ruh'tan hamile kalmasıyla doğmuştur:

İsa Mesih'in doğumu şöyle oldu: Annesi Meryem, Yusuf'la nişanlıydı. Ama birlikte olmalarından önce Meryem'in Kutsal Ruh'tan gebe olduğu anlaşıldı. Nişanlısı Yusuf, doğru bir adam olduğu ve onu herkesin önünde utandırmak istemediği için ondan sessizce ayrılmak niyetindeydi. Ama böyle düşünmesi üzerine Rab'bin bir meleği rüyada ona görünerek şöyle dedi: "Davut oğlu Yusuf, Meryem'i kendine eş olarak almaktan korkma. Çünkü onun rahminde oluşan, Kutsal Ruh'tandır. Meryem bir oğul doğuracak. Adını İsa koyacaksın. Çünkü halkını günahlarından O kurtaracak."

Soyağacına göre İsa, Davud'un soyundan geliyordu (Matta 1; Luka 3:23-37). Ama annesi Meryem Yusuf ile birleşmesinden önce Kutsal Ruh tarafından hamile kalmıştı. Bu sebeple günahkâr doğası yoktu.

Herkes günahkâr doğalarını ebeveynlerinden miras aldıkları

için ilk günahla doğar. Diğer bir deyişle, Âdem günah işledikten sonra günahkâr doğasını tüm torunlarına miras bırakmıştır. Bu güne dek bu günahkâr doğa tüm insanlık tarafından kalıtımla alınmıştır ve bu günah "ilk günah" olarak adlandırılır. Bu nedenle Âdem'in tüm torunları günahkârdır ve başka bir insanın kurtarıcısı olamazlar.

Böylece Tanrı, Oğlu İsa'yı Bakire Meryem'in rahminde Kutsal Ruh ile oluşturmayı planladı. Bu şekilde İsa bir beden oldu ve bu dünyaya geldi ama Âdem'in soyundan değildi.

Üçüncü Olarak Şeytanı Yenecek Gücü Olmalıdır

Levililer 25:26-27'de tekrar şöyle denir:

> *Toprağını satın alacak yakın bir akrabası yoksa sonradan durumu düzelir, yeterli para bulursa, satış yaptıktan sonra geçen yılları hesaplayacak ve geri kalan parayı toprağını sattığı adama ödeyip toprağına dönecek.*

Özetle, geri alacak kişinin satılan toprağı geri alacak gücü olmalıdır. Ne kadar arzularsa arzulasın, fakir bir adam arkadaşının borcunu ödeyemez. Aynı şekilde, tüm insanları günahlarından kurtaracak olan Kurtarıcının da günahsız olması gerekmektedir. Günahsız olmak ruhani hükümranlıkta bir kişinin gücüdür.

Kurtarıcı, düşman olan şeytan ve iblisi yenilgiye uğratacak güce sahip olmalı ve Âdem'in kaybettiği yetkiyi geri alabilmelidir. Bu şu anlama gelmektedir; Kurtarıcıda ilk günah mevcut olmadığı gibi, kendinden de günahı yoktur. Sadece günahsız bir Kurtarıcı şeytanı yenilgiye uğratarak tüm insanları şeytanın elinden azat edebilir. İsa günahsız mıydı? İsa'da ilk günah yoktu çünkü annesi Kutsal Ruh tarafından hamile kalmıştı. Kati bir şekilde Tanrı'nın yasasına uydu çünkü Tanrı'dan korkan ebeveynlerin yanında büyümüştü. Yasayı sevgiyle tamamladı. Doğumundan sekiz gün sonra sünnet edilmişti (Luka 2:21). 33 yaşında çarmıha gerilinceye kadar hiçbir günah işlememiş, sadece Tanrı'nın isteğine itaat etmişti (1 Petrus 2:22-24; İbraniler 7:26).

Hiçbir günah işlememiş olduğu için, İsa, şeytanı yenilgiye uğratabilir ve tüm insanları kurtarabilirdi. O'nun "günahsızlığı"'na yapmış olduğu pek çok büyük iş kanıttır. Cinleri çıkarmış, körün gözlerini açmış, sağırın duymasını, sakatın yürümesini ve tedavisi mümkün olmayan pek çok hastalığın iyileşmesini sağlamıştır. Suyu ve rüzgârı "Sus, sakin ol!" (Markos 4:39) diye azarladığında, güçlü fırtına dinmiş ve şiddetli rüzgar yatışmıştır.

Son Olarak Kurban Edilebilecek bir Sevgisi Olması Gerekmektedir

Bir insanın toprağını satmış olan kişi için sevgisi yoksa en zengin adam bile olsa toprağı geri almak için bir şey yapmaz. Aynı şekilde, Kurtarıcının tüm günahları çözüme kavuşturması için, kendini kurban etme noktasına kadar günahkârları seviyor olması gerekir. Rut 4:1-6'da, Boaz Naomi'nin sefaletini biliyordu ve onun en yakın akrabasına-geri alacak kişiye isterse toprağı geri alabileceğini söyledi. Ama adam bunu reddetti ve Boaz'a dedi ki, *"Bu durumda yakın akrabalık görevini yapamam; yaparsam kendi mirasımı tehlikeye atmış olurum. Bana düşen akrabalık görevini sen yüklen. Çünkü ben yapamam."* (v. 6). Fazlasıyla zengin olmasına rağmen, Naomi ve Rut için toprağı geri almadı. Bunun nedeni kurban edebileceği bir sevgisinin olmamasıydı. Buna rağmen bir sonraki akraba olan Boaz toprağı geri aldı çünkü kurban edebileceği bir sevgisi vardı.

Boaz, yasal olarak geri alan kişi oldu ve Rut ile evlendi çünkü Naomi'nin toprağını geri almak için yeterince sevgisi mevcuttu. Boaz ile Rut'un dünyaya getirdikleri oğlu Kral Davud'un büyük büyükbabasıydı ve İsa'nın aile ağacında kayıtlıydı.

İsa, sevgiyle dolu çarmıha gerildi. İsa Sözdü ama vücut olarak yeryüzüne gelmişti. Âdem'in torunu değildi çünkü annesi Kutsal Ruh aracılığıyla O'na gebe kalmıştı. Bu sebeple, ilk günah ile doğmamıştı. Tüm insanlığı günahlarından kurtarma gücüne sahipti çünkü günahsızdı.

Buna rağmen, eğer ruhani ve kurban edilebilecek bir sevgisi olmasaydı, diğer üç özelliğe sahip olsa bile Kurtarıcı olamazdı.

Tüm insanları günahlarından kurtarabilmek için, onların kabullenmeye mahkûm oldukları günahlarının cezasını üstlenmek zorundaydı.

En önemli ve en tehlikeli suçlu olarak muamele görmek ve sert tahtadan bir çarmıha gerilmek zorundaydı. İnsanları kurtarabilmek için aşağılanmalı, alay edilmeli ve vücudunda ki tüm kanı ve sıvıyı akıtmalıydı. Çok yüksek bir bedel ödemek ve büyük bir kurban vermek zorundaydı. İnsan tarihinin hiçbir bölümünde kötü ve aptal insanları için ölen günahsız bir prensin vakasına rastlayamazsınız. İsa Mesih, kralların Kralı, Rablerin Rabbi, tüm yaratılışın Üstadı Kudretli Tanrı'nın tek ve yegâne Oğlu'ydu. Böylesi yüce, asil ve günahsız olan İsa, çarmıha gerilmiş ve kanını dökerek ölmüştür. Bizim için nasılda ölçülmesi imkânsız bir sevgisi vardı? Aslında İsa, tüm hayatı boyunca iyi şeyler yapmıştı. Günahkârlara bağışlanmayı vermiş, her türlü hastayı iyileştirmiş, pek çok kişiden cinleri çıkarmış, barışın, neşenin ve sevginin haberlerini getirmiş ve insanlara gökler ve kurtuluş için içten bir umut bahşetmişti. Her şeyin ötesinde, günahkârlar için Kendi yaşamını vermişti.

Romalılar 5:7-8 şöyle der, *"Bir kimse doğru insan için güç ölür, ama iyi insan için belki biri ölmeyi göze alabilir. Tanrı ise bizi sevdiğini şununla kanıtlıyor: Biz daha günahkârken, Mesih bizim için öldü."* Babamız Rab, ne doğru ne de iyi olan bizler için tek ve yegâne Oğlu'nu göndererek ve O'nun çarmıha gerilerek ölmesine izin vererek bizlere yüce sevgisini göstermiştir.

Bu sebeple, İsa Mesih adı dışında hiçbir ad ile kurtulamayacağınızı idrak edebilmeniz, İsa Mesih'i kabul ederek Tanrı'nın çocuğu olabilme hakkını elde edebilmeniz ve kurtuluşun güvencesiyle zafer dolu bir yaşamın tadına varabilmeniz için, İsa Mesih adıyla dua ederim.

Bölüm 5.

NIÇIN İSA TEK KURTARICIMIZDIR?

- İsa Mesih Yoluyla Kurtuluşun
  Takdiri ilahisi
- İsa Mesih Niçin Tahtadan bir
  Çarmıha Gerilmiştir?
- "İsa Mesih" adı Dışında Başka Bir
  Ad Yoktur

*İsa, 'Siz yapıcılar tarafından hiçe
sayılan, Ama köşenin baş taşı
durumuna gelen taş'tır. Başka hiç
kimsede kurtuluş yoktur. Bu göğün
altında insanlara bağışlanmış, bizi
kurtarabilecek başka hiçbir ad
yoktur.*

Elçilerin İşleri 4:11-12

Tanrı'nın insanın yetişmesi için derin ve titiz takdiri ilahisini kavradığınızda, O'nu tüm kalbinizle seveceksiniz. Daha da fazlası, İsa Mesih yoluyla kurtuluşun takdiri ilahisini anladığınızda, O'nun sevgisine ve bilgeliğine hayran kalacaksınız.

Öyleyse, zamanın başlangıcından evvel gizlenmiş olan kurtuluşun takdiri ilahisi nasıl İsa Mesih yoluyla başarılmıştır? Adalet Tanrı'sının ruhani yasaya göre tüm insanların kurtuluşu için yetkin olan Tek kişiyi hazırladığını ve bu yetkinliğe göklerin altında İsa'dan başka hiç kimsenin sahip olmadığını sizlere daha önce anlattım.

İsa Âdem'in soyundan gelmeyen ama insan olan yegâne kişiydi çünkü annesi Kutsal Ruh'tan hamile kalmış ve böylelikle yeryüzüne bir beden olarak gelmişti. Buna ek olarak, insanları kurtarmak için gücü ve sevgisi vardı. Böylelikle çarmıha gerilerek tüm insanlığa kurtuluş yolunu açabildi.

Bu sebeple, Elçilerin İşleri 4:12'de şöyle denir, *"Başka hiç kimsede kurtuluş yoktur. Bu göğün altında insanlara bağışlanmış, bizi kurtarabilecek başka hiçbir ad yoktur."* Her kim İsa Mesih'i kabul eder ve O'na inanırsa, o kişinin tüm günahları bağışlanır ve kurtulur. Karanlıktan ışığa geçer ve Tanrı'nın çocuklarının aldığı yetki ve kutsanmaya sahip olur.

Şimdi sizlere kurtulmanız ve Tanrı'nın bir çocuğu olarak

yetki ve kutsanma almanız için çarmıha gerilen İsa Mesih'e niçin inanmanız gerektiğini anlatacağım.

İsa Mesih Yoluyla Kurtuluşun Takdiri İlahisi

Tanrı, zamanın başlamasından önce kurtuluş yolunu hazırladı. Yaratılış kitabı, İsa ve çarmıh yoluyla insanın kurtuluşunun sırrı hakkında kehanette bulunur

Yaratılış 3:14-15 şöyle der:

> Bunun üzerine RAB Tanrı yılana, "Bu yaptığından ötürü Bütün evcil ve yabanıl hayvanların En lanetlisi sen olacaksın" dedi, "Karnının üzerinde sürünecek, Yaşamın boyunca toprak yiyeceksin. Seninle kadını, onun soyuyla senin soyunu Birbirinize düşman edeceğim. Onun soyu senin başını ezecek, Sen onun topuğuna saldıracaksın."

Önceden tartışıldığı gibi "yılan," düşman olan şeytanı temsil eder, "toprak yemek" ise, şeytanın yeryüzü toprağından meydana getirilmiş insanın üzerinde ki saltanatını ifade eder. Ayrıca "kadın," İsrail'dir ve "kadının soyu," İsa'yı işaret eder. "Sen [yılan] onun topuğuna saldıracaksın" ibaresi İsa Mesih'in çarmıha gerileceğini ve "Onun [kadının soyu] soyu senin başını ezecek" sözü ise, İsa'nın ölümden sonra dirilmesiyle şeytan ile iblisin kalesini yıkacağı anlamını taşır.

Şeytan Tanrı'nın Planını Kavrayamadı

Tanrı, kurtuluşun takdiri ilahisini bir sır içinde sakladı ki düşman şeytan ve iblis O'nun hikmetini bilip kavrayamasın. Şeytan ve iblis anne karnında meydana gelmeden önce O'nu öldürmeyi denediler. Tanrı'ya itaatsizlik eden Âdem'in yetkisine sonsuza dek sahip olacaklarını düşünüyorlardı. Ama şeytan ve iblis, kadının karnında kimin olduğunu bilmiyorlardı. Böylece, Eski Ahit zamanından beri Tanrı'nın sevdiği peygamberleri öldürmeyi denediler.

Musa doğduğunda şeytan ve iblis, Mısır Kralı Firavun'u İbrani kadından doğan her erkek çocuğu öldürtmeye sevk etti (Mısır'dan Çıkış 1:15-22). Bakire Meryem'in Kutsal Ruh'tan hamile kalarak doğurduğu İsa yeryüzüne bir beden olarak geldiğinde, aynı şey için Kral Herod'u etkilediler. Ama Tanrı, şeytanın planını önceden biliyordu. Tanrı'nın bir meleği Yusuf'a rüyasında görünerek ona bebekle annesini alarak Mısır'a gitmesini söyledi. Tanrı, Kral Herod ölene dek, onların orada yaşamalarını sağladı.

İsa Mesih'in Çarmıha Gerilmesine Tanrı Müsaade Etmiştir

İsa Mesih Tanrı'nın koruması altında büyüdü ve 30 yaşına geldiğinde hizmete başladı. Havralarda öğreterek, insanların arasında ki hastalıkları ve illetleri tedavi ederek, ölüleri dirilterek ve yoksullara müjdeyi duyurarak Celile'yi baştan aşağı dolaştı. (Matta 4:23, 11:5). Bu sırada şeytan ve iblis, başrahiplerin, yasanın öğreticilerinin ve Ferisilerin İsa'yı öldürmelerini sağlamak için entrikalar çeviriyorlardı. Ancak Kutsal Kitap'tan da bildiğiniz gibi, yaşamı boyunca tüm olaylar Tanrı'nın koruması altında meydana geldiğinden, hiçbir kötü insan O'na dokunamazdı.

Tanrı, şeytan ve iblis'in İsa'yı çarmıha germesine üç senelik öğretisinin sonunda izin verdi. Bunun bir sonucu olarak İsa dikenli taç giydi, elleri ve ayaklarından çivilenerek büyük bir acıyla çarmıhta can verdi.

Çarmıha germe en zalimce bir infaz şeklidir. Böylesi zalim bir şekilde İsa'nın ölmüş olmasından şeytan ve iblis pek memnundular. Şeytan zaferin coşkusuyla şarkılar söylüyordu çünkü onun yönetimini engelleyecek hiç kimse olmadığından dünyadaki saltanatına devam edeceğini düşünüyordu. Hâlbuki Tanrı'nın gizlenmiş takdiri ilahisinden habersizdi.

Şeytan ve İblis Ruhani Yasayı Çiğnediler

Tanrı, doğru olduğu için yasaya karşı mutlak egemenlik gücünü kullanmaz. Zaman başlamadan önce ruhani yasayla kurtuluş yolunu hazırlamıştır çünkü O her şeyi ruhani yasaya göre yapar.

Ruhani yasaya göre günahın ücreti ölüm olduğundan (Romalılar 6:23), günah işlemeyen bir kişi ölümle karşılaşamaz. Ama şeytan ve iblis kusursuz ve lekesiz (1. Petrus 2:22-23) olan İsa Mesih'i çarmıha germişlerdir. Bunu yaparak şeytan ruhani yasayı çiğnemiş ve kendi hilesinin kurbanı olmuştur. Tanrı tarafından planlanan insanın kurtuluşu için bir vasıta olmuştur. Yaratılış kitabında ki kehanet yerini bulmuş ve kadının soyundan gelen onun başını ezmiştir.

Genellikle bir yılan, kuyruğuna bassanız ve hatta vücudunu kesseniz dahi hala size karşı koyar. Ama onu sıkıca başından tuttuğunuzda karşı koyamaz. Bu nedenle, *"Seninle kadını, onun soyuyla senin soyunu Birbirinize düşman edeceğim. Onun soyu senin başını ezecek, Sen onun topuğuna saldıracaksın"* sözünün anlamı, şeytanın güç ve yetkisini İsa Mesih yüzünden kaybedeceğidir. Yılanın kadının soyunun topuğuna saldırması ise, İsa'nın çarmıha gerileceği anlamına gelir. Yaratılış 3:15'de önceden bildirilen bu hadise böylece yerine gelmiş olur.

İsa Mesih'in Çarmıha Gerilmesiyle Gelen Kurtuluş

Tanrı'nın zaman başlamadan önce sakladığı kurtuluş yolu, İsa Mesih'in çarmıha gerildikten üç gün sonra göğe yükselmesiyle yerine getirilmiştir.

Bundan takribi 6000 sene önce Âdem, itaatsizliğiyle ruhani hükümranlığın yasasını çiğnemiş ve Tanrı tarafından kendisine verilen yetkiyi şeytana devretmek zorunda kalmıştır (Luka 4:6). Ama 4000 yıl sonra şeytan, ruhani yasayı kendi çiğneyerek yıkım yoluna girmiştir.

Bu sebeple şeytan, İsa'yı Kurtarıcıları olarak görenleri ve O'nun adına inananları serbest bırakmak zorunda kalmış ve onlar Tanrı'nın çocukları olma hakkını elde etmişlerdir. Eğer şeytan Tanrı'nın bilgeliğini görebilseydi, İsa'nın çarmıha gerilmesini sağlar mıydı? Katiyen! 1. Korintlilere 2:8'de bize hatırlatılır, *"Tanrı'nın bizim yüceliğimiz için belirlediği bu bilgeliği bu çağın önderlerinden hiçbiri anlamadı. Anlasalardı yüce Rab'bi çarmıha germezlerdi."* Son zamanlarda bu gerçeği bilemeyenler ayrıca merak ederler; "Niçin Kudretli Tanrı, Oğlu'nu ölümden kurtarmamıştır? Niçin çarmıhın üzerinde ölmesine izin vermiştir?" Ancak çarmıhın takdiri ilahisini layıkıyla anlasaydınız, İsa'nın niçin çarmıha gerildiğini ve şeytana karşı elde ettiği zaferden sonra nasıl kralların Kralı ve Rablerin Rabbi olduğunu bilirdiniz. Bu yüzden çarmıh üzerinde ölen ve insanları günahlarından kurtarmak için üç gün sonra dirilen İsa'nın Kurtarıcı olduğuna her kim inanırsa, doğru ve kurtulmuş sayılır.

İsa Mesih Niçin Tahtadan Bir Çarmıha Gerildi?

Öyleyse İsa niçin tahtadan bir çarmıha gerildi? Niçin tahtadan bir çarmıh olmalıydı? Çeşitli infaz yolu varken İsa tahta bir çarmıh üzerinde öldü. Galatyalılara 3:13-14'e göre, İsa'nın tahtadan bir çarmıha gerilmesinin üç sebebi vardır.

İlki, Bizi Yasanın Lanetinden Kurtarmaktır

Galatyalılara 3:13 şöyle der, *"Mesih bizim için lanetlenerek bizi Yasa'nın lanetinden kurtardı. Çünkü 'Ağaç üzerine asılan herkes lanetlidir' diye yazılmıştır."* İsa'mım tahtadan bir çarmıha gerilerek, bizleri yasanın lanetinden kurtardığını anlatır. Romalılar 6:23'de *"Günahın ücreti ölümdür"* yazdığı gibi, ilk insan Âdem'in itaatsizliği yüzünden tüm insanlar ölümün yoluna itilmişlerdi. Ama Tanrı, Oğlu İsa'yı insanlık için vermiş ve yasanın lanetinden kurtulmaları için tahtadan bir çarmıha gerilmesine izin vermiştir (Yasa Kitabı 21:23). Daha da ötesi İsa değerli kanını çarmıh üzerinde akıtmıştır. Levililer 17'nin 11 ve 14. ayetlerini inceleyin:

Çünkü canlılara yaşam veren kandır. Ben onu size sunakta kendinizi günahtan bağışlatmanız için verdim. Kan yaşam karşılığı günah bağışlatır. (v. 11).

Çünkü canlılara yaşam veren kandır..... (v.14).

Levililer'in yazarı, yaşamın kan olduğunu yazar çünkü yaşamak için her canlının kana ihtiyacı vardır ve o olmaksızın yaşamını sürdüremez.

Ama biri öldüğünde bedeni toprağa geri gider ve ruhu ya göklere ya da cehenneme gidecektir. Sonsuz hayata sahip olmak için, tüm günahlarınızdan arınmanız gerekir. Günahlarınızdan arınmak içinse, İbraniler 9:22'de *"Nitekim Kutsal Yasa uyarınca hemen her şey kanla temiz kılınır, kan dökülmeden bağışlama olmaz."* dendiği gibi, kanın akıtılması gerekir. Bu nedenle Eski Ahit zamanında insanlar, günah işlediklerinde hayvanların kanını sunuyorlardı. Ama İsa, tüm insanların bağışlanması için kendi değerli kanını akıtmış, ilk günahla doğmadığı ve kendide günah işlemediği için sonsuz yaşamı kazanmıştır.

Aynı şekilde sizde sonsuz yaşama İsa'nın değerli kanıyla kavuşabilirsiniz. Bu, İsa'nın sizin yerinize öldüğü ve Tanrı'nın çocuğu olmanız için yolu açmış olması demektir.

İkincisi, İbrahim'in Kutsamasını Vermektir

Galatyalılara 3:14'ün ilk yarısı şöyle der, *"İbrahim'e sağlanan kutsama Mesih İsa aracılığıyla uluslara sağlansın"* Böylece Tanrı'nın İbrahim'e verdiği kutsama sadece İsraillilere değil ama artık Kurtarıcımız İsa Mesih yoluyla tüm uluslara açıktır.

İbrahim'e "imanın babası" ve "Tanrı'nın arkadaşı" denmiştir ve O çocuklarıyla birlikte sağlıklı ve refah dolu, uzun bir ömür sürmüştür. İbrahim'in fazlasıyla kutsanmasının sebebi Yaratılış 22:15-18'de yazılmıştır:

> *RAB'bin meleği göklerden İbrahim'e ikinci kez seslendi. RAB diyor ki, kendi üzerime ant içiyorum. Bunu yaptığın için, biricik oğlunu esirgemediğin için seni fazlasıyla kutsayacağım; soyunu göklerin yıldızları, kıyıların kumu kadar çoğaltacağım. Soyun düşmanlarının kentlerini mülk edinecek. Soyunun aracılığıyla yeryüzündeki bütün uluslar kutsanacak. Çünkü sözümü dinledin.*

İbrahim, Tanrı kendisine *"Ülkeni, akrabalarını, baba evini bırak, sana göstereceğim ülkeye git"* (Yaratılış 12:1) dediğinde O'na itaat etti. Ayrıca Tanrı kendisine *" İshak'ı, sevdiğin biricik*

*oğlunu al, Moriya bölgesine git' dedi, 'Orada sana
göstereceğim bir dağda oğlunu yakmalık sunu olarak sun.'"*
(Yaratılış 22:2) ve İbrahim hiçbir şikayette bulunmadan Tanrı'ya
yine itaat etti. İbrahim için bu mümkündü çünkü o, ölüleri
dirilten Tanrı'ya inandı. (İbraniler 11:19). Böylesine sağlam bir
imanı olduğu için, bir kutsama nedeni ve imanın babasıydı.
Bu nedenle, İsa'yı Kurtarıcı olarak kabul eden Tanrı'nın
çocukları, İbrahim'in imanına sahip olmalılardır. Böylece
yeryüzünün tüm kutsamalarına sahip olarak Tanrı'yı
yüceltebilirsiniz.

Üçüncüsü Ruhun Vaadini Vermektir

Galatyalılara 3:14'ün ikinci yarısı şöyle der, *"bizler vaat
edilen Ruh'u imanla alalım diye."* Bu, tüm insanlar için
tahtadan bir çarmıhın üzerinde ölen İsa'ya inanan herkesin
yasanın lanetinden kurtulacağı ve vaat edilen Kutsal Ruh'u
alacağı anlamına gelir. İlaveten, İsa'yı Kurtarıcısı olarak kabul
eden herkes, Tanrı'nın bir çocuğu olma yetkisini, bir hediye ve
güvence olarak ta Kutsal Ruh'u alır. (Yuhanna 1:12; Romalılar
8:16).
Kutsal Ruh'u aldığınızda Tanrı'ya "Abba, Baba!" olarak
seslenir (Romalılar 8:15), adlarınız göklere yazılır (Luka 10:20)
ve vatanınız gökler olur (Filipililer'e 3:20). Bunun nedeni
Tanrı'nın kalbi ve kudreti olan Kutsal Ruh, Tanrı'nın sözünü
anlamanıza yardım ederek sizi sonsuz yaşama sürüklediği ve
imanla O'nun sözüne göre yaşamanızı sağladığı içindir.
Ancak İsa'yı Kurtarıcınız olarak onaylamanız, kurtuluşunuz

için yeterli değildir. Ayrıca tüm kalbinizle ölümün yetkisini bozduğuna ve dirilerek göğe yükseldiğine inanmanız gerekir. Romalılar 10:9 bu konuya açıklık getirir: *"İsa'nın Rab olduğunu ağzınla açıkça söyler ve Tanrı'nın O'nu ölümden dirilttiğine yürekten iman edersen, kurtulacaksın."* Zamanın başlangıcından önce Tanrı, İsa'nın Kurtarıcı olduğuna inananları Tanrı ile birleştiren ve onları kurtuluş yoluna iten muazzam bir planı ortaya koydu. Plan, olağanüstü ve ve gizemlidir. "Günahın ücreti ölümdür" diyen ruhani hükümranlığın yasasına göre günah işlemiş olan ilk insan yüzünden tüm insanlık ölüm yoluna sevk edildi. Ancak yasanın lanetinden özgür kılınıp, şeytanın ruhani hükümranlığın yasasını çiğnemesi yüzünden aynı yasa tarafından iman ile kurtulabildiler.

İnsanoğlu, itaatkârsızlığın neticesi olarak günahın köleleri olduğu zaman, şeytanın getirdiği acı, illetler ve ölümden dolayı çile çekmek zorunda bırakılmıştı. Ancak her kim İsa'yı Kurtarıcı olarak kabul eder ve Kutsal Ruh'u alırsa, O kişi kurtuluşa, sonsuz yaşama, dirilişe ve bol kutsamalara sahip olacaktır.

Tanrı'nın Çocuklarına Verilen İmtiyaz ve Kutsama

Her kim kalbini açar ve İsa Mesih'i kabul ederse bağışlanır, Tanrı'nın çocuğu olma hakkını kazanır ve kalbinde huzurun ve neşenin tadına varır. Bu mümkündür çünkü çarmıha gerilerek İsa bizlerin tüm günahlarını ilk ve son kez almıştır. Mezmurlar 103:12'de şöyle denir, *"Doğu batıdan ne kadar uzaksa, O kadar uzaklaştırdı bizden isyanlarımızı."* Ayrıca İbraniler

10:16-18 'de " '*Rab, 'O günlerden sonra Onlarla yapacağım antlaşma şudur: Yasalarımı yüreklerine koyacağım, Zihinlerine yazacağım' diyo. Sonra şunu ekliyor: 'Onların günahlarını ve suçlarını artık anmayacağım.' Bunların bağışlanması durumunda artık günah için sunuya gerek yoktur.*" denmektedir.

Yeryüzünde iman ve Tanrı'nın çocukları olma imtiyazıyla mukayese edilebilecek hiçbir değer yoktur. Bu dünya da bir kralın ya da bir cumhurbaşkanının çocuğu olmak çok önemlidir. Öyleyse bu dünyayı, insan tarihini ve evreni yöneten Yaratan Tanrı'nın çocukları olma hakkına sahip olmak ne kadar önemlidir?

Sadece "İsa Kurtarıcıdır" iddiasında bulunmayı, Tanrı gerçek imandan saymaz. İsa Mesih'in kim olduğunu, niçin sizin için yegâne Kurtarıcı olduğunu anlamak ve bu bilgi ışığında gerçek bir imana sahip olmak zorundasınız. Sonra bu gerçek iman ile çarmıhta gizlenmiş olan Tanrı'nın takdiri ilahisini kavrayabilir ve "Rab'bimiz, Mesih ve Yaşayan Tanrı'nın Oğlu'dur" diye haykırabiliriz. Ancak böyle Tanrı'nın isteğine göre yaşayabilirsiniz. Bu gerçek iman olmadan kalbinizden gelen bir imana sahip olmanız ve Tanrı'nın sözüne göre yaşamanız çok zordur. İsa'nın Matta 7:21'de dediği gibi, "*Bana, 'Ya Rab, ya Rab!' diye seslenen herkes Göklerin Egemenliği'ne girmeyecek. Ancak göklerdeki Babam'ın isteğini yerine getiren girecektir.*" İsa açık bir dilde, kendisinin "Rab, Rab" olduğunu dile getiren ve Tanrı'nın istek ve sözüne göre yaşayanların kurtulacaklarını belirtmiştir.

"İsa Mesih" Adı Dışında Başka Bir Ad Yoktur

Elçilerin İşleri 4, Petrus ve Yuhanna'nın Yahudi Meclisi önünde İsa Mesih'in adına yüreklice şahitlik ettikleri bir sahneyi betimler. İnsanın kurtuluşu için İsa Mesih adından başka hiçbir adın olmadığına içtenlikle inanmışlardı ve Kutsal Ruh ile dolmuş olan Petrus açıkça şunları diyordu, *"Başka hiç kimsede kurtuluş yoktur. Bu göğün altında insanlara bağışlanmış, bizi kurtarabilecek başka hiçbir ad yoktur."* (Elçilerin İşleri 4:12).

"İsa Mesih"'in isminde ne gibi saklı ruhani anlamlar olabilir? Ve Tanrı bizim kurtuluşa ulaşmamız için İsa Mesih dışında bir isim niçin vermemiştir?

"İsa" ve "İsa Mesih" Arasında ki Fark

Elçilerin İşleri 16:31 bize der ki, *"Rab İsa'ya iman et, sen de ev halkın da kurtulursunuz"* Basitçe "İsa" demeyip "Rab İsa" demesinin önemli bir nedeni vardır.

Burada "İsa," İnsanlarını günahtan kurtaracak bir adamı ima eder. Mesih ise anlamı *"meshedilen"* (Elçilerin İşleri 4:27)" demek olan İbranice bir kelimedir. Anlamı, demektir ve Tanrı ile İnsan arasında arabulucu olan bir Kurtarıcı'ya işaret eder. Yani, "İsa" gelecekte ki Kurtarıcının adı, Mesih ise insanları zaten kurtarmış olan Kurtarıcının adıdır.

Eski Ahit zamanlarında Tanrı, kral, rahip veya peygamber olacak kişinin başından aşağı yağ dökerek mesh ederdi. (Levililer 4:3; 1.Samuel 10:1; 1.Krallar 19:16). Yağ, Kutsal Ruh'u sembolize eder. Bu sebeple birini mesh etmek, Tanrı tarafından seçilmiş kişiye Kutsal Ruh'u vermek anlamına gelir.

İsa bir kral, başrahip ve peygamber olarak mesh edilmişti ve zamanın başlangıcından önce tayin edilmiş Tanrı'nın takdiri ilahisine göre tüm insanları kurtarmak için bu dünyaya bir bedende gelmişti. Bizlerin günahları için çarmıha gerilmiş ve üçüncü gün dirilerek Kurtarıcımız olmuştu. Buna uygun olarak O, Tanrı'nın kurtuluş için takdiri ilahisini yerine getirmiş Kurtarıcı'dır. Yani, Mesih'tir.

Çarmıha geriliş öncesi O'na sadece "İsa" diyerek hitap ediyorduk. Ancak çarmıha gerildikten ve dirildikten sonra, "İsa Mesih," "Rab Mesih" veya "Rab" diyerek hitap edilmelidir.

"İsa" ile "İsa Mesih" arasında büyük güç farklılıkları olduğunu bilmelisiniz. İsa, Tanrı'nın kurtuluşla ilgili takdiri ilahisini yerine getirmeden önce kullanılan ve şeytan tarafından korkulmayan bir isimdi. Oysa "İsa Mesih" adı şu üç şeyi ima eder: Bizi günahlarımızdan kurtaran kan; ölümün yetkisini bozan diriliş ve sonsuz olan yaşam. Bu ismin önünde şeytan korkuyla titrer.

Pek çok insan farkı bilmediğinden bu gerçeği ihmal ederler. Ama Tanrı'nın işinin ve yanıtının çağırdığınız isme göre farklı olacağı bir hakikattir. (Elçilerin İşleri 3:6).

Tanrı'ya Rab İsa Mesih adıyla dua ettiğinizde ve bu gerçeği aklınızda tuttuğunuzda, Kudretli Tanrı'nızdan çabuk ve bol yanıtların geleceği başarılı bir hayat süreceksiniz.

İsa'nın Tam İtaatkârlığı

Özyapısı Tanrı olmasına rağmen Tanrısal hak ve imtiyazlarına sarılmadı ve Tanrı ile eşitlik gözetmedi. Kendini hiçbir şey konuma getirdi. Bir kölenin alçakgönüllü davranışını sergiledi ve bir insan formunda belirdi. İyi bir hizmetkârın kendi özgür iradesi yoktur. Kendisinin istekleri yerine, efendisinin isteklerine göre çalışır. Kendi istek veya duygularına uygun olsun ya da olmasın, bir hizmetkârın görevi sahibinin isteğine itaat etmektir. İsa, iyi bir hizmetkârın kalbiyle Tanrı'nın isteğine itaat etti ve böylece Tanrı'nın insanın kurtuluş misyonunu başarıyla yerine getirdi.

Tanrı'nın isteğine "evet" veya "Amin" diyerek itaat eden İsa'yı, Tanrı en yüksek mertebeye yükseltti ve insanların O'na açıkça Rab diye hitap etmesini bağışladı.

Bunun için de Tanrı O'nu pek çok yükseltti ve O'na her adın üstünde olan adı bağışladı. Öyle ki, İsa'nın adı anıldığında gökteki, yerdeki ve yer altındakilerin hepsi diz çöksün ve her dil, Baba Tanrı'nın yüceltilmesi için İsa Mesih'in Rab olduğunu açıkça söylesin (Filipililer 2:9-11).

"Rab İsa" Tanrı'nın Kudretini Açığa Vurur

Yuhanna 1:3'de şöyle der, *"Her şey O'nun aracılığıyla var oldu, var olan hiçbir şey O'nsuz olmadı."* Yeryüzünde her şey İsa yoluyla var olduğuna göre, bir Yaratan olarak her şeyi idare etme yetkisi O'nda vardır. Yaratan Tanrı'nın Oğlu İsa, emir verdiğinde şiddetli rüzgâr ve dalgalar gibi yaşamsız şeyler O'na itaat ederek yatıştılar ve lanetlediğinde incir ağacı hemen kurudu. İsa'nın günahları bağışlama ve günahkarları günahlarından dolayı cezadan kurtarmaya yetkisi vardı. Bu sebeple Matta 9:2'de İsa felçli çocuğa şöyle demişti, *"Cesur ol, oğlum, günahların bağışlandı"* ve 6. ayette, *" 'Ne var ki, İnsanoğlu'nun yeryüzünde günahları bağışlama yetkisine sahip olduğunu bilesiniz diye...' Sonra felçliye, 'Kalk, yatağını topla, evine git!' dedi."*

İlaveten, İsa'nın her türlü hastalığı ve illeti tedavi etme, ölüyü ise diriltme gücü vardı. Yuhanna 11 İsa'nın yüksek sesle "Lazar dışarı çık!" demesiyle elleri ayakları sargılarla bağlı ölü Lazar'ın mezarından çıkmasıyla ilgili bir sahneyi anlatır. Lazar dört gündür ölüydü ve mezarından kötü kokular geliyordu ama sağlıklı bir insan olarak mezarından çıkmıştı.

Aynı şekilde imanla isteyeceğiniz her şeyi İsa size verecektir çünkü Tanrı'nın olağanüstü gücüne sahiptir.

Tanrı'nın Sevgisi İsa Mesih

Yuhanna 4:10'da dendiği gibi, *"Tanrı'yı biz sevmiş değildik, ama O bizi sevdi ve Oğlu'nu günahlarımızı bağışlatan kurban olarak dünyaya gönderdi,"* Tanrı bize şaşırtıcı sevgisini göstermiştir. Bizler hala birer günahkârken, bize tek ve yegâne Oğlu'nu günahlarımızın kurbanı olarak göndermiştir. Tanrı, Oğlu İsa çarmıha gerildiğinde ve kanını akıttığında büyük bir acıya katlanmak zorunda kaldı ve insanların kurtuluş yolunu açtı. Tek ve Yegâne Oğlu İsa'nın çarmıha gerilişini görmek zorunda kalan sevgi Tanrı'sı nasıl hissetti? Tahtında oturan Tanrı bunu izleyememişti. Matta 27:51-54 bize İsa çarmıha gerilirken Tanrı'nın ne kadar çok acı çektiğini anlatır.

O anda tapınaktaki perde yukarıdan aşağıya yırtılarak ikiye bölündü. Yer sarsıldı, kayalar yarıldı. Mezarlar açıldı, ölmüş olan birçok kutsal kişinin cesetleri dirildi. Bunlar mezarlarından çıkıp İsa'nın dirilişinden sonra kutsal kente girdiler ve birçok kimseye göründüler. İsa'yı bekleyen yüzbaşı ve beraberindeki askerler, depremi ve öbür olayları görünce dehşete kapıldılar, "Bu gerçekten Tanrı'nın Oğlu'ydu!" dediler.

Bu bize İsa'nın kendi günahları sebebiyle değil ama Tanrı'nın tüm insanlığı kurtuluş yoluna sevk etmek isteyen yüce sevgisi nedeniyle çarmıha gerildiğini açıkça gösterir. Ama pek çok insan Tanrı'nın şaşırtıcı sevgisini kabul etmez ya da anlayamazlar.

Âdem'in itaatsizliğinden sonra insanoğlu Tanrı ile birlikte olamamış ve günahkâr bir doğaya sahip olmuştur. Ancak İsa yeryüzüne gelmiş ve tüm insanlara İmmanuel'in kutsamasını verebilmek için Tanrı ile bizim aramızda arabulucu olmuştur (Matta 1:23). İsa'nın çarmıh üzerinde ki acısı ve çilesiyle bizler gerçek huzur ve rahata kavuşuruz.

Bu sebeple ümit ediyorum ki bizi günahlarımızdan ve sonsuz ölümden kurtaran bir fidye olarak tek Oğlu'nu veren Tanrı'nın yüce sevgisini anlar, suçsuz olmasına rağmen bizim için çarmıha gerilen Rab'bin kurban edilebilir sevgisini ve kurtuluş yolunu açmasını kavrayabilirsiniz.

Bölüm 6.

ÇARMIHIN TAKDIRI ILAHISI

- Ahırda Doğdu ve Yemliğe Yatırıldı
- İsa'nın Sefalet İçinde ki Yaşamı
- Kırbaçlanma ve Kanını Akıtma
- Dikenlerden Taç Giyme
- İsa'nın Giysisi ve Mintanı
- Elleri ve Ayaklarından Çivilendi
- İsa'nın Bacakları Kırılmadı ama
  Böğrü Delindi

*Aslında hastalıklarımızı o üstlendi,
Acılarımızı o yüklendi. Bizse Tanrı
tarafından cezalandırıldığını,
Vurulup ezildiğini sandık. Oysa,
bizim isyanlarımız yüzünden onun
bedeni deşildi, Bizim suçlarımız
yüzünden o eziyet çekti. Esenliğimiz
için gerekli olan ceza Ona verildi.
Bizler onun yaralarıyla şifa bulduk.
Hepimiz koyun gibi yoldan
sapmıştık, Her birimiz kendi yoluna
döndü. Yine de RAB hepimizin
cezasını ona yükledi.*

Yeşaya 53:4-6

Tanrı'nın gerçek çocuklarını elde etme planında en önemli bölüm İsa'nın bir beden olarak yeryüzüne gelmesi, her türlü çileye maruz kalması ve çarmıh üzerinde ölmesidir. Bütün bunların yoluyla insanların kurtuluş yolunu başarmıştır. Tanrı'nın çarmıhın takdiri ilahisinde çok derin ruhani bir anlam vardır. Tanrı'nın Tek ve Yegâne Oğlu İsa, göksel yücelikten feragat ederek bir ahırda doğmuş ve tüm yaşamı boyunca sefalet çekmiştir.

Buna ek olarak kırbaçlanmış, elleri ve ayaklarından çivilenmiş, dikenli bir taç takmış ve böğrü delinerek kanını ve suyunu akıtmıştır. İsa'nın çektiği her acıda Tanrı'nın çok büyük bir sevgisi vardır.

Çarmıhın ve İsa'nın çilesinin ruhani anlamını net bir şekilde anladığınızda kalbiniz Tanrı'nın sevgisiyle kesinlikle kıpırdayacak ve gerçek imana sahip olacaksınız. Ayrıca hayatınızdaki sefalet, hastalık gibi tüm problemlere ve sonsuz göksel egemenlik ile ilgili tüm sorularınıza yanıtları bulabileceksiniz.

Ahırda Doğdu ve Yemliğe Yatırıldı

Tanrı'nın doğasına sahip İsa, gökte ve yerde ki her şeyin

üstadı ve en yüceltilmiş varlıktı. Bununla birlikte yeryüzüne insanoğlunu günahlarından kurtarmak ve kurtuluşa sevk etmek için bir bedende geldi.

İsa, Yaratıcı Kudretli Tanrı'nın tek ve yegâne Oğlu'ydu. Öyleyse neden daha lüks bir yerde ya da en azından daha hoş bir odada doğmadı? Tanrı, O'nun daha muhteşem bir yerde doğmasına izin veremez miydi? Niçin İsa'nın bir ahırda doğup, ahır yemliğine yatırılmasına izin verdi?

Bunda derin ruhani bir anlam vardır. Bilmelisiniz ki İsa, ruhani anlamda en yüceltici şekilde doğmuştur. İnsanlar fiziksel gözleriyle görmemiş olsalar bile, Tanrı İsa'nın doğumundan o kadar memnundu ki, bebeğin başı üzerinde büyük göksel melekler halkasından oluşan ışık daireler çizdi. O'nun heyecanını Luka 2:14'de ki bu ayetten hissedebilirsiniz: *"En yücelerde Tanrı'ya yücelik olsun, Yeryüzünde O'nun hoşnut kaldığı insanlara Esenlik olsun!"* Tanrı ayrıca iyi çobanları ve Doğu'dan gelen majileri hazırladı ve onların bebek İsa'ya tapınmalarına izin verdi.

Her çeşit kutsama ve tapınma, İsa'nın yeryüzüne gelmesiyle açılacak kurtuluş yolu, çok sayıda insanın Tanrı'nın çocukları olarak sonsuz göklere girecek olmaları ve Tanrı'nın Oğlu İsa'nın kralların Kralı ve Rablerin Rab'bi olacağı için vuku buldu.

Tanrı'nın Takdiri ilahisi İsa'nın Doğumunda Gizlidir

İsa doğduğunda imparator Augustus tüm Roma İmparatorluğu sınırları içinde nüfus sayımı uygulaması için bir emir vermişti. Yahudiler, Roma'nın bir sömürgesi durumundaydılar ve imparatorun buyruğunu önemseyerek kayıt olmak için anavatanlarına geri gittiler.

Yusuf ve nişanlısı Meryem'de Celile'nin Nasıra şehrinden çıkıp Davud'un Beytlehem şehrine geldi çünkü Davud'un soyundan geliyorlardı. Oraya gitmeden önce Meryem ile Yusuf'a söz kesilmiş ve Meryem Kutsal Ruh'tan hamile kalmış ve ilk çocuğu olan İsa'yı Beytlehem'de kaldıkları zaman doğurmuştu. "Beytlehem" adı "Ekmek Evi" demektir ve Kral Davud'un memleketedir (1. Samuel 16:1). Mika 5:2, Beytlehem şehri hakkında şunları yazar: *"Ama sen, ey Beytlehem Efrata, Yahuda boyları arasında önemsiz olduğun halde, İsrail'i benim adıma yönetecek olan senden çıkacak. Onun kökeni öncesizliğe, zamanın başlangıcına dayanır."* Beytlehem'in Mesih'in doğum yeri olacağı önceden kehanetle bildirilmiştir.

İşte o sırada kayıt için binlerce kişinin Beytlehem'de olması sebebiyle Meryem ve Yusuf hiçbir handa kalacak yer bulamamışlardı. Böylece Meryem'in doğumu bir ahırda gerçekleşti. Meryem bebeği kundağa sardı ve O'nu inek ve atların beslendiği uzun yemliğin üzerine yatırdı.

Peki, öyleyse tüm insanların Kurtarıcısı İsa niçin böylesine kötü bir yerde ve alçakgönüllü bir şekilde doğmuştur?

Hayvani İnsanı Günahlarından Kurtarmak

Vaiz 3:18 şöyle der, *"İnsanlara gelince, 'Tanrı hayvan olduklarını görsünler diye insanları sınıyor' diye düşündüm."* Tanrı'nın suretini kaybeden insanoğlu, Tanrı'nın nazarında hayvandan farksızdır. İlk insan Âdem, Tanrı'nın suretinde yaratılmış yaşayan bir varlıktı. Esasen ruhani bir insandı çünkü Tanrı O'na hakikatin sözünü öğretmişti.

Ama Âdem Tanrı'nın buyruğuna karşı gelerek iyilik ve kötülüğün bilgisini taşıyan ağacın meyvesinden yemiş ve böylece ruhu ölmüş ve Tanrı ile iletişimini kaybetmişti. Buna ek olarak, tüm yaratılışın efendisi olma imtiyazını da kaybetmişti. Şeytan Âdem'i günahkâr bir doğa izlemeye teşvik etmiş ve böylece onun saf ve doğru olan kalbi, saf ve doğru olmayan bir kalbe dönüşmüştü.

Günlük yaşamınızda bazen şöyle bir ifadeyle karşılaşmış olabilirsiniz, "O bir hayvandan daha iyi değildir." Çok sıklıkla medya kanalıyla hayvanlardan daha iyi olmayan insanları duyarsınız. Kendi çıkarları için çok kolayca komşularını, müşterilerini, dostlarını ve aile fertlerini kandırır ve aldatırlar. Ebeveynler ve çocuklar bazen birbirlerinden nefret eder ve birbirlerini öldürmeye hazır gibi görünürler.

Ruhun ölümüyle can, insanın sahibi olduğundan, insanlar böylesi şeytani eylemlerde bulunmaya cesaret ederler ve günahları sebebiyle Tanrı'nın suretini kaybetmişlerdir. Tıpkı can ve bedenden meydana gelmiş hayvanlar gibi, bu insanlar ne göklere girebilir ne de Tanrı'yı Abba-Baba olarak çağırabilirler. İsa, hayvanlardan iyi olmayan insanları günahlarından kurtarmak için ahırda doğmuştur.

İsa Gerçek Ruhani Gıdadır

İsa, hayvanlardan iyi olmayan insanların gerçek ruhani gıdası olmak için, atların beslendiği bir yemliğin üzerine yatırılmıştı.

(Yuhanna 6:51).

Diğer bir deyişle, Tanrı'nın kaybolan suretine tekrar kavuşmasını ve insan olmanın tüm görevlerini gerçekleştirmesini mümkün kılacak ve tam kurtuluşa insanları taşıyacak takdiri ilahiydi. Öyleyse insan olmanın görevleri nedir? Vaiz 12:13-14 bize biraz bilgi verir:

> Her şey duyuldu, sonuç şu: Tanr'ya saygı göster, buyruklarını yerine getir, Çünkü her insanın görevi budur. Tanrı her işi, her gizli şeyi yargılayacaktır, İster iyi ister kötü olsun.

"Tanrı'dan korkmak" ne anlama gelir? Özdeyişler 8:13 bize şunu söyler, "RAB'den korkmak kötülükten nefret etmek demektir" Bu nedenle Tanrı'dan korkmak demek, daha fazla kötülüğü kabul etmemek ve kalbinizden her türlü kötülüğü çekip atmanız demektir.

Eğer Tanrı'dan gerçekten korkarsanız, her çeşit kötülüğü içinizden çekip atmak için elinizden gelenin en iyisini yapar, günaha karşı mücadele eder ve kanınızı dökme pahasına onu içinizden atarsınız. Tıpkı daha iyi bir geleceği elde etmek için çok çalışan öğrenciler gibi, Tanrı'dan korkmak için elinizden gelenin en iyisini yapmalı, Tanrı'nın kutsaması ve sevgisinin tadına varmak için, insan olmanın tüm görevlerini yerine getirmelisiniz.

Kutsal kitapta Tanrı'nın çocuklarına "Bunu yap; bunu yapma; bunu koru; bundan kurtul" diyen buyruklarını bulursunuz. Tanrı bir yandan bize Tanrı'nın çocuklarının dua etmek, sevmek ve şükranlarını sunmak zorunda olduğunu söylerken, diğer yandan ölüme iten nefret, zina ve sarhoşluk gibi şeylerden uzak durmaları gerektiğini söyler. Ayrıca bizden "Şabat gününü kutsal olarak muhafaza et," "sözlerini tut" ve bunun gibi belli buyruklara uymamızı ister. "Kötü olan her çeşit şeyden kaçın," "Açgözlülüğünden kurtul" gibi zarar verici şeylerden derhal kendimizi arındırmamızı ister. Tanrı'dan korkmak ve buyruklarına uymak insanın görevidir. İster iyi isterse kötü olsun her saklı şey Kıyamet Gününde açığa çıkacak ve Tanrı bizi her bir eylemimizden dolayı sorumlu tutacaktır. Eğer insanın görevi olan bu şeyleri taşımadan, bir hayvan gibi yaşıyorsanız, Tanrı'nın adaleti sonucu cehenneme girmeniz doğal olacaktır.

Aynı şekilde İsa, hayvanlardan iyi olmayan insanları günahlarından kurtarmak için ahırda doğmuş ve yemliğe yatırılmıştır ve böylece insanlar için gerçek bir ruhani gıda olmuştur.

İsa'nın Sefalet İçindeki Yaşamı

Yuhanna 3:35 şöyle der, *"Baba Oğul'u sever; her şeyi O'na teslim etmiştir."* Koloseliler'e 1:16'da şunu okursunuz, *"Nitekim yerde ve gökte, görünen ve görünmeyen her şey – tahtlar, egemenlikler, yönetimler, hükümranlıklar – O'nda yaratıldı. Her şey O'nun aracılığıyla ve O'nun için yaratıldı."* Diğer bir deyişle İsa, Yaratan Tanrı'nın tek Oğlu, yeryüzünde ve gökteki her şeyin Rab'bidir. Peki, öyleyse tüm insanların Kurtarıcısı İsa niçin böylesine kötü bir yerde ve alçakgönüllü bir şekilde doğmuş ve zenginliğinin ölçüsü sınırsız olan Kudretli Tanrı'nın doğasında olmasına rağmen niçin sefalet içinde yaşamıştır?

İnsanları Sefaletten Kurtarmak

2. Korintlilere 8:9 şöyle der, *"Rabbimiz İsa Mesih'in lütfunu bilirsiniz. O'nun yoksulluğuyla siz zengin olasınız diye, zengin olduğu halde sizin uğrunuza yoksul oldu."* Tanrı'nın şaşırtıcı sevgisinin takdiri ilahisi bu ayette kendini ortaya koyar. İsa her ne kadar kralların Kralı, Rablerin Rabbi ve Yaratan Tanrı'nın tek Oğlu olmuş olsa da, tüm göksel şan ve şereften feragat ederek bu dünyaya gelmiş, insanoğlunu sefaletten kurtarmak için hor görülmeye ve kötü muameleye katlanarak sefalet içinde yaşamıştır.

Başlangıçta Tanrı insanoğlunun hiçbir alın teri dökmeden istedikleri meyvelerden yiyebilecek ve refah dolu bir hayatın hazına varacak şekilde yaratmıştı. Ama ilk insan Âdem, Tanrı'nın sözüne itaatsizlik etmiş ve bozulmuştu ve bu yüzden ancak alın teri dökerek ve zorluklara katlanarak yiyeceğini çıkarabilir oldu. Bu yüzden insan, istek ve sefalet içinde yaşar.

Sefaletin kendisi bir günah değildir ve İsa kanını bizi sefaletten kurtarmak için dökmemiştir. Ancak sefalet, Âdem'in itaatsizliğinin bir sonucu olarak ortaya çıkan lanettir ve İsa sizleri sefalet içinde yaşarken zenginleştirmiştir.

Bazıları İsa'nın uzun süre sefaletle süren yaşamını ruhani

sefaletle bağdaştırırlar. Ancak İsa'nın annesi Meryem, Kutsal Ruh'tan hamile kalmıştır ve Babamız Tanrı ile birdir. O'nun ruhani bir sefalet sürdüğünü düşünmek doğru değildir.

Aklınızda şunu tutmalısınız ki, İsa sizleri sefaletten kurtarmak için sefalet içinde yaşamıştır ve böylece Tanrı'nın sevgisi ve lütuflarına şükranlarınızı sunacağınız bereketli bir yaşam sürebilirsiniz.

Bazıları duadan para istemenin yanlış olduğunu söyler. Diğerleri ise bir Hrıstiyansanız sefalet içinde yaşamanız gerektiğini söyler. Hâlbuki bunların hiçbiri Tanrı'nın isteği değildir.

Kutsal Kitap'ta kutsama ile ilgili pek çok ayet okuyabilirsiniz. Örneğin, Yasa'nın Tekrarı 28:2-6'da şöyle yazar:

> *Eğer Tanrınız RAB'bin sözünü iyice dinler ve bugün size ilettiğim bütün buyruklarına uyarsanız, Tanrınız RAB sizi yeryüzündeki bütün uluslardan üstün kılacaktır. Tanrınız RAB'bin sözünü dinlerseniz, şu bereketler üzerinize gelecek ve sizinle olacak: Kentte de tarlada da kutsanacaksınız. Rahminizin meyvesi kutsanacak. Toprağınızın ürünü, hayvanlarınızın dölü – sığırlarınızın buzağıları, sürülerinizin kuzuları – bereketli olacak. Sepetiniz ve hamur tekneniz bereketli olacak. İçeri girdiğinizde de dışarı çıktığınızda da kutsanacaksınız.*

3 Yuhanna 1:2 bizi şuna teşvik eder, *"Sevgili kardeşim, canın gönenç içinde olduğu gibi, her bakımdan sağlıklı ve gönenç içinde olman için dua ediyorum."* Aslına bakarsanız Tanrı'nın

İbrahim, İshak, Yakup, Yusuf ve Daniel gibi seçilmiş insanlarının hepsi refah dolu hayatlar sürmüşlerdir.

Zengin Bir Hayat Sürmek

Kendi doğruluğunda, Tanrı ne ekerseniz onu biçmenize müsaade eder. Tıpkı çocuklarına iyi şeyler vermek isteyen ebeveynler gibi, sizi seven Tanrı'nızda iman ile istediğiniz her şeyi size vermek ister. (Markos 11:24).

Tanrı size kutsamalarını ve istediklerinizi vermek ister ama anlayıştan uzak bir şekilde isterseniz hiçbir şey elde edemezsiniz. Yani eğer hiçbir şey ekmeden mahsul almak niyetindeyseniz, Tanrı ile alay eder ve ruhani yasaya karşı gelir konumuna düşersiniz.

Bazıları şöyle diyebilir, "Ekin ekmeyi istiyorum ama çok fakir olduğumdan bunu yapamıyorum." Ama Kutsal Kitap, fakir olmalarına rağmen ekin ekmek için ellerinden gelenin en iyisini yapan ve bunun sonucunda ödül olarak bolca kutsanan insanlarla doludur.

1. Krallar 17'de, üç buçuk sene süren kuraklıkla karşılaşırız. Hala kuraklık sürerken Sayda'nın Sarefat kentinden dul bir kadın İlyas için küpteki bir avuç un ve çömleğin dibinde ki azıcık yağ ile pide yaptı. Bunlar elinde kalan son şeylerdi. Tanrı Kendi hizmetkârına böylesine hizmet verilmesinden çok hoşnut kaldı ve kadını bereketle kutsadı: Toprağa yağmur düşene dek küpten un, çömlekten yağ eksik olmadı. (1. Krallar 17:14).

Bir başka olay ise, İsa'nın zamanında meydana gelmiştir. Yoksul ve dul bir kadın tapınağın bağış kutusuna birkaç kuruş değerinde iki bakır para atar. Bununla beraber İsa, yoksul kadının kutuya herkesten çok daha fazla para attığını söyler çünkü diğerleri zenginliklerinden artanı verirken, o kadın elinde olanın hepsini vermiştir (Markos 12:42-44). En önemli şey, her şeyinizi Tanrı'ya verebilmeye programlanmış kafa yapınızdır. Tanrı sizin sunularınızın niceliğini görmez ama sununuzdan yayılan sevgi ve imanın kokusunu alır ve bolca sizleri kutsar.

Kırbaçlanma ve Kanını Akıtma

Çarmıhtan önce Romalı askerler, O'nun yüzüne tokat atmış, tükürmüş, O'nunla alay etmiş ve aşağılamışlardır. Ayrıca İsa'yı üzerinde kurşunların sallandığı uzun deriden bir kayış ile kırbaçlamışlardır.

O zamanlarda Romalı askerler dünyanın en güçlü, en disiplinli ve en sağlam kuvvetleriydi. İsa'nın elbiselerini çıkarıp kırbaçlamaları ne kadar güçlü bir acıya neden olmuştur? O'nu kayışla kırbaçladıklarında derisi açılmış, kemikleri meydana çıkmış ve kanı fışkırmıştır.

Yeşaya'nın kehanetinin yerine gelmesi için *"Bana vuranlara sırtımı açtım, Yanaklarımı uzattım sakalımı yolanlara. Aşağılamalardan, tükürükten yüzümü gizlemedim."* (Yeşaya 50:6), İsa kırbaçlardan kaçınmak için hiçbir teşebbüste bulunmadı.

CARMIHIN TAKDİRİ İLAHİSİ _ 113

Hastalıkları ve İlletleri İyileştirmek

Öyleyse İsa niçin kırbaçla dövülmüş ve kanını akıtmıştır? Tanrı Oğlu'nun başına bunların gelmesine niçin izin vermiştir? Yeşaya 53 İsa'nın çilesini ve acısını açıklar.

Oysa bizim isyanlarımız yüzünden onun bedeni deşildi, Bizim suçlarımız yüzünden o eziyet çekti. Esenliğimiz için gerekli olan ceza Ona verildi. Bizler onun yaralarıyla şifa bulduk. Hepimiz koyun gibi yoldan sapmıştık, Her birimiz kendi yoluna döndü. Yine de RAB hepimizin cezasını ona yükledi. (Yeşaya 53:5-6).

İsa'nın bedeni sizin günahlarınız ve kötülükleriniz yüzünden deşilmiş ve eziyet çekmiştir. Sizleri her türlü dertten azat etmek ve huzura kavuşturmak için cezalandırılmış, kırbaçlanmış ve kanını dökmüştür.

Matta 9'da İsa, yatak üzerinde felçli bir adamı iyileştirirken, önce günahla ilgili sorunu ortan kaldırmak için, *"Günahların bağışlandı"* demiştir. Ancak bundan sonra İsa ona, "Kalk, yatağını topla, evine git" demiştir.

Yuhanna 5'de otuz sekiz sene hasta olan birini iyileştirdikten sonra, *"Bak, iyi oldun. Artık günah işleme de başına daha kötü bir şey gelmesin"* (Yuhanna 5:14) demiştir.

Kutsal Kitap hastalığın başınıza günah işlediğiniz zaman geldiğini söyler. Bu sebeple günahla ilgili sorunlarınızı çözecek ve sizi hastalıklardan azat edecek birine ihtiyaç duyarsınız. Ancak kan akıtmadan bağışlanma mümkün değildir (Levililer 17:11).

Bu nedenle Eski Ahit zamanlarında biri günah işlediğinde, günahın bir bedeli olarak rahip bir hayvanı kurban verirdi. Ancak artık sunu olarak daha fazla hayvan kurban vermeye gereksinmeniz kalmamıştır çünkü sununuz İsa yeryüzüne bir beden olarak gelmiş ve kusursuz, lekesiz ve güçlü kanını dökmüştür. İsa'nın kutsal kanı geçmişin, bu günün ve geleceğin insanlarının tüm günahlarını temizlemiştir.

Zayıflıklarımız ve Hastalıklarımızı Kaldırılmak

Matta 8:17 şöyle söyler, *"Bu, Peygamber Yeşaya aracılığıyla bildirilen şu söz yerine gelsin diye oldu: Zayıflıklarımızı O kaldırdı, Hastalıklarımızı O üstlendi."* Böylelikle, eğer İsa'nın niçin kırbaçlandığını ve kanını döktüğünü bilirseniz ve buna inanırsanız, zayıflık ve hastalıklarınızdan daha fazla çekmezsiniz.

1. Petrus 2:24 şöyle der, *"Bizler günah karşısında ölelim, doğruluk uğruna yaşayalım diye, günahlarımızı çarmıhta kendi bedeninde yüklendi. O'nun yaralarıyla şifa buldunuz."* Şimdi ki zaman bu ayette kullanılır çünkü İsa tüm insanları günahlarından zaten kurtarmıştır.

İsa'nın kırbaçlanarak ve kanını dökerek hastalık ve zayıflıklarımıza katlandığı gerçeğine inandığımızı söylememize rağmen neden hala bazılarımız zayıflık ve hastalıklardan çekmektedir?

Mısır'dan Çıkış 15:26'da Tanrı şöyle der, *"Ben, Tanrınız RAB'bin sözünü dikkatle dinler, gözümde doğru olanı yapar, buyruklarıma kulak verir, bütün kurallarıma uyarsanız,*

Mısırlılar'a verdiğim hastalıkların hiçbirini size vermeyeceğim dedi, 'Çünkü size şifa veren RAB benim.'" Bu şu demektir; Eğer Tanrı'nın nazarında doğru olanı yaparsanız, sizi hiçbir hastalık etkilemeyecektir çünkü Tanrı'nın gözleri tıpkı cayır cayır yanan bir ateş gibi sizi koruyacaktır.

Bir örnek verelim. Bir çocuk komşunun oğlu tarafından dövülüp ağlayarak eve geldiğinde, imanlarına göre ebeveynlerin bu olaya tepkisi farklı olacaktır.

Biri çocuğuna şunu öğretebilir: "Niçin sürekli sen dövülüyorsun? Eğer bir kere dövülürsen, arkasından iki üç kez sende saldırmalıydın." Diğer ebeveyn ise, döven çocuğun ailesine gidip şikâyette bulunabilir. Bazı ebeveynler ise bu iki yolu hiç izlemezler ama çocuk taciz edilmiş hisseder ve kalbinde öfke duyar.

Ama Tanrı size kötülüğün üstesinden iyilikle gelmenizi, düşmanınızı bile sevmenizi ve şöyle diyerek, *"Ama ben size diyorum ki, kötüye karşı direnmeyin. Sağ yanağınıza bir tokat atana öbür yanağınızı da çevirin."* (Matta 5:39) herkesle huzur bulmanızı söyler.

Bu yüzden eğer Tanrı'nın nazarında doğru olanı yaparsanız Tanrı'nın emirlerini yerine getirmekte zorlanmazsınız. Dua etmeye ve elinizden gelenin en iyisini yapmaya çalıştığınızda, Tanrı'nın lütfu ve gücü üzerinize düşer ve Kutsal Ruh'un yardımıyla her şeyi kolaylıkla halledersiniz.

Eğer günahlarınızı çekip atar ve Tanrı'nın nazarında doğru olanı yaparsanız, hastalıklar sizi bırakır. Hatta hastalıklar sizi bırakmasa bile, Şifa verici Tanrı günahlarınızı bağışlar, Tanrı'nın nazarında yanlış olanı bulmayı ve onu kalbinizden söküp atmayı denediğinizde sizi tamamen iyileştirir. Dudaklarınızla Tanrı'nın Kudretli olduğunu söyleseniz bile eğer hastalıkla yüzleştiğinizde dünyaya güvenir veya bir hastaneye giderseniz, Tanrı O'na içtenlikle inanmadığınız için hoşnut olmaz. (2. Tarihler 16).

Dikenlerden Taç Giyme

Taç, kraliyet giyimini tamamlar. Tanrı'nın tek ve yegâne Oğlu İsa, kralların Kralı, Rablerin Rabbi olmasına rağmen, altın, gümüş ve mücevheratlarla donatılmış güzel bir taç yerine, uzun ve sivri dikenlerden örülmüş bir taç giymişti.

Sonra valinin askerleri İsa'yı vali konağına götürüp bütün taburu başına topladılar. O'nu soyup üzerine kırmızı bir kaftan geçirdiler. Dikenlerden bir taç örüp başına koydular, sağ eline de bir kamış tutturdular. Önünde diz çöküp, "Selam, ey Yahudiler'in Kralı!" diyerek O'nunla alay ettiler. Üzerine tükürdüler, kamışı alıp başına vurdular. (Matta 27:27-30).

Romalı askerler dikenleri örerek İsa için çok küçük bir taç hazırladılar ve onu başına sağlamca yerleştirdiler. Bu yüzden dikenler başını ve alnını deldi ve tüm yüzü kanla kaplandı. Tanrı, tek ve yegâne Oğlu'nun dikenlerden örülmüş bir tacı giymesine, ağır acılar çekmesine ve kanını dökmesine niçin izin vermişti?

İlk Olarak, Düşüncede İşlediğimiz Günahlardan Bizi Kurtarmak için Taç Giymiştir

İnsan yaratıldığı zaman Tanrı ile iletişim kurabiliyor ve O'nun sözüne itaat ediyordu. Bir günahı yoktu çünkü her zaman Tanrı'nın isteğine uygun olarak düşünmüş ve O'na uymuştu. Ama yılan tarafından aklı çelinip te, şeytan tarafından verilen düşünceyi aldığında, hemen günah işlemişti. Daha önce iyilik ve kötülüğün bilgisini taşıyan ağacın meyvesinden yemeyi hiç düşünmemişti. Aklı çelindikten sonra, onu yedi çünkü meyve gözleri hoşnut eden güzel bir yiyecek gibi duruyor ve ayrıca bilgeliği elde etmek için arzu duyuyordu.

Aynı şekilde şeytan, nasıl ilk insan ve kadın olan Âdem ile Havva'nın Tanrı'ya itaatsizlik yapmasına sebep oluyorsa, sizleri de düşüncelerinizde günaha sevk etmek için çalışmalarına devam ediyor.

İnsan beyninde hafızadan sorumlu hücreler vardır. Doğduğunuz günden beri belli olaylar, bireyler ve bilgilerle birlikte hafıza hücrelerinize ne gördüğünüz, ne duyduğunuz ve ne öğrendiğiniz kayıt edilir. Biz buna "bilgi" deriz. "Düşünce" olarak çağırdığımız şey ise, canın işleyişi yoluyla bu muhafaza edilmiş bilginin tekrar çoğaltılmasıdır.

İnsanlar farklı çevrelerde büyümüşlerdir. Ne gördükleri, ne duydukları ya da ne öğrendikleri birbirlerinden farklıdır ve dolayısıyla beyinlerine kayıt edilenlerde farklıdır. Gördükleri, duydukları ve öğrendikleri aynı olsa bile, aynı zamanda her birinin kendine has duyguları vardır ve bu yüzden insanların farklı değerleri olması kaçınılmazdır.

Tanrı'nın sözünün bizim kendi edindiğimiz bilgi ve teorilerle pek alakası yoktur. Örneğin, insanlar tarafından göklere çıkartılmak istiyorsanız, onları kazanmak için tüm adımları atmanız gerekir. Ancak Tanrı size her kim alçakgönüllü olursa onun yüceltileceğini öğretir (Matta 23:12).

Pek çok kişi düşmanlarından nefret etmenin doğal olduğunu düşünür ama Tanrı size, "Düşmanınızı sevin" ve "Düşmanınız açsa onu doyurun; susamışsa ona içmesi için bir şey verin" der. Tanrı'nın düşünceleri ruhani, insanın ki benliğindir. Şeytan sizlere benliğin düşüncelerini verir çünkü böylelikle Tanrı'dan uzaklaşmanız için aklınızı çeler ve sizin gerçek iman sahibi olmanıza engel olarak, dünyevi yollara yani günah işlemeye ve sonsuz ölüme doğru iter.

Matta 16:21 ve onu izleyen ayetlerde İsa, havarilerine pek çok acı çekeceğini, çarmıhta öleceğini ve öldükten üç gün sonra dirileceğini söylemiştir. Bunu duyan Petrus O'nu bir kenara çekip azarlamaya başlar, *"Tanrı korusun, ya Rab! Senin başına asla böyle bir şey gelmeyecek!"* (v. 22) der. Ama İsa Petrus'a dönüp, *"Çekil önümden, Şeytan!" Bana engel oluyorsun. Düşüncelerin Tanrı'ya değil, insana özgüdür."* diye cevap verir (v. 23). İsa "Çekil önümden, Şeytan," derken Petrus'un şeytan olduğunu kastetmiyordu ama şeytanın Petrus'un düşüncesinde işleyerek, Tanrı'nın işini engellemeye çalıştığını ima ediyordu.

Çünkü İsa, Tanrı'nın isteğine uygun olarak insanlığı kurtuluş yoluna taşımak için, çarmıha katlanmak zorundaydı ama Petrus benliğin düşünceleriyle Tanrı'nın isteğini gerçekleştirmesine engel oluyordu.

Aziz Pavlus 2. Korintlilere 10:3-6'da şöyle der:

Olağan insanlar gibi yaşıyorsak da, insansal güce dayanarak savaşmıyoruz. Çünkü savaşımızın silahları insansal silahlar değil, kaleleri yıkan tanrısal güce sahip silahlardır. Safsataları, Tanrı bilgisine karşı diklenen her engeli yıkıyor, her düşünceyi tutsak edip Mesih'e bağımlı kılıyoruz. Mesih'e tümüyle bağımlı olduğunuz zaman, O'na bağımlı olmayan her eylemi cezalandırmaya hazır olacağız.

Genellikle Tanrı'nın Krallığına karşı olan ve bu şekilde programlanmış mantık ve bağımsız düşüncelerinizi yok etmelisiniz. Hakikate uygun bir yaşam sürebilmek için, her bir düşüncenizi İsa Mesih'e itaatkâr kılmalısınız. İşte o zaman ruhun ve imanın insanı olacaksınız.

Sizi bastırmaya çalıştığında gözden düşmemek için o kişiye arkadan iki kere saldırma düşüncesini atmalısınız çünkü benliğin bu düşüncesi hakikate aykırıdır.

Bu yüzden düşünceleriniz yoluyla size ulaşan her günahı terk etmelisiniz. Günahlarla ilgili her türlü sorunu bir düzene koymak için, önce bedenin ve gözlerin tüm şehvetlerinden feragat etmeli, hayatınız için duyduğunuz kibri bir kenara atmalısınız. Bunlar şeytanın zevk aldığı, hakikate ters düşen düşüncelerdir.

Akılda ortaya çıkan benliğin şehvetleri Tanrı'nın isteğine aykırı arzulardır. Galatyalılara 5:19-21 bu gibi şehvetleri listeler:

Benliğin işleri bellidir. Bunlar fuhuş, pislik, sefahat, putperestlik, büyücülük, düşmanlık, çekişme, kıskançlık, öfke, bencil tutkular, ayrılıklar, bölünmeler, çekememezlik, sarhoşluk, çılgın eğlenceler ve benzeri şeylerdir. Sizi daha önce uyardığım gibi yine uyarıyorum, böyle davrananlar Tanrı Egemenliği'ni miras alamayacaklar.

Tanrı'nın feragat etmenizi en başta istediği buyruğu, benliğin şehvetinden kurtulmanızdır.

Gözlerin şehveti demek, kişinin aklının yoğun bir şekilde gördükleri ve duyduklarının etkisinde kaldığı ve aklında uyanan arzuların peşi sıra gitmeye başlayacağı anlamına gelir. Kişi gözlerinin şehvetine kapılıp dünyayı severse, sadece bu arzular değerli görünür ve hiçbir şeyle doyurulmaz.

Gözlerin şehvetini ve şiddetli arzuları tatmin etmenin peşinde, dünyanın zevklerine sahip olmaya başlayan kişide, övünen bir akıl zuhur etmeye başlar. Buna maddi yaşamın verdiği gurur denir.

Bizi her türlü ahlaksızlık, serkeşlik ve kötülükten kurtarmak için İsa dikenli bir taç giymiş ve Kanını akıtmıştır. Bizi günahlarımızdan sadece İsa'nın günahsız ve lekesiz kanı kurtarabileceğine göre, dikenli bir taç giyerek ve kanını dökerek bizi düşüncelerimizde işlediğimiz tüm günahlardan da kurtarmıştır.

İkinci olarak İsa, insanların dünyada daha iyi taçlar giyebilmesini sağlamak için dikenlerden örülmüş bir taç giymiştir.

Dikenlerden örülmüş bir taç giymesinin bir diğer sebebi ise, sizlerin çok daha iyi taçlar elde etmenizi sağlamak içindir. Sizi fakirlikten kurtarmak ve zenginliği sizlere sunmak için, fakir bir hayat sürmüştür ve göklerde çok daha güzel taçlar elde etmeniz için dikenlerden örülmüş bir taç giymiştir.

Göksel egemenlikte Tanrı'nın çocukları için hazırlanmış sayısız taç vardır. Sporda kazananların derecesine göre verilen altın, gümüş ve bronz madalyalar gibi göklerde de çeşitli taçlar vardır.

1 Korintlilere 9:25'de çürümeyecek bir taçtan bahsedilir: *"Yarışa katılan herkes kendini her yönden denetler. Böyleleri bunu çürüyüp gidecek bir defne tacı kazanmak için yaparlar. Bizse hiç çürümeyecek bir taç için yapıyoruz."* Çürümeyecek taç, günahlarından kurtulmak için mücadelelerini vermiş Tanrı çocukları için hazırlanmıştır. Yüceliğin solmaz tacı, günahlarından sıyrılmış, Tanrı'nın sözüne uygun hayatlar süren ve O'nu yüceltenler için hazırlanmıştır (1. Petrus 5:4). Yaşam tacı ise, ölümleri pahasına Tanrı'yı büyük bir aşkla seven ve O'na sadık olanlar ve tüm kötülükleri içlerinde yok ederek kutsallığa ulaşmış olanlara verilir. (Yakup 1:12; Vahiy 2:10).

Doğruluk tacı, tüm günahlarından arınıp Aziz Pavlus gibi olmayı başarmış ve daha da ötesi Tanrı'nın isteğine uygun olarak görevlerini başarıyla tamamlanmış olanlara verilir. (2. Timoteos 4:8).

Ayrıca Vahiy 4:4'de açıkladığı gibi, *"Tahtın çevresinde yirmi dört ayrı taht vardı. Bu tahtlara başlarında altın taçlar olan, beyaz giysilere bürünmüş yirmi dört ihtiyar oturmuştu."* Altın taçlar ise bir ihtiyarın ulaşabileceği mertebeye ulaşmış olanlara ve

Yeni Yeruşalim'de Tanrı'ya yardım edecek olanlara verilir. Burada "ihtiyar," yeryüzü kiliselerinde verilen unvan değildir. Tanrı tarafından ihtiyar olarak tanınan kişilerdir çünkü onlar Tanrı'nın evinde kutsal ve sadık olanlar ve altın gibi değişmeyen imanları olanlardır.

Tanrı, günahlarından arınma ve Tanrı'nın vazifesini yerini getirme derecelerine göre çocuklarına farklı taçlar verir. Tanrı'nın çocukları günahkar doğanın arzularını nasıl tatmin edeceklerini düşünmez ve Tanrı'nın sözüne uygun davranışlar sergilerlerse, ruhun yönetiminde yaşarlarsa (Galatyalılara 5:16) ve vazifelerini sadakatle yerine getirirlerse, göklerde çok iyi durumda olacak ve çok iyi taçlar alacaklardır (Romalılar 13:13-14).

Aynı şekilde İsa, sizleri düşüncelerinizde işlediğiniz tüm günahlardan dikenlerden örülmüş bir taç giyerek ve kanını akıtarak kurtarmıştır. Sadakatinizin ve vazifenizi tamamlamanızın derecesine göre, size göklerde çok daha iyi taçlar vereceği için müteşekkir olmalısınız.

Bu nedenle, bu taçları alabilmek için yetkin kişi olmanın ne harika bir şey olduğunu anlamanız lazım. Sonra da her çeşit kötü düşünceyi söküp atabilmek için Rab'binizin kalbine sahip olmalı, vazifelerinizi en iyi şekilde yerine getirmeli ve Tanrı'nın evinde imanla dolu olmalısınız. Ümit ederim ki göksel egemenlikte en iyi taç sizin olsun.

İsa'nın Giysisi ve Mintanı

İsa, dikenlerden örülmüş bir taç giyerek ve şiddetli kırbaç

yüzünden bedeninin her yanından kan akıtarak çarmıha gerileceği yer olan Golgota'ya geldi. Romalı askerler O'nu çarmıha gererken giysilerini aldılar ve her birine bir tane düşecek şekilde dört parçaya böldüler. Mintanını bölmediler ama aralarında alacak kişiyi belirlemek için kura çektiler.

Askerler İsa'yı çarmıha gerdikten sonra giysilerini alıp her birine birer pay düşecek biçimde dört parçaya böldüler. Mintanını da aldılar. Mintan boydan boya tek parça dikişsiz bir dokumaydı. Birbirlerine, "Bunu yırtmayalım" dediler, "Kime düşecek diye kura çekelim." Bu olay, şu Kutsal Yazı yerine gelsin diye oldu: "Giysilerimi aralarında paylaştılar, Elbisem üzerine kura çektiler." (Yuhanna 19:23-24).

Tanrı'nın sözü niçin detaylıca İsa'nın giysileri ve mintanından bahseder? M.S.70 yılından beri İsrail tarihi bu hadisenin ruhani anlamı içine gömülmüş vaziyettedir.

Giysileri Çıkarıldı ve Çarmıha Gerildi

Matta 27:22-26 ayetlerine göre, çeşitli yollarla hor görülüp aşağılandıktan sonra İsa'nın Mesih olduğunu kabul etmeyen Yahudilerin isteğiyle, Vali Pilatus tarafından çarmıha gerilerek infaz edilmesine karar verilmiştir.

Dikenlerden örülmüş tacı giydikten, hor görülüp aşağılandıktan sonra Golgota'ya kadar çarmıhını taşımış ve orada çarmıha gerilmiştir. Pilatus askerlerine İsa'nın başı üzerine suçunun yazılmasını emretmiştir ki suçu şudur: *"BU, YAHUDİLER'İN KRALI İSA'DIR"* (Matta 27:37). Bu bildiri İbranice, Latince ve Yunanca yazılmıştır. İbranice, Tanrı'nın seçilmişleri olan Yahudilerin geleneksel lisanıydı. Latince ise, o zamanın en güçlü ulusu olan Roma imparatorluğunun resmi diliydi. Yunanca ise, dünyanın egemen kültürüne ait olan lisandı. Bu bildirinin üç lisanda yazılmış olması, İsa'nın Yahudilerin kralı ve kralların kralı olduğunu tüm dünyanın tanıdığı anlamına gelir.

Bildiriyi okuduktan sonra pek çok Yahudi Yuhanna 19:21-22 ayetlerinde belirtildiği gibi Pilatus'a giderek, "Yahudilerin Kralı" şeklinde yazılmamasını ama bunun yerine, "Kendisi, "Ben Yahudilerin Kralıyım"dedi" diye yazılmasını istediler. Ancak Pilatus onlara, "Ne yazdımsa yazdım" karşılığını verdi ve değiştirmeden bıraktı. Bu, Pilatus'un bile İsa'yı Yahudilerin Kralı olarak gördüğü anlamına gelir.

Tıpkı Pilatus'un İsa'yı Yahudilerin Kralı olarak gördüğü gibi, İsa Tanrı'nın Tek oğlu, kralların Kralı ve Rablerin Rabbidir. Buna rağmen onca seyreden gözler önünde giysileri ve mintanı çıkarılmış ve çarmıha gerilmiştir. Bu yolla, böylesi yürek parçalayıcı bir utanca katlanmak zorunda kalmıştır.

Böylesi kötülük peşinde olan bir dünyada insan olmanın vazifesini unutarak yaşıyoruz. Ve bizleri her türlü utanç, pis ve kötülük kokan şeyler, serkeşlik ve ahlaksızlıktan kurtarmak için, kralların Kralı İsa, onu seyreden onca gözün önünde ıstırap çekmiştir. Eğer bunun ruhani anlamını kavrarsanız, elinizden O'na müteşekkir olmaktan başka bir şey gelmez.

İsa'nın Giysilerini Dört Parçaya Bölme

Romalı askerler İsa'yı soyarak çarmıha gerdiler, giysilerini aldılar, aralarında pay etmek için dört parçaya böldüler ve mintanı için aralarında kura çektiler. Sağduyu, İsa'nın giysilerinin güzel ve pahalı olmadıklarını idrak eder. Öyleyse niçin Romalı askerler onun giysisini dört parçaya bölmüşlerdir?

İleri görüşlü bir bilgelikle İsa'nın Mesih olarak onurlandırılacağını biliyor ve torunlarına değerli bir aile yadigarı olarak giysisinin bir parçasını mı bırakmayı arzuluyorlardı? Hayır, durum böyle değildi.

Mezmurlar 22:18 şu kehanette bulunur, *"Giysilerimi aralarında paylaşıyor, Elbisem için kura çekiyorlar"* Tanrı, bu kutsal yazı yerine gelsin diye Romalı askerlerin giysisini paylaşmasına izin vermiştir (Yuhanna 19:24). Öyleyse İsa'nın giysileri ne gibi ruhani anlamlar içerir? Niçin her birine bir parça düşecek şekilde dörde bölmüşlerdir? Mintanını neden bölmemişlerdir? Tanrı niçin bu hikâyenin çok önceden yazılmasına izin vermiştir?

İsa, Yahudilerin Kralı olduğu için O'nun giysileri İsrail ulusunu ve Yahudileri temsil eder. Romalı askerler giysiyi dörde böldükleri için giysi şeklini kaybetmiştir. Bunun anlamı da bir ulus olarak İsrail'in yok olacağıdır. Ayrıca İsrail isminin tıpkı giysinin payları gibi kalacağına işaret eder. Özetle İsa'nın giysileri, uluslarının yıkılışından sonra Yahudi halkının dünyanın dört bir yanına dağılacağı kehanetinde bulunur. İsrail tarihi bu kehaneti doğrulamıştır.

İsa Mesih'in ölümünden 40 sene kadar sonra Romalı General Titus Yeruşalim'i yok etmiştir. Tanrı'nın tapınağı taş üzerinde taş kalmayacak şekilde tamamen yok edilmiştir. İsrail ulusunun mevcudiyeti ortadan kalkmış ve Yahudiler dünyanın her köşesine dağılmış, zulüm görmüş ve katledilmişlerdir. Bu hadise Yahudilerin niçin bu gün bile dünyanın birçok yerinde yaşadıklarını açıklar.

Matta 27:23 Pilatus'un nefret dolu olan kalabalığa İsa'nın suçsuz olduğunu söylediği ama kalabalığın O'nu çarmıha germesi için var güçleriyle haykırdıkları dehşet dolu bir sahneyi betimler. İşte o sırada Pilatus eline su almış ve masum İsa'nın ölümünden kendisinin sorumlu olmadığını göstermek için ellerini suyla yıkayarak şöyle demiştir, *"Bu adamın kanından ben sorumlu değilim. Bu işe siz bakın!"* (v. 24). Bunun üzerine kalabalık şöyle cevap vermiştir, *"O'nun kanının sorumluluğu bizim ve çocuklarımızın üzerinde olsun"* (v. 25).

İsrail tarihinin açıkça gözler önüne serdiği dikkate değer bir özelliği, pek çok Yahudi ve onların torunlarının sanki Vali Pilatus'a yaptıkları talebi yerine getirircesine kanlarını dökmüş olmalarıdır. İsa'nın ölümünden sonra ki kırk sene içersinde 1.1 milyon Yahudi katledilmiştir. Daha da ötesi, İkinci Dünya Savaşında Nazi Almanya'sı takribi altı milyon Yahudi'yi öldürmüştür. "Schindler'in Listesi" adlı film, kadın ya da erkek, çocuk ya da yaşlı ayrımı yapılmaksızın Yahudilerin giysisiz olarak öldürülmelerini konu alan trajik bir sahne sunar. Bir suçlunun bile infaz edilmeden önce temiz giysiler giymesine izin verilir ama Yahudiler katledildiklerinde tüm giysileri çıkarılmıştır.

Yahudiler, İsa'nın Mesih olduğunu kabul etmemişler ve

O'nun giysisiz bir şekilde çarmıha germişlerdir. "O`nun kanının sorumluluğu bizim ve çocuklarımızın üzerinde olsun" diyerek haykırmalarıyla, korkunç bir acı seneler boyu İsrail halkının üzerinde olmuştur.

İsa'nın Tek Parça Dikişsiz Mintanı

Yuhanna 19:23 İsa'nın mintanından, *"tek parça dikişsiz bir dokuma."* olarak bahseder. Bu ayette "dikişsiz" denmesi mintanın birbirine dikilen parçalardan oluşmamasındandır. Pek çok insan giysilerinin nasıl yapıldığıyla, yukarıdan aşağıya mı yoksa aşağıdan yukarıya mı dikildiğiyle ilgilenmez. Öyleyse Kutsal Kitap İsa'nın mintanından neden bu kadar detaylı bahseder?

Kutsal Kitap bizlere insanın atasının Âdem, imanın atasının İbrahim ve İsrail'in atasının Yakup olduğunu söyler. Tanrı bize İsrail'in atasının İbrahim olmadığını çünkü İsrail'in oniki kabilesinin Yakup'un oniki oğlundan meydana geldiğini öğretir. İmanın atası İbrahim olsa bile, İsrail ulusunun kurucusu Yakup'tur.

Tanrı ayrıca Yakup'u Yaratılış 35:10-11 şu şekilde kutsamıştır:

Sana Yakup diyorlar, ama bundan böyle adın Yakup değil, İsrail olacak diyerek onun adını İsrail koydu. Ben Her Şeye Gücü Yeten Tanrı'yım dedi, "Verimli ol, çoğal. Senden bir ulus ve uluslar topluluğu doğacak. Kralların atası olacaksın."

Bu ayetlerde bahsi geçen Tanrı sözüne göre, Yakup'un oniki oğlu İsrail'in kaburga kemiğini oluşturmuşlardır ve Kral Rehoboam zamanında Kuzey'de İsrail ve Güney'de Yahuda olarak ikiye bölünceye kadar İsrail birleşmiş bir ülkeydi.

Sonra kuzeyde ki İsrail, Yahudi olmayanlarla karışmış ama güneyde kalan Yahuda birleşmiş olarak kendini muhafaza etmiştir. Bu gün Yahuda halkı Yahudi olarak çağrılır. İsa'nın mintanının tek parça olarak dikişsiz ve yukarıdan aşağıya dokunmuş olduğu gerçeği, İsrail ulusunun bu güne dek Yakup'un torunları olarak birliklerini ve kimliklerini korudukları anlamına gelir.

Parçalara Ayırmadan İsa'nın Mintanı için Kura Çekme

Burada mintan insanların kalplerini simgeler. İsa, İsrail'in kralı olduğu için O'nun mintanı Yahudilerin kalbini temsil eder.

İmanın babası İbrahim'in aracılığıyla Tanrı'nın seçilmişleri olan İsrailliler, her şeyin üzerinde olan gerçek Tanrı'ya ibadet ettiler. Mintanın bölünmemiş olması gerçeği, her ne kadar bir ulus ve devlet olarak pek çok kez İsrail yok edilmiş olsa da, Tanrı'ya ibadet eden Yahudilerin ruhlarının parçalanmadan iyi bir şekilde muhafaza edildiğine işaret eder.

Aslında Kutsal Kitap, Yahudilerin kalplerinin derinliklerinde bir anıt misali var olan İsrail ruhunu, Yahudi olmayanların yok edemeyecekleriyle ilgili kehanetlerde bulunur. Diğer bir deyişle, her ne kadar İsrail ulusu Yahudi olmayanlar tarafından yok edilmiş olsa da, kalpleri Tanrı'ya doğru sadakatle bağlıdır. Böylesi değişmeyen bir kalbe sahip oldukları için, Tanrı onları kendi insanları olarak seçmiştir ve kendi Krallığıyla doğruluğunu tesis etmek için onları kullanmıştır. Hatta bu gün bile İsrailliler sadık bir kalp ile yasaya itaat ederler. Çünkü onlar değişmeyen bir kalbi olan Yakup'un torunlarıdır. Ülkelerini kaybettikten çok sonra, 14 Mayıs 1948'de bağımsızlıklarını ilan ederek tüm dünyayı şaşırtmışlardır. Ve o tarihten sonra hızla gelişmiş, dünyanın ileri gelen ve nüfuz sahibi ülkelerinden biri olmuşlar ve ulusal ruh ve seçkinliklerini bir kere daha ortaya koymuşlardır.

Romalı askerler nasıl İsa'nın dikişsiz, yukarıdan aşağıya dokunmuş mintanını bölemedilerse, Yahudi olmayanlarda aynı şekilde Tanrı'ya ibadet eden İsraillilerin ruhunu yok edememişlerdir. Neticede, Yakup'un torunları İsrailliler, bağımsız ülkelerini kurmuş ve Tanrı'nın seçilmişleri olarak Tanrı'nın isteğini yerine getirmişlerdir.

Kutsal Kitap'ta Öngörüldüğü Gibi Zamanın Sonunda İsrail

Tanrı, İsa'nın giysileri ve mintanı aracılığıyla İsrail'in tarihini önceden söylediği gibi, bize dünyanın sonuyla ilgili bazı ipuçları da verir.

Hezekiel 38:8-9 şöyle der:

Uzun zaman sonra savaşa çağrılacaksın. "Gelecek yıllarda, halkı birçok ulustan uzun zamandır ıssız kalmış İsrail dağlarında toplanmış, savaştan rahata kavuşmuş bir ülkeye saldıracaksın. Uluslar arasından çıkarılmış olan bu halk, şimdi güvenlik içinde yaşıyor. Sen, bütün askerlerin ve seninle olan birçok ulus çıkıp kasırga gibi geleceksiniz; ülkeyi kaplayan bulut gibi olacaksınız."

Ayetlerde ki "Uzun zaman sonra" İsa'nın doğumundan İkinci Gelişi arasına tekabül eden zaman dilimi ve "Gelecek yıllarda" ise, İsa'nın İkinci Gelişine yaklaşan son yıllarla ilgilidir. "İsrail dağları" deniz seviyesinden 760 metre yükseklikte olan Yeruşalim'e işaret eder. Bu sebeple, gelecek yıllarda halkı birçok ulustan toplanmış cümlesi, İsa'nın gelişi yaklaştığı bir zaman, İsraillilerin dünyanın birçok yerinden kendi ülkelerine geri döneceklerini öngörür.

Bu öngörü M.S. 70 yılında İsrail'in Roma imparatorluğu tarafından yok edilmesi ve 1948 yılında bağımsızlıklarını tekrar kazanmasıyla doğrulanmıştır. Bağımsız olana dek İsrail ıssızdı ama dünyanın en gelişmiş ülkelerinden biri haline geldi.

Ayrıca Yeni Ahit'te İsrail'in bağımsızlığını önceden öngörmüştür. Matta 24:32-34'de İsa bize şöyle der:

İncir ağacından ders alın! Dalları filizlenip yaprakları sürünce, yaz mevsiminin yakın olduğunu anlarsınız. Aynı şekilde, bütün bunların gerçekleştiğini gördüğünüzde bilin ki, İnsanoğlu yakındır, kapıdadır. Size doğrusunu söyleyeyim, bütün bunlar olmadan bu kuşak ortadan kalkmayacak.

Kendisine İkinci Gelişi ve zamanın sonuyla ilgili belirtileri soran havarilerine İsa'nın yanıtı buydu.

Ayetlerde ki incir ağacı İsrail'dir. Ağacın yaprakları düştüğünde ve soğuk rüzgârlar esmeye başladığında, kışın gelmekte olduğunu anlarsınız. Aynı şekilde, incir ağacının yaprakları filizlenir filizlenmez, yazın yakın olduğunu bilirsiniz. İsa bu benzetmeyle, yok oluşundan uzun zaman sonra İsrail'in tekrar eski haline geleceğini, yani İsa'nın İkinci Gelişi yaklaşırken İsrail'in bağımsızlığını elde edeceğini açıklar.

İsa'nın ayetlerde belirttiği "bu kuşak" ne kadar sürecek bilemezsiniz ama bilmeniz gereken şey, söylediklerinin kesinlikle olacağıdır. İsrail'in bağımsızlığına zaten şahit oldunuz. Bu nedenle, İsa'nın İkinci Gelişinin çok yakında olduğunu çözmeniz hiçte zor değildir.

Sonun Belirtileri

Matta 24'de havarileri İsa'ya sonun belirtilerini sorduğunda İsa onlara detaylıca anlattı ama net bir saat ve gün vermedi ve dedi ki, *"O günü ve saati, ne gökteki melekler, ne de Oğul bilir; Baba'dan başka kimse bilmez."* (Matta 24:36).

Bu dünyaya bir beden içinde gelen İsa'nın bile o günü ve saati bilmediğini anlatır ama Üçlü Birlik'in bir parçası olan İsa'nın bunu çarmıha gerilmesinden, dirilmesinden ve göğe yükselmesinden sonra bilmediği anlamına gelmez.

Sonun belirtileriyle ilgili pek çok şey söyleyen İsa, sizi uyarır, *"Kötülüklerin çoğalmasından ötürü birçoklarının sevgisi soğuyacak. Ama sonuna kadar dayanan kurtulacaktır."* (Matta 24:12-13).

Bu gün kötülüğün şevkle çoğaldığını ve sevginin gittikçe yok olduğunu hissedebiliriz. İyi kalpli kişileri çok zor buluruz. İsa, Matta 24:14'de şöyle demiştir, *"Göksel egemenliğin bu Müjdesi bütün uluslara tanıklık olmak üzere dünyanın her yerinde duyurulacak. İşte o zaman son gelecektir."* Müjde, dünyanın birçok köşesine çoktan duyurulmuştur.

Ayrıca 'küresel bir şehir"de yaşıyoruz ve gerek ulaşım gerekse iletişim yoluyla her bir köşesine ulaşmamız artık mümkündür. Bu öngörü Daniel 12:4'de önceden bildirilmiştir: "Ama sen, ey Daniel, son gelinceye dek bu sözleri sakla, kitabı mühürle. Bilgileri artsın diye birçokları oraya buraya gidecek." Böylesi bir çevrede müjde çok hızlı yayılmaktadır.

Her ne kadar müjdenin tüm dünyada duyurulduğu gerçekse de, kalplerini açmadıkları için İsa'ya inanmayan insanlar olabilir. Veyahut müjdenin tohumlarının ulaşmadığı çok uzak köşeler olabilir.

Eski Ahit'te yapılan tüm kehanetler gerçekleşmiştir ve Yeni Ahit'te ki kehanetlerin pek çoğu da hemen hemen yerini bulmuştur. Tüm kutsal metinlerin ilham kaynağı Kutsal Ruh'tur. Böylece Tanrı'nın sözü doğrudur ve içinde hata barındırmaz. En ufak harf ya da bir kalemin en hafif vurgusu değiştirilmeyecektir. Tanrı sözünü ve vaatlerini tutmaktadır ve henüz gerçekleşmeyen çok az şey kalmıştır. Bunlar ise, Rabbimiz İsa Mesih'in İkinci Gelişi, Yedi Senelik Büyük Sıkıntı, Mutluluk Çağı ve Beyaz Tahtın Adaleti'dir.

Elleri ve Ayakları Çivilendi

Çarmıha germe, katiller ve hainler için uygulanan en gaddarca infaz yöntemlerinden biriydi. Kişinin kolları tahta çarmıh üzerinde iki yana gerilirdi. Kişi hem ayakları hem de ellerinden çivilenirdi. Kişi ölünceye dek çarmıhta asılı bırakılırdı. Böylelikle son nefesini verinceye dek çok büyük acılar çekerdi. Tanrı'nın Oğlu İsa, sadece iyi şeyler yapmıştı, lekesiz ve günahsızdı. Öyleyse, İsa neden elleri ve ayaklarından çarmıha gerilerek kanını dökmüştü?

El ve Ayaklarından Çivilenmenin Acısı

İsa, çarmıh üzerinde ölüme mahkûm edilmişti ve Golgota denilen infaz yerine geldi. Elinde büyük demirden bir çivi tutan Romalı askerle çekiç tutan diğer asker komutanın emriyle O'nu ellerinden ve ayaklarından çivilemeye başladılar. Sonra da çarmıhı dik hale getirdiler. Bunun ne kadar acı verici bir şey olduğunu hayal edebiliyor musunuz?

Masum İsa, büyük çiviler bedenine çakıldığında ıstırap duyuyordu ve vücudu kendi ağırlığıyla aşağı doğru çekildikçe çiviler bedenini yırtıyordu.

Bir kişinin başı kesildiğinde acı derhal sonlanır. Ama çarmıh üzerinde ölüm çok daha acı vericiydi çünkü kişi son nefesini verinceye kadar çarmıhta asılı kalıyor, kan kaybediyor, susuzluk çekiyor ve bitkin düşüyordu.

Daha da ötesi, güneşli bir çöl gününde, parçalanmış bedenin üzerinde ve çivilenmiş yaralı el ve ayakların çevresinde her çeşit böcek ve haşarat kanını emmek için uçuşuyordu. Tüm bunlara ek olarak, kötü insanlar parmaklarıyla O'nu işaret ediyor, onunla alay ediyor, üzerine tükürüyor, lanetliyor ve hakaretler ediyorlardı. Bazıları hatta şöyle diyerek O'nu hor görüyorlardı, *"Hani sen tapınağı yıkıp üç günde yeniden kuracaktın? Haydi, kurtar kendini! Tanrı'nın Oğlu'ysan çarmıhtan in!"* (Matta 27:40).

Çarmıh sırasında dayanılmaz bir acı İsa'ya eşlik etti. Ama İsa, çarmıh üzerinde günah ve lanetleri taşıyarak ölmenin, insanoğlunu günahlarından kurtaracak ve onları Tanrı'nın çocukları yapacak yolu açtığını biliyordu. Ancak asıl acısı başka yerden geldi. Hala Tanrı'nın takdiri ilahisini bilmeyen ve kötülükleri yüzünden kurtuluşu alamayan insanlar vardı. Bu, O'na çok daha büyük bir acı verdi.

Eller ve Ayaklar Tarafından Yapılan Günahlar

Bir kere günahkâr bir düşünce kalbe düşerse kalp, el ve ayakların günah işlemesi için çalışır. Günahın ücretinin ölüm olduğunu belirten ruhani bir yasa olduğundan, günah işlediğiniz zaman cehenneme düşer ve orada sonsuza dek acı çekersiniz.

Bu yüzden İsa şöyle der, *"Eğer ayağın günah işlemene neden olursa, onu kes. Tek ayakla yaşama kavuşman, iki ayakla cehenneme atılmandan iyidir. Eğer gözün günah işlemene neden olursa, onu çıkar at. Tanrı'nın Egemenliği'ne tek gözle girmen, iki gözle cehenneme atılmandan iyidir."* (Markos 9:45-47).

Doğduğunuzdan beri kaç defa el ve ayaklarınızla günah işlediniz? Bazıları öfkeyle insanları dövmüş, diğerleri çalmış ya da tüm varlığını kumarda kaybetmiştir. İnsanlar ayaklarıyla şiddete başvuran kişiler olurlar ve gitmemeleri gereken yere giderler. Bu sebeple, eğer ayaklarınız günah işlemenize neden oluyorsa iki ayakla cehenneme gitmektense, onları keserek göklere girmeniz çok daha iyidir.

Ayrıca gözlerinizle kaç kez günah işlediniz? Gözlerinizle görmemeniz gereken bir şeyi gördüğünüzde açgözlülük ve zina sizi yakıp yok eder. Bu nedenle İsa, sizlere gözleriniz günah işlemenize sebebiyet veriyorsa, gözleriniz yüzünden cehenneme atılmaktansa onları çıkarıp atarak göklere girmeniz çok daha iyidir demiştir

Eski Ahit zamanlarında biri gözleriyle günah işlediğinde gözleri çıkarılır, elleri veya ayaklarıyla günah işlediğinde kesilir ve eğer cinayet ya da zina işlediyse taşlanarak ölüme çarptırılırdı. (Yasa'nın Tekrarı 19:19-21).

İsa Mesih çarmıh üzerinde çile çekmeseydi, Tanrı'nın çocukları bugün bile günah işleyen el ve ayaklarını kesiyor olacaklardı. Ama İsa çarmıha gerilmiş, el ve ayaklarından çivilenmiş ve kanını akıtmıştır. Bunu yaparak el ve ayakların işlediği günahları temizlemiştir. Böylece sizlerin günahlarınız için bir bedel ödemeye ya da çile çekmeye gereksiniminiz kalmamıştır. O'nun aşkı ne kadar da büyüktür!

Şunu aklınızdan hiç çıkarmamalısınız ki eğer O'nun ışık olduğu yolda yürür ve günahlarınızı atarak O'na yönelirseniz sizi tüm günahlarınızdan arındıracaktır. (1. Yuhanna 1:7).

Bu sebeple, Tanrı odaklı, müteşekkir ve merhamet dolu bir

kalp ile zafer dolu bir hayat sürmek istiyorsanız, kalbinizi gerçekle doldurmanız çok önemlidir.

İsa'nın Bacakları Kırılmadı Ama Böğrü Delindi

İsa'nın ölümü Şabat gününden bir gün önce olan Cuma günü gerçekleşmişti. O günlerde Şabat günü yerine getirilirdi ve Yahudiler o gün çarmıhta bedenlerin bırakılmasını istemezlerdi. Yuhanna 19:31 okuduğunuz gibi, Yahudiler Pilatus'tan çarmıha gerilenlerin bacaklarının kırılmasını ve cesetlerin kaldırılmasını istediler. Pilatus'un emriyle askerler, İsa'nın iki yanında çarmıha gerilmiş olan hırsızların bacaklarını kırdılar ama İsa'nın çoktan ölmüş olması nedeniyle bacakları kırılmadı. O günlerde çarmıha gerilenler lanetli sayılırdı ve bu yüzden askerler bacakları kırarlardı. Bu sebeple burada İsa'nın bacaklarının kırılmamış olması gerçeği arkasında yatan takdiri ilahiyi görürüz.

İsa'nın Bacakları Neden Kırılmadı?

Günahı olmayan İsa, insanoğlunu yasanın lanetinden kurtarmak için lanetlenerek çarmıha gerilmişti. Şeytan O'nun bacaklarını kıramamıştı çünkü İsa Kendi günahları sebebiyle değil Tanrı'nın takdiri ilahisi sebebiyle ölmüştü.

Bunun yanı sıra, Mezmurlar 34:20'de ki şu ayet, *"Bütün kemiklerini korur, Hiçbiri kırılmaz."* yerini bulsun diye, Tanrı

İsa'yı bacaklarının kırılmasından korumuştu. Çölde Sayım 9:12'de Tanrı, İsraillilerden fısıh etini yerken kemiklerini kırmamalarını buyurur. Ayrıca Mısır'dan Çıkış 12:46 ayetinde, fısıh etini yiyebileceklerini ama kemiklerini kırmamaları gerektiğini söyler. "Fısıh eti", lekesiz ve günahsız olan İsa'yı simgeler. Bize olan sevgisiyle, insanoğlu ve onların günahları için kendini günahlara bir bedel olarak kurban etmişti. Buna uygun olarak Mısır'dan Çıkış 12:46, şöyle der, *"Fısıh eti evde yenmeli, evin dışına çıkarılmamalı. Kemikleri kırmayacaksınız."* İsa'nın kemikleri kırılmamıştı.

Bir Mızrakla Böğrü Delindi

Yuhanna 19:32-34, bir başka dehşet verici sahneyi betimler:

Bunun üzerine askerler gidip birinci adamın, sonra da İsa'yla birlikte çarmıha gerilen öteki adamın bacaklarını kırdılar. İsa'ya gelince O'nun ölmüş olduğunu gördüler. Bu yüzden bacaklarını kırmadılar. Ama askerlerden biri O'nun böğrünü mızrakla deldi. Böğründen hemen kan ve su aktı.

Askerler İsa'nın çoktan ölmüş olduğunu bilmelerine rağmen neden ani kan ve su akışını beraberinde getirecek olan bir mızrakla böğrünü deldiler? Bu insanın kötülüğünü yansıtır.

Tanrı olmasına rağmen İsa, Tanrı olarak elinde olan hakları ne talep etti ne de onlara sıkıca tutundu. Bunun yerine Kendini önemsizleştirdi; Bir kölenin alçakgönüllü haline büründü ve bir insan şeklinde göründü. Çarmıhta bir suçlu olarak ölerek, daha da itaatkâr bir alçakgönüllükle kendini feda etti. Bu şekilde İsa sizin için kurtuluş yolunu açmıştır. (Filipililer 2:6-8).

Bu dünyada ki hayatı boyunca İsa, mahkûmlara özgürlüğü, fakirlere zenginliği vermiş ve hasta olanı iyileştirmiştir. Kurtarabileceği kadar çok canı kurtarabilmek ve Tanrı sözünü elinden gelenin en iyisiyle duyurabilmek için ne yeterince uyumuş, ne de yemiştir. Hatta havarileri dinlenirken bile O bir tepede dua etmeye gitmiştir.

Sadece iyi şeyler yapmış olmasına rağmen pek çok Yahudi küçümsemeyle O'na eziyet çektirmişlerdir. Sonunda ise kötülüklerinin bir sonucu olarak O'nu çarmıha germişlerdir. Daha ötesi, ölmüş olduğunu bilmesine rağmen Romalı bir asker O'nun böğrünü delmiştir. Bu bize insanoğlunun kötülük üzerine kötülük şeklinde yoğrulduğunun bir göstergesidir.

İnsanoğlunun kötülüğüne rağmen Tanrı, tek Oğlu'nu göndererek ve O'nun çarmıha sizi günahlarınızdan kurtarmak için gerilmesini sağlayarak muazzam sevgisini göstermiştir.

Böğründen Kan ve Su Akıtma

Daha öncede söylendiği gibi, İsa'nın ölmüş olduğunu bilmesine rağmen Romalı bir asker İsa'nın böğrünü bir mızrakla delmişti. Asker O'nun böğrünü deldiğinde, İsa'nın bedeninden kan ve su aktı. Bu olayın üç anlamı vardır.

Birincisi, İsa'nın bir bedende geldiğini gösterir. Yuhanna 1:14 şöyle der, *"Söz, insan olup aramızda yaşadı. O'nun yüceliğini*

Baba'dan gelen, lütuf ve gerçekle dolu biricik Oğul'un yüceliğini gördük." Tanrı bu dünyaya bir beden olarak gelmiştir ve o beden İsa'dır. Günahkârlar Tanrı'yı göremez çünkü O'nu gördükleri anda yok olurlar. Tanrı, onların önünde doğrudan belirmez ve bu yüzden İsa yeryüzüne bir beden olarak gelmiş ve Tanrı'ya inanmamızı sağlayacak pek çok kanıtı göstermiştir.

Kutsal Kitap size İsa'nın tıpkı sizin gibi bir insan olduğunu anlatır. Markos 3:20 şöyle der, *"İsa bundan sonra eve gitti. Yine öyle büyük bir kalabalık toplandı ki, İsa'yla öğrencileri yemek bile yiyemediler."* Matta 8:24 ise, *"Gölde ansızın büyük bir fırtına koptu. Öyle ki, dalgalar teknenin üzerinden aşıyordu. İsa bu arada uyuyordu."* diye açıklar.

Bazı insanlar Tanrı'nın oğlu olan İsa'nın nasıl acı çekiyor olduğunu ya da acıktığını merak ediyor olabilirler. Ancak İsa kemik ve kaslardan meydana gelen bir bedene sahip olduğundan, uyuması ve yemek yemesi gerekiyordu. Bizlerin çektiği gibi acı çekti.

Bir mızrakla böğrü delindiğinde, kanın ve suyun akması her ne kadar Tanrı'nın Oğlu da olsa yeryüzüne bir beden olarak geldiğinin kanıtıdır.

İkinci olarak, bir beden olsanız bile Tanrısal özyapıya ortak olabileceğinizin bir diğer göstergesidir. Tanrı tıpkı kendisi gibi çocuklarından kutsal ve mükemmel olmalarını ister. Bu sebeple şöyle der, *"Kutsal olun, çünkü ben kutsalım."* (1. Petrus 1:16) ve *"Bu nedenle, göksel Babanız yetkin olduğu gibi, siz de yetkin olun."* (Matta 5:48). Ayrıca şöyle diyerek sizi teşvik eder,

"O'nun yüceliği ve erdemi sayesinde bize çok büyük ve değerli vaatler verildi. Öyle ki, dünyada kötü arzuların yol açtığı yozlaşmadan kurtulmuş olarak, bu vaatler aracılığıyla tanrısal özyapıya ortak olasınız." (2. Petrus 1:4), ve *"Mesih İsa`daki düşünce sizde de olsun."* (Filipililer 2:5).

İsa, yeryüzüne bir beden olarak geldi, Tanrı'nın isteğine göre bir hizmetkâr oldu ve tüm görevlerini yerine getirdi. Ayrıca tüm sınanmaları ve zorlukları aşarak ve Tanrı'nın sözüne göre yaşayarak yasayı sevgiyle tamamladı.

Tıpkı sizin gibi bir insan olmasına rağmen, tüm acıyı gönüllü olarak kabul etti, sabır ve özdenetimle Tanrı'nın isteğini takip etti ve hiçbir direniş ve dert yanma göstermeden bir çarmıhın üzerinde sevgiyle dolu ölerek kendini kurban etti.

Öyleyse bizler İsa Mesih'in kalbiyle nasıl tanrısal özyapıya ortak olabiliriz?

Tutku ve arzulardan oluşan günahkâr doğanızı çarmıha germeli, ruhani bir sevgiye sahip olmalı ve tıpkı İsa'nın ki gibi bir duruşla içten dua etmelisiniz ki tanrısal özyapıya ortak olasınız.

Benliğin sevgisi kendi çıkarını düşünür ve onun sevgisi zaman geçtikçe soğur. Bu sevgiye sahip olan insanlar birbirlerine ihanet ederler ve ahenk yoksa acı çekerler.

Diğer yandan ise Tanrı, sizden sabırlı ve kendine odaklı olmayan bir sevgiye sahip olmanızı ister. Bu ruhani sevgidir ve zamanla değişmek yerine, büyür ve gelişir. Ne zaman ruhani sevgiye sahip olur ve içten bir duayla içinizde ki her türlü kötülüğü atarsanız, o zaman İsa'nın duruşuna sahip olabilirsiniz.

Aynı şekilde, eğer kişi oruç tutarak ve içten dua ederek

Tanrı'nın yardımını isterse, Tanrı'nın rahmet ve gücünü alacaktır. Tanrı ayrıca o kişinin her türlü kötülükten kurtulması için de çalışacaktır. Eğer ruhani bir sevgiye ve Kutsal Ruh'un dokuz ürününe (Galatyalılara 5) sahip olursanız, göksel egemenlikte bir güneş gibi parlayacak ve gerçek mutluluğa (Matta 5) kavuşacaksınız.

Üçüncü olarak, İsa'nın akan kanı ve suyu sizin gerçek ve sonsuz bir hayata girmenizi sağlayacak kadar güçlüdür. İlk günah Kendisinde olmadığı ve Kendiside günah işlemediği için, İsa'nın kanı ve suyu lekesiz ve günahsızdı. Ruhani anlamda dirilen, bu kanı ve suyuydu. Kendi kutsal kanını döktüğü için günahlarınız arınmıştır ve sizi kurtuluş, diriliş ve sonsuz yaşama taşıyan gerçek hayata sahip olabilirsiniz.

İsa'nın bedeninden akan su, sonsuz suyu, Tanrı'nın sözünü simgeler. Tanrı'nın sözünü anladığınız ve ona uygun yaşayarak günahlarınızdan arındığınız ölçüde gerçekle dolabilir ve O'nun gerçek çocukları olabilirsiniz.

Hayvanlardan bile daha iyi olmamanıza rağmen, günahsız ve lekesiz İsa, sizlere gerçek yaşamı verebilmek için kanını ve suyunu dökme pahasına her şeyden feragat etmiştir.

Umarım hiçbir bedel ödemeden kurtulmuş olduğunuzu anlar ve imanla destekli duayla günahlarınızı atarak İsa Mesih'te yararlı bir yaşam sürmeyi başarabilirsiniz.

Bölüm 7.

İSA'NIN ÇARMIHTAKI SON YEDI SÖZÜ

- Baba, Onları Bağışla
- Bu gün Benimle Cennette Olacaksın
- Anne, İşte Oğlun; İşte, Annen
- *Elohi, Elohi, Lema Şevaktani?*
- Susadım
- Tamamlandı
- Baba, Ruhumu Ellerine Bırakıyorum

İsa, "Baba, onları bağışla" dedi.
"Çünkü ne yaptıklarını bilmiyorlar."
... (v. 34) diyordu.

... Ne var ki, öbür suçlu onu
azarladı. "Sende Tanrı korkusu da mı
yok?" diye karşılık verdi. "Sen de
aynı cezayı çekiyorsun. Nitekim biz
haklı olarak cezalandırılıyor,
yaptıklarımızın karşılığını alıyoruz.
Oysa bu adam hiçbir kötülük
yapmadı." Sonra, "Ey İsa, kendi
egemenliğine girdiğinde beni an"
dedi. İsa ona, "Sana doğrusunu
söyleyeyim, sen bugün benimle
birlikte cennette olacaksın" dedi.
Öğleyin on iki sularında güneş
karardı, üçe kadar bütün ülkenin
üzerine karanlık çöktü. Tapınaktaki
perde ortasından yırtıldı. İsa yüksek
sesle, "Baba, ruhumu ellerine
bırakıyorum!" diye seslendi. Bunu
söyledikten sonra son nefesini verdi.
(v. 40-46)
Luka 23:34, 40-46

Pek çok insan ölüm yaklaştığında geçmiş hayatlarını anımsarlar. Aile fertlerine ve dostlarına son sözlerini söylerler. Aynı şekilde İsa bir beden olarak bu dünyaya Tanrı'nın takdiri ilahisiyle geldi ve çarmıhta son nefesini verirken yedi söz söyledi. Bunlar "Çarmıhta ki İsa'nın Son Yedi Sözü" olarak adlandırılır. Öyleyse İsa'nın bu son yedi sözünün ruhani anlamlarını inceleyelim.

Baba, Onları Bağışla

Filipililer'in yazarı İsa'yı şu şekilde anlatmaktadır:

Mesih İsa'daki düşünce sizde de olsun. Mesih, Tanrı özüne sahip olduğu halde, Tanrı'ya eşitliği sımsıkı sarılacak bir hak saymadı. Ama kul özünü alıp insan benzeyişinde doğarak ululuğunu bir yana bıraktı. İnsan biçimine bürünmüş olarak ölüme, çarmıh üzerinde ölüme bile boyun eğip kendini alçalttı. (Filipililer 2:5-8).

İsa, çarmıha gerilerek Tanrı'ya olan sevgisini ve itaatini gösterdi ve böylece günahkârlar için kurtuluş yolunu açmış oldu.

Çarmıhı liderleriyle birlikte çevreleyen insanlar O'nunla alay edip, şöyle sözler sarf ettiler, *"Başkalarını kurtardı; eğer Tanrı'nın Mesihi, Tanrı'nın seçtiği O ise, kendini de kurtarsın"* (Luka 23:35). Askerlerde ekşi şarap vererek O'nunla alay ettiler ve şöyle dediler, *"Sen Yahudiler'in Kralı'ysan, kurtar kendini!"* (v. 37) Orada çarmıha gerilmiş suçlulardan biri İsa'yı *"Sen Mesih değil misin? Haydi, kendini de bizi de kurtar!"* (v. 39) diyerek taciz ediyordu.

Kafatası denilen yere vardıklarında İsa'yı, biri sağında öbürü solunda olmak üzere, iki suçluyla birlikte çarmıha gerdiler. İsa, "Baba, onları bağışla" dedi. "Çünkü ne yaptıklarını bilmiyorlar." O'nun giysilerini aralarında paylaşmak için kura çektiler. (Luka 23:33-34).

İsa Tanrı'ya onları bağışlaması için dua ediyordu. "Baba, onları bağışla" dedi. "Çünkü ne yaptıklarını bilmiyorlar." diyerek son nefesini verdi. Kendi günahlarının bağışlanması için çarmıha gerilenin Tanrı'nın Oğlu İsa olduğunu bilmeyen bu insanlar için, Baba'dan onlara merhamet etmesi ve bağışlaması için ricada bulunuyordu. Muhtemelen eylemlerinin günah olduğunu kavrayamamışlardı. Bu O'nun çarmıhta ki ilk sözüydü.

İsa Kendisini Çarmıha Gerenler için Sevgiyle Dua Ediyordu

Tanrı'nın Oğlu İsa, hiçbir lekesi ve günahı olmamasına

rağmen kendisini çarmıha gerenler için dua etti. Sevgi ne kadarda derin, ne kadar da yücedir! İsa pekâlâ Kudretli Tanrı ile bir idi ve kendisine yetki verilmiş olduğu için çarmıhtan kolayca inerek kurtulabilirdi. Ama Tanrı'nın isteğine uygun olarak kurtuluş planını yerine getirmek için çarmıha gerildi. Bu sebeple, tüm korkunç acılara ve utanca katlanmak zorunda kaldı ve onların bağışlanması için çaresizce dua etti.

İsa içten bir şekilde, "Baba, onları bağışla; Çünkü ne yaptıklarını bilmiyorlar." diyerek dua etti. Burada "onlar" sadece Kendisiyle alay edip, çarmıha gerenleri değil ama ayrıca İsa Mesih'i kabul etmeyen ve karanlıkta yaşamaya devam eden insanları da içini alır. Tıpkı Tanrı'nın Oğlu İsa'yı çarmıha geren insanlar gibi, pek çok insanda İsa Mesih'i ve hakikati bilmeyerek günah işlemektedirler.

Düşmanınız şeytan karanlığa aittir ve ışıktan nefret eder. Bu yüzden gerçek ışık olan İsa'yı çarmıha germiştir. Bu gün şeytan karanlığa ait olan insanları kontrol eder ve ışıkta yürüyenlerin zulüm görmelerine neden olur.

Gerçeği bilmeyen zalimlere nasıl tepki vermelisiniz?

İsa size Tanrı'nın isteğini ve bir Hrıstiyanın davranışının nasıl olması gerektiğini çarmıhta ki ilk sözüyle öğretir. Matta 5:44 şöyle der, *"Ama ben size diyorum ki, düşmanlarınızı sevin, size zulümedenler için dua edin."* Bu sebeple bize zulümedenler için şöyle dua edebilmeliyiz, "Baba, onları bağışla. Onlar ne yaptıklarını bilmiyorlar. Onları kutsa ki Rab'bi bilsinler ve göklerde onlarla buluşabilelim."

Bugün Benimle Cennette Olacaksın

"Kafatası" anlamına gelen ve yüksekte kalan Golgota denilen yerde İsa çarmıha gerilirken, iki suçlu daha bu cezaya çarptırılıyordu. (Luka 23:33). Suçlulardan biri İsa'ya küfürler yağdırıyordu ama diğeri onu azarladı, tövbe etti ve İsa'yı kişisel Kurtarıcısı olarak kabul etti. Bunun üzerine İsa ona kendisiyle cennette olacağına dair söz verdi. Bu çarmıhta ki İsa'nın ikinci sözüdür.

Çarmıha asılan suçlulardan biri, "Sen Mesih değil misin? Haydi, kendini de bizi de kurtar!" diye küfür etti. Ne var ki, öbür suçlu onu azarladı. "Sende Tanrı korkusu da mı yok?" diye karşılık verdi. "Sen de aynı cezayı çekiyorsun. Nitekim biz haklı olarak cezalandırılıyor, yaptıklarımızın karşılığını alıyoruz. Oysa bu adam hiçbir kötülük yapmadı." Sonra, "Ey İsa, kendi egemenliğine girdiğinde beni an" dedi. İsa ona, "Sana doğrusunu söyleyeyim, sen bugün benimle birlikte cennette olacaksın" dedi. (Luka 23:39-43).

İsa, tövbe ettikleri zaman günahları bağışlayan ve onları kurtarabilen Mesih olduğunu, çarmıhta ki ikinci sözüyle ilan etmiştir.

Dört İncil'i okuduğunuzda suçluların yanıtlarının farklı yazıldığını görürsünüz. Matta 27:44 şöyle der, *"İsa'yla birlikte çarmıha gerilen haydutlar da O'na aynı şekilde hakaret ettiler."* Markos 15:32 ise şöyle der, *"İsrail'in Kralı Mesih şimdi çarmıhtan insin de görüp iman edelim. İsa'yla birlikte çarmıha gerilenler de O'na hakaret ettiler!"* Bu ikisinde her iki suçlunun da İsa'ya hakaretler yağdırdığını okursunuz.

Ancak Luka 23'de bir suçlunun diğerini azarladığını ve günahlarından tövbe edip İsa'yı kabul ederek kurtulduğunu okursunuz. Bunun nedeni dört İncil'in birbirleriyle uyumsuz olması değildir. Ama nedeni Tanrı'nın kendi takdiri ilahisiyle yazarların farklı şekillerde yazmasına izin vermesidir. Kutsal Kitap'ta Tanrı'nın takdiri ilahisi ve tarihi unsurlar yoğunlaştırılmıştır. Eğer her şey detaylıca yazılmış olsaydı, binlerce İncil yeterli olmazdı.

Bu gün bir şeyi video kameraya kayıt ettiğinizde bunu daha sonra seyredebilirsiniz ama İsa'nın zamanında böyle bir araç yoktu ve bu yüzden çok önemli hadiseler gerçekleşmişte olsa bir fotoğraf bile çekemezlerdi. Bu hadiseleri sadece yazıya dökebilirlerdi. Ufak tefek farklılıklar yoluyla belli bir durumu daha gerçekçi bir şekilde anlayabilir ve deneyimleyebilirsiniz.

İsa'nın Çarmıha Gerilişini Daha İyi Anlama

İsa müjdeyi duyurduğunda, büyük kitleler O'nu izledi. Bazıları O'nun verdiği mesajları dinlemek, bazıları mucizeleri ve göklerin belirtilerini görmek, bazıları ise yiyecek istedi ve bazıları da hizmet edebilmek için mallarını satıp İsa'yı izlediler.

Luka 9'da İsa, beş ekmek ve iki balık için şükreder ve orada sayıları beş bin olan kişiyi doyurur (Luka 9:12-17). İsa'yı seven ve sevmeyenlerin birlikte olduğu çarmıha gerilme yerinde ki kalabalığın kaç insan olduğunu siz hayal edin! Kalabalık çarmıhın etrafında toplandığı için, askerler onları mızrak ve kalkanlarıyla engellemek zorundaydılar. Çarmıhı çevreleyen daire içinde ki insanların O'na bağırışlarını hayal edin! Kalabalık, O'na hakaretler yağdırıyordu. Hatta her iki yanında çarmıha gerilmiş suçlulardan biri bile O'na hakaret yağdırıyordu. İlk suçlunun ne dediğini kim duyabilirdi? Muhtemelen o gürültü içinde İsa'ya yeterince yakın olanlar suçlunun sözlerini duyabilirlerdi. Diğeri ise kötü bir yüz ifadesiyle İsa'ya doğru bir şey söylemişti. Bu suçlu aslında İsa'ya hakaret eden diğer suçluyu azarlıyordu. Ama karşı kenardan uzak kalanlar kolayca bu tövbe etmiş suçlunun ortada ki İsa'ya hakaret ettiğini düşünmüş olabilirlerdi.

Bir yandan bu gürültülü ortamda tövbe eden suçluyu net bir şekilde duyamayan Matta ve Markos İncillerinin yazarları, onun İsa'ya hakaret ettiğini düşündüler. Bu sebeple her iki suçlunun da İsa'ya hakaret ettiğini yazdılar.

Diğer taraftan Luka incilinin yazarı, her şeyi net bir şekilde duydu ve bu yüzden suçlulardan birinin hakaret etmediğini ama tövbe ettiğini biliyordu. Farklı yazarlar farklı yerlerdeydi ve bu yüzden farklı şeyler yazdılar.

Her şeyi bilen Tanrı onların farklı şekillerde yazmasına izin verdi ki sonra gelen nesiller belli bir olayı net bir şekilde ayırt edebilsinler.

Tövbe Eden Suçlu İçin Cennette Yer

İsa, ölümünden önce tövbe eden suçluya, "Sen bugün benimle birlikte cennette olacaksın." diyerek söz verdi. Bunun ruhani bir anlamı vardır. Tanrı'nın göksel egemenliği hayalininiz ötesinde muazzam genişliktedir. Hatta İsa bize Yuhanna 14:2'de bunu açıklamıştır, *"Babam'ın evinde kalacak çok yer var. Öyle olmasa size söylerdim. Çünkü size yer hazırlamaya gidiyorum."* Mezmur yazarı bizi şöyle teşvik eder, *"Ey göklerin gökleri Ve göklerin üstündeki sular, O'na övgüler sunun!"* (Mezmurlar 148:4). Nehemya 9:6, gökleri ve göklerin göklerini yaratan Tanrı'ya övgüler sunar. 2. Korintlilere 12:2 şöyle bahseder, *"On dört yıl önce alınıp üçüncü göğe götürülmüş bir Mesih izleyicisi tanıyorum. Bu, bedensel olarak mı, yoksa beden dışında mı oldu, bilmiyorum, Tanrı bilir."* Vahiy 21:2, Yeni Yeruşalim'de Tanrı'nın tahtının olduğunu söyler.

Aynı şekilde gökler de yaşanacak pek çok yer vardır. Ama istediğiniz yerde yaşamayı seçme hakkınız yoktur. Adaletin Tanrısı Rab'binize ne kadar benzediğiniz, Tanrı'nın krallığı için ne kadar çalıştığınız, gökler için ne kadar biriktirdiğiniz ve yeryüzünde neler yaptığınıza göre sizleri ödüllendirilirsiniz (Matta 11:12; Vahiy 22:12).

Yuhanna 3:6 şöyle der, *"Bedenden doğan bedendir, Ruh'tan doğan ruhtur."* Kişinin benliğinin arzularından kendisini temizleme ve ruhani bir insan olabilme ölçüsüne göre, göklerde ki yerler aynı ruhsal seviyede ki gruplara ayrılacaktır.

Elbette ki Tanrı hüküm sürdüğü için göksel egemenlikte ki her yer güzeldir. Ancak orada bile farklılıklar vardır. Örneğin bir metropol şehrinde ki yaşam şekli, hobiler ve hayat standartları kırsal kesimlerden oldukça farklıdır. Aynı şekilde kutsal şehir Yeni Yeruşalim, göksel egemenlikte Tanrı'nın tahtının olacağı yer olduğundan, en göz alıcı mekân olacak ve Kendisine en çok benzeyen çocukları orada yaşayacaklardır. Ancak son dakikada çarmıhta tövbe eden suçlunun gideceği yer göklerin farklı bir yakasındadır. Utanç verici şekilde kurtuluşa varmış kişilerin pek çoğu da orada yaşayacaktır. Bu kişiler, İsa Mesih'i kabul etmiş ama ruhani yönden değişmek için ileri adım atmamış kişiler olacaktır. Tövbe eden suçlu neden cennete girebilmiştir? İyi bir kalple günahkâr olduğunu itiraf etmiş ve İsa'yı Kurtarıcı olarak kabul etmiştir. Ama günahlarından kurtulamamış, Tanrı'nın sözüne göre yaşayamamış ve diğerlerine müjdeyi duyuramamıştır. Rab için çalışmamıştır. Göksel ödül kazanabilmek için hiçbir şey yapmamıştır. Bu yüzden göklerin en alt katında olan cennete girebilmiştir.

İsa'nın Yukarı Mezarlığa İnişi

Her ne kadar İsa suçluya, "Sen bugün benimle birlikte cennette olacaksın," sözünü vermişte olsa, bu O'nun göklerin sadece bu köşesinde yaşayacağı anlamına gelmez. Kralların Kralı, Rablerin Rab'bi İsa, göklerin en düşük seviyede ki yerleriyle Yeni Yeruşalim olmak üzere Tanrı'nın çocuklarıyla birlikte her yerinde yaşar ve idare eder. Bu anlamda, göklerin her köşesinde yaşamaktadır.

İsa kurtarılan suçluya, "Sen bugün benimle birlikte cennette olacaksın," dediğinde "bugün" İsa'nın çarmıhta öldüğü ya da belirlenmiş başka bir gün anlamına gelmez. İsa, Tanrı'nın çocuğu olduktan sonra suçlu her neredeyse Kendisinin de onunla orada olacağını söylemiştir.

Kutsal Kitap'ı okuduğunuzda İsa'nın ölür ölmez göklere gitmediğini anlarsınız. Matta 12:40'de İsa, bazı Ferisililere şunu der, *"Yunus, nasıl üç gün üç gece o koca balığın karnında kaldıysa, İnsanoğlu da üç gün üç gece yerin bağrında kalacaktır."* Efesliler 4:9'da şöyle denir *"Şimdi bu 'çıktı' sözcüğü, Mesih önce aşağılara, yeryüzüne indi demek değil de nedir?"*

Bunlara ek olarak 1 Petrus 3:18-19 şöyle der, *"Nitekim Mesih de bizleri Tanrı'ya ulaştırmak amacıyla doğru kişi olarak doğru olmayanlar için günah sunusu olarak ilk ve son kez öldü. Bedence öldürüldü, ama ruhça diriltildi. Ruhta gidip bunları zindanda olan ruhlara da duyurdu."* İsa dirilmeden önce yukarı mezarlıkta olanlara gidip müjdeyi duyurmuştur. Bu niçin gerekliydi?

İsa, yeryüzüne gelmeden önce gerek Eski Ahit zamanında gerek ise Yeni Ahit zamanında müjdeyi duyma şansı olmamış ama Tanrı'yı kabul ederek iyilik içinde yaşamış insanlar vardı. Bu, İsa'yı bilmedikleri için cehenneme gittikleri anlamına mı gelir?

Tanrı Tek Oğlu'nu bu dünyaya göndermiştir ve her kim O'na inanırsa kurtulacaktır. Tanrı, İsa Mesih'i çarmıha gerilmesinden sonra kabul edenleri sadece kurtararak insanlığın yetiştirmesine başlayamazdı. Müjdeyi duyma şansları olmamış ama iyi bir vicdana sahip insanlar da vicdanlarına göre yargılanacaktı.

Bir yandan bu iyi kalpli insanlar yukarı mezarlıkta toplanmış vaziyetteyken, diğer yanda da Kıyamet Gününe kadar kötü ruhların yaşayacağı "Hades" de toplanmış ruhlar vardı. Çarmıha gerildikten sonra İsa müjdeyi duyma şansları olmamış, iyi vicdan sahibi ve kurtarılmaya değer ruhların olduğu bu yere gitmiş ve müjdeyi duyurmuştur.

Göklerin altında insanoğlunu kurtarabilecek İsa Mesih adı dışında başka bir ad yoktur. Bu sebeple İsa ruhlar kendisini kabul etsin ve kurtulabilsinler diye müjdeyi duyurmaya gitmiştir. Kutsal Kitap bize İsa'nın çarmıha gerilmesinden önce kurtarılan ruhların İbrahim'in yanına getirildiğini söyler (Luka 16:22) ama İsa'nın dirilişinden sonra O'nun yanına getirilmektedirler.

Vicdanın Yargısına Göre Kurtuluş

İsa'nın müjdeyi yaymak için bu dünyaya gelmesinden önce kalplerinde doğruluğu izleyen iyi insanlar yaşıyordu. Bu vicdanın yasasıdır. Bu iyi insanlar her türlü sıkıntı ve musibet karşısında kötülük yapmadılar çünkü kalplerinin sesini dinlediler.

Romalılar 1:20 şöyle der, *"Tanrı'nın görünmeyen nitelikleri – sonsuz gücü ve Tanrılığı – dünya yaratılalı beri O'nun yaptıklarıyla anlaşılmakta, açıkça görülmektedir. Bu nedenle özürleri yoktur."*

Evrende ve dünyada her şeyin nasıl bir uyum içinde olduğunu gören iyi kalpli insanlar sonsuz yaşamın varlığına inandılar. Bu yüzden günahkâr doğalarına göre yaşamadılar ve Tanrı korkusuyla dünyevi zevklere karşı kendilerini kontrol ettiler.

Romalılar 2:14-15 şöyle der, *"Kutsal Yasa'dan yoksun uluslar Yasa'nın gereklerini kendiliklerinden yaptıkça, Yasa'dan habersiz olsalar bile kendi yasalarını koymuş*

*olurlar. Böylelikle Kutsal Yasa'nın gerektirdiklerinin
yüreklerinde yazılı olduğunu gösterirler. Vicdanları buna
tanıklık eder. Düşünceleriyse onları ya suçlar ya da savunur."*
Tanrı yasayı sadece Yahudilere vermiştir. Ama Yahudi
olmayanlarda vicdanlarında ve kalplerinde yasaya uygun
yaşadıklarında, yasayla yaşıyor sayılırlar. Dolayısıyla, İsa Mesih'e
inanmamış olanlar kurtulamaz diyemezsiniz çünkü onlar
hayatlarında hiçbir zaman müjdeyi duymamışlardır.

İsa Mesih'i hiç bilmeden ölmüşlerin arasında kendilerini kötü
düşüncelere karşı kontrol edebilen iyi ve temiz kalpli insanlar
vardı. Bu kişiler Tanrı'nın nazarında vicdanlarına göre
yargılanarak kurtulacaklardır.

Anne İşte Oğlun; İşte Annen

Havari Yuhanna İsa'nın gerildiği çarmıhtan ne duyduğunu ve
gördüğünü yazmıştır. Çarmıh'ın etrafında İsa'nın annesi
Meryem, teyzesi, Klopas'ın karısı Meryem ve Mecdelli
Meryem'inde içinde olduğu pek çok kadın vardı. Yuhanna
19:26-27'de İsa üzgün annesi Meryem'e Yuhanna'yı oğlu olarak
görmesini, Yuhanna'ya da annesine kendi annesi gibi bakmasını
söyler.

*İsa, annesiyle sevdiği öğrencinin yakınında durduğunu
görünce annesine, "Anne, işte oğlun!" dedi. Sonra
öğrenciye, "İşte, annen!" dedi. O andan itibaren bu
öğrenci İsa'nın annesini kendi evine aldı.*

İsa Annesi Meryem'e Neden "Anne" yerine "Kadın" Diye Hitap Etti?

"Anne" kelimesi İsa tarafından telaffuz edilmez ama Yuhanna kendi perspektifine göre öyle yazmıştır. Öyleyse niçin İsa kendisini doğuran kişiye "kadın" diyerek hitap eder? Kutsal Kitap'a baktığınızda İsa'nın O'nu "anne" diye çağırmadığını görürsünüz.

Örneğin Yuhanna 2:1-11'de İsa vaazlarına başladıktan sonra suyu şaraba çevirdiği ilk mucizesini gerçekleştirir. Bu mucizesi Celile'nin Kana köyünde bir düğünde gerçekleşmiştir. Bu düğüne İsa ve havarileri de davet edilmişlerdir. Şarap bittiği zaman, annesi Meryem O'na "Şarapları kalmadı" demiştir çünkü Meryem Tanrı'nın Oğlu olarak O'nun suyu şaraba çevirdiğini biliyordu. Bunun üzerine İsa şöyle cevap vermiştir, *"Anne, benden ne istiyorsun? Benim saatim daha gelmedi"* (v. 4).

İsa, daha fazla şarap kalmadığı için Meryem'in üzüldüğünü görmesine rağmen, Kendisini Mesih olarak ifşa edeceği vaktin henüz gelmediğini söyleyerek cevap vermiştir. Suyun şaraba dönüşmesinin ruhani anlamı, İsa'nın çarmıh üzerinde kanının döküleceğidir.

Çarmıhta, insanın kurtuluşu için ilahi planı gerçekleştirmek üzere Kurtarıcımız olarak bu dünyaya geldiğini ilan etmiştir. Bu sebeple Meryem'e "anne" değil, "kadın" olarak hitap etmiştir.

Kurtarıcımız İsa, Üçlü Birlikte Tanrı ve Yaratan'dır. Yaratan Tanrı KENDİSİ Olandır (Mısır'dan Çıkış 3:14), ve hem İlk Hem de Son'dur (Vahiy 1:17, 2:8). Bu sebeple, İsa'nın bir annesi yoktu ve bu yüzden Meryem'e "anne" yerine "kadın" diye hitap etti.

Bu gün Tanrı'nın pek çok çocuğu Meryem'e İsa'nın "kutsal anne"si diye hitap eder ve hatta onun heykellerini dikerek tapınırlar. Bunun çok yanlış bir şey olduğunu anlamalısınız çünkü Meryem Kurtarıcı'mızın annesi değildir (Mısır'dan Çıkış 20:4).

Göksel Vatandaşlık

İsa, Kendisinin çarmıha gerilmesiyle büyük bir acı içinde olan Meryem'i rahatlatmak için en sevdiği havarisi Yuhanna'ya onu kendi annesiymiş gibi gözetmesini tembihledi. Çarmıhta muazzam acılar içinde kıvranırken bile, Kendisinin ölümünden sonra ona neler olacağını çok derinden önemsiyordu. O'nun sevgisini burada görebilirsiniz.

İsa'nın çarmıhta ki üçüncü sözüyle imanda hepimizin kardeş-Tanrı'nın ailesi olduğunu kavrarız. Matta 12, İsa'nın ailesinin O'nu görmeye geldiği bir sahneyi betimler. İsa kalabalığa şöyle seslenir:

İsa, kendisiyle konuşana, "Kimdir annem, kimdir kardeşlerim?" karşılığını verdi. Eliyle öğrencilerini göstererek, "İşte annem, işte kardeşlerim!" dedi. Göklerdeki Babam'ın isteğini kim yerine getirirse, kardeşim, kızkardeşim ve annem odur. (Matta 12:48-50).

İsa Mesih'i kabul ettikten sonra imanınız geliştikçe sizin göksel vatandaşlığınızda daha netleşir ve hatta kendi öz kardeşlerinizden daha çok Mesih'te ki kardeşlerinizi seversiniz.

Eğer aile fertleriniz Tanrı'nın çocukları değilse, aileniz bir "aile" olarak sonsuza dek süremez. Aile ilişkileriniz ölümle sonuçlanır. Eğer İsa Mesih'e inanmıyor, Tanrı'ya inandıklarını söylüyor ama Tanrı'nın isteğine göre yaşamıyorlarsa, günahın ücreti ölüm olduğundan cehenneme gideceklerdir (Matta 7:21). Sizlerin bu görünen bedeni öldükten sonra tekrar toprağa dönüşür ama ölümsüz bir ruhunuz vardır. Eğer Tanrı ruhunuzu alırsa, kısa zamanda çürüyecek bir cesetten farkınız kalmaz. Yaratan Tanrı ilk insanı topraktan yoğurdu ve onun burun deliklerine yaşam nefesini üfledi. Bu yüzden ruh ölümsüzdür. Ölümsüz ruhunuzu doğuran ve tekrar toprağa dönüşecek bedenlerinizi yapan Tanrı'dır. Bu sebeple O sizin gerçek Baba'nızdır. Matta 23:9 bize şöyle der *"Yeryüzünde kimseye 'Baba' demeyin. Çünkü tek Babanız var, O da göksel Baba'dır."* Bu, aile fertleriniz için de inanmayanları sevmemeniz anlamına gelmez. Onları gerçek anlamda sevmeniz, müjdeyi duyurmanız ve İsa Mesih'i kabul etmelerini sağlamanız çok önemlidir.

Elohi, Elohi, Lema Şevaktani?

İsa, üçüncü saatte çarmıha gerilmiş ve altıncı saatten son nefesini verdiği dokuzuncu saate kadar ülkenin üzerine karanlık çökmüştür. Eğer bugünün zaman kavramına çevirecek olursak, İsa sabah saat dokuzda çarmıha gerilmiş ve üç saat sonra öğle vakti tüm ülkenin üzerine karanlık çökmüş ve bu karanlık öğleden sonra saat üçe kadar kalmıştır.

*Öğleyin on ikiden üçe kadar bütün ülkenin üzerine
karanlık çöktü. Saat üçte İsa yüksek sesle, "Elohi, Elohi,
lema şevaktani" yani, "Tanrım, Tanrım, beni neden terk
ettin?" diye bağırdı. (Markos 15:33-34)*

Altı saat sonra, yani dokuzuncu saatte İsa, Tanrı'ya şöyle
yakarmıştır,"Elohi, Elohi, lema şevaktani?" Bu çarmıhta ki İsa'nın
dördüncü sözüdür.

İsa, çölün güçlü güneşi altında tam altı saat boyunca kanını ve
suyunu akıtmaktan bitkin bir haldeydi. Fazlasıyla bitkindi.
Öyleyse niçin yakardı?

İsa'nın çarmıhtayken söylediği yedi sözün her birinin ruhani
bir anlamı vardır. Eğer audio olsaydılar hiçbir faydaları olmazdı.
Herkesin açıkça Tanrı'nın isteğini anlayabilmesi için, yedi sözün
İncil'de yazılması planlanmıştı.

Bu sebeple var gücüyle bu yedi sözü çarmıhtan haykırdı ki
çarmıhın çevresindekiler bunları net bir şekilde duysun ve
yazsınlar.

Bazıları İsa'nın Tanrı'ya kızgınlıkla yakardığını söyler çünkü
İsa bu dünyaya bir beden olarak gelmiş ve gereksiz bir şekilde
büyük acılara katlanmak zorunda kalmıştır. Ancak bu kesinlikle
doğru değildir.

İsa Niçin *"Elohi, Elohi, Lema Şevaktani?"* Diye Haykırmıştır?

İsa'nın yeryüzüne gelmesinin sebebi şeytanın eylemlerini
ortadan kaldırmak ve bizim için kurtuluş yolunu açmaktı.

Böylece İsa, ölümü pahasına Tanrı'nın isteğine uymuş ve kendini tamamıyla kurban olarak sunmuştur. Çarmıha gerilmesinden önce, daha hararetli dua etmiş ve teri, toprağa düşen kan damlaların andırmıştı (Luka 22:42-44). Çarmıhta çekeceği çileyi tümüyle bilerek yükünü yüklenmişti. Kötü muameleye ve çarmıhın çilesine katlanmıştı çünkü Tanrı'nın insanoğlu için hazırladığı planı biliyordu. Öyleyse İsa neden ölümüne içerlemişti? O'nun yakarışı, büyük acısı için bir iç çekiş veya Tanrı'ya sitem değildi.

İlk olarak İsa, günahkârları günahlarından kurtarmak için çarmıha gerildiğini tüm dünyaya duyurmak istedi.

Her ne kadar Tanrı'nın tek ve yegâne Oğlu olsa da, Tanrı tarafından tamamıyla bir başına bırakıldığını ve kendi göksel ihtişamını da göklerde bıraktığını herkesin bilmesini istedi. Günahkârları günahlarından kurtarmak için çarmıhta muazzam acılar çektiğinin herkes tarafından bilinmesini istediği için haykırdı. İncil, İsa'nın Tanrı'yı "Babam" diyerek çağırdığını gösterir ama çarmıhta İsa "Tanrım" demiştir. Bunun nedeni İsa'nın çarmıha günahkârlar için gerilmiş olduğudur ve günahkârlar O'nu "Babam" diye çağıramazlar.

O an Tanrı, tüm günahkârların günahını taşıdığı için İsa'yı bir günahkâr gibi küçük düşürmüştü ve İsa O'nu "Baba" diyerek çağırmaya cesaret edemedi. Aynı şekilde ortak bir sevginiz varsa Tanrı'ya "Abba Baba" diyerek seslenebilirsiniz ama eğer günah işlediğiniz ve zayıf bir imana sahip olduğunuz için Tanrı'dan uzak kalmışsanız O'nu "Tanrı" diye çağırın.

Tanrı tüm insanların İsa Mesih'i kabul ederek ve ışıkta yürüyerek, Kendisini 'Baba' diye çağıracak gerçek çocukları olmasını ister.

İkinci olarak, İsa Tanrı'nın isteğini bilmeyen ve hala karanlıkta yaşayan insanları uyarmayı istedi. Tanrı, tek ve yegâne Oğlu'nu bu dünyaya gönderdi ve O'nun kendi yarattığı insanlar tarafından aşağılanıp, çarmıha gerilmesine izin verdi. İsa, Tanrı'nın kendisini niçin küçük düşürdüğünü biliyordu ama O'nu çarmıha geren kalabalık bunu bilmiyordu. Ve cahilin Tanrı'nın sevgisini anlayabilmesi ve kurtuluş yolu için tövbe edebilmesi için "Tanrım, Tanrım, beni neden terk ettin?" diye haykırdı.

Susadım

Eski Ahit, İsa'nın çarmıh üzerinde çekeceği acıların kehanetleriyle doludur. Mezmurlar 69:21 şöyle der, *"Yiyeceğime zehir kattılar, Sirke içirdiler susadığımda."* Tıpkı Mezmurlar'da önceden yazıldığı gibi, İsa "Susadım" dediğinde, insanlar bir süngeri ekşi şaraba batırdılar ve süngeri mercanköşk dalına takıp, İsa'nın dudaklarına doğru kaldırdılar.

Daha sonra İsa, her şeyin artık tamamlandığını bilerek Kutsal Yazı yerine gelsin diye, "Susadım!" dedi. Orada ekşi şarap dolu bir kap vardı. Şaraba batırılmış bir süngeri mercanköşk dalına takarak O'nun ağzına uzattılar. (Yuhanna 19:28-29).

İsa'nın Beytlehem kasabasında ki doğumundan çok önce, Mezmur yazarı İsa'nın çarmıha gerilerek öleceğini öngörmüş ve yazmıştı. İsa'nın "Susadım" demesiyle kutsal yazılar yerini bulmuş oldu. Öyleyse İsa'nın çarmıh üzerinde ki beşinci sözü olan "Susadım"ın ruhani anlamı üzerinde düşünelim.

İsa Ruhsal Susuzluğunu Duyurur

Pek çok insan açlığa dayanabilir ama susuzluğa dayanamaz. İsa, altı saat boyunca çarmıhta asılı kalmak ve çölün yakıcı güneşi altında kanını dökmekten bitkin düşmüştü. O'nun susuzluğunun derecesi sizlerin hayal gücünüzün çok ötesindedir. Ama "Susadım" demesi, İsa'nın susuzluğuna tahammül edemediği anlamına gelmez çünkü çok kısa bir süre sonra huzur içinde Tanrı'nın yanına gideceğini biliyordu.

Aslında fiziksel susuzluktan ziyade, ruhani susuzluktan çok daha fazla acı çekiyordu. Yani Tanrı'nın çocuklarından istediği en büyük arzu şuydu: "Kanımı akıttığım için susadım. Kanımın bedelini ödeyerek susuzluğumu giderin."

İsa'nın çarmıhta ölmesinden bu yana tam iki bin sene geçti ama bize hala susadığını söylüyor. Susuzluğunun nedeni, kanını dökmesiydi. Sizin günahlarınızdan bağışlanmanız ve sonsuz yaşama kavuşmanız için kanını döktü.

İsa, size susamış olduğunu, kaybolan ruhları kurtarmak için istekliliğini göstermek için söyler. Bu sebeple, İsa'nın kanıyla kurtulan Tanrı'nın çocukları O'nun kanının bedelini ödemelilerdir.

O'nun kanının bedelini ödemenin ve susuzluğunu gidermenin yolu ise, insanları bilmeden gittikleri cehennem yolundan alıp, göklerin yoluna yöneltmektir.

Bu sebeple, kanını döken İsa'ya şükranla dolu olmalı ve insanları kurtuluş yoluna taşıdığı için şimdi O'nun susuzluğunu söndürmelisiniz.

Tamamlandı

Yuhanna 19:30'da İsa, şarabı tatmış ve "Tamamlandı!" demiştir ve sonra başını eğerek ruhunu teslim etmiştir. İsa, mercanköşk dalına takılmış süngeri kabul etmişti. Bunun nedeni dayanılmaz susuzluk çekmesi değildi. Bu davranışının ardında ruhani bir anlam yatar.

İsa'nın bir beden olarak bu dünyaya gelmesinin sebebi, insanoğlunun günahları için çarmıha gerilmekti. Bize olan büyük sevgisiyle Eski Ahit'in yasasını tamamlamış, onların adına insanoğlunun tüm günah ve lanetlerine katlanmıştır. Eski Ahit zamanında insanlar günah işledikleri zaman Tanrı'ya hayvan kanını kurban olarak sunarlardı. Ama İsa, Kendi kanını dökerek sonsuza kadar geçerli tek bir kurban vermiştir. (İbraniler 10:11-12). Böylece İsa Mesih'i kabul ettiğinizde, günahlarınız bağışlanır çünkü sizi zaten günahlarınızdan kurtarmıştır. İsa Mesih yoluyla kurtuluş rahmeti yeni bir şaraba işaret eder ve ekşi şarabı içerek İsa bize yeni şarabı vermiştir.

"Tamamlandı!" Sözünün Ruhani Anlamı

İsa "Tamamlandı!" demiş ve ruhunu teslim etmiştir. Bunun ruhani anlamı nedir?

İsa, bir beden olarak dünyaya gelmiş, müjdeyi duyurmuş, tüm zayıflık ve hastalıkları iyileştirmiş ve ölüme mahkûm olmuş insanlık için çarmıha gerilerek kurtuluş yolunu açmıştır. Ölümü pahasına kendini kurban vererek Eski Ahit'in yasasını sevgiyle tamamlamıştır. Ayrıca şeytanın işlerini tamamen yok ederek ona karşı zafer kazanmıştır. Diğer bir deyişle insanın kurtuluşu için ilahi planı yerine getirmiştir. Bu sebeple İsa çarmıhta, "Tamamlandı!" demiştir.

Tanrı, çocuklarından tıpkı Tanrı'nın istek ve planına göre Kendi yaşamını kurban etme ve Baba'ya itaat ederek kurtuluşun tüm takdiri ilahisini yerine getiren tek ve yegâne Oğlu İsa gibi, Tanrı'nın isteğine göre yaşamalarını ister.

Bu yüzden ruhani sevgiyi kazanarak, öncelikle Rab'binizin kalbini yansıtmalısınız. Yani, Kutsal Ruhun dokuz ürününe (Galatyalılara 5:22-23) sahip olmalı ve gerçek mutluluğu başarmalısınız (Matta 5:3-10). Sonra ise Rab'biniz tarafından size verilen işlere sadık kalmalısınız. İçten dua ederek, müjdeyi yayarak ve kiliseye hizmet ederek olabildiğince çok insana yol göstermelisiniz.

Ümit ederim ki siz Tanrı'nın her bir değerli çocuğu, dünyanın üstesinden sağlam bir imanla gelecek, göklerin ve Tanrı sevgisini ümit edecek ve tıpkı Rab'bimiz İsa gibi, Tanrı'ya ve O'nun isteğine itaat ederek "Tamamlandı!" diyebileceksiniz.

Baba, Ruhumu Ellerine Bırakıyorum

Çarmıhta son sözlerini söylediği zaman İsa son derece bitkindi. Böylesi bir durumda İsa yüksek sesle şöyle dedi, "Baba, ruhumu ellerine bırakıyorum!"

İsa yüksek sesle, "Baba, ruhumu ellerine bırakıyorum!" diye seslendi. Bunu söyledikten sonra son nefesini verdi. (Luka 23:46).

Burada İsa'nın Tanrı'ya "Tanrım" yerine "Baba" diye seslendiği görebilirsiniz. Bu, İsa'nın kendini kurban vererek görevini tamamlamış olduğuna işaret eder.

İsa Ruhunu ve Canını Tanrı'ya Teslim Etti

Yeryüzünde Kurtarıcımız olan İsa, niçin ruhunu ve canını Baba'sının ellerine teslim etmiştir?

İnsan, ruh, can ve bedenden meydana gelmiştir (1.Selanikliler 5:23). Öldüğünde ise ruhu ve canı bedenini terk eder. Eğer Tanrı'nın çocuğuysa ruhu ve canı Tanrı'nın yanına geri dönecektir. Aksi takdirde, ruhu ve canı cehenneme gider. (Luka 16:19-31). Bedeni ise gömülerek tekrar toprağa dönüşür.

Tanrı'nın Oğlu İsa, bir beden olarak yeryüzüne gelmiştir. Tıpkı bizim gibi O'nunda ruhu, canı ve bedeni vardı. Çarmıha gerildiğinde bedeni öldü ama ruhu ve canı ölmedi. Ruhunu ve canını Tanrı'nın ellerine teslim etti.

Öldüğünüz zaman Tanrı hem ruhunuzu hem de canınızı alır. Eğer Tanrı sadece ruhunuzu alır ve canınızı almazsa, göklerde gerçek mutluluğu asla yaşayamayacak ve tüm yüreğinizle müteşekkir olamayacaksınız. Peki niçin? Çünkü yeryüzünde katlanmak zorunda kaldığınız gözyaşı, keder, acı vs gibi candan gelen şeyleri hatırlamayacaksınız. Bu yüzden Tanrı hem ruhu hem de canı alır.

Öyleyse İsa niçin ruhunu ve canını Tanrı'nın ellerine teslim etmiştir? Çünkü Tanrı evrende herşeyi yöneten, hayat, ölüm, lanet ve kutsama gibi işlerle ilgilenen Yaratan'dır. Diğer bir deyişle her şey Tanrı'ya ait ve O'nun egemenliği altındadır. Dualarınızı kabul eden yegane varlık, Tanrı'dır. Bu nedenle İsa'da Baba olan Tanrı'ya ruhunu ve canını teslim alması için dua etmiştir (Matta 10:29-31).

İsa Yüksek Sesle Dua Etti

İsa, niçin büyük acılar içinde kıvranırken yüksek sesle, "Baba, ruhumu ellerine bırakıyorum!" diye dua etmiştir?

Çünkü Kendisinin duyulmasını ve yakararak dua etmenin Tanrı'nın isteği olduğunu tüm insanların bilmesini istemiştir. Getsemani'de tutuklanmasından hemen önce ki duasının içtenliği gibi, ruhunu Tanrı'ya teslim etme duası da o kadar içtendi.

Ayrıca İsa'nın "Baba, ruhumu ellerine bırakıyorum!" duası, İsa'nın her şeyi Tanrı'nın isteğine göre tamamladığının da bir kanıtıdır. Yani vazifesini, Tanrı'ya tam bir itaatkârlıkla tamamlamanın verdiği gururla artık ruhunu Tanrı'ya teslime edebilirdi.

Aziz Pavlus şöyle söylemiştir, *"Yüce mücadeleyi sürdürdüm, yarışı bitirdim, imanı korudum. Bundan böyle doğruluk tacı benim için hazır duruyor. Adil yargıç olan Rab o gün bu tacı bana, yalnız bana değil, O'nun gelişini özlemle beklemiş olanların hepsine verecektir."* (2. Timoteos 4:7-8).

İstefanos'ta Tanrı'nın isteğine göre yaşamış ve imanını muhafaza etmişti. Bu sebeple son nefesini verirken, *"Rab İsa, ruhumu al!"* diye yakarmıştı (Elçilerin İşleri 7:59). Eğer dünyevi hayatlar sürmüş ve günahkar doğalarından kaynaklanan zevklerin peşi sıra gitmiş olsalardı, ne Aziz Pavlus ne de İstefanos bu şekilde dua edemezlerdi.

Aynı şekilde sizde Tanrı'nın isteğine göre yaşarsanız, İsa gibi gururla "Tamamlandı!" ve "Baba, ruhumu ellerine bırakıyorum!" diyebilirsiniz.

İsa'nın Ölümünden Sonra Ne oldu?

İsa son sözlerini yüksek sesle dile getirdikten sonra, dokuzuncu saatte (öğleden sonra saat üç'te) çarmıhta son nefesini verdi. Gündüz vakti olmasına rağmen altıncı (öğle vakti) saatten sonra karanlık tüm ülkeyi kapladı ve tapınaktaki perde ikiye bölündü. (Luka 23:44-45).

O anda tapınaktaki perde yukarıdan aşağıya yırtılarak ikiye bölündü. Yer sarsıldı, kayalar yarıldı. Mezarlar açıldı, ölmüş olan birçok kutsal kişinin cesetleri dirildi.

Bunlar mezarlarından çıkıp İsa'nın dirilişinden sonra
kutsal kente girdiler ve birçok kimseye göründüler.
(Matta 27:51-53).

"Tapınaktaki perde yukarıdan aşağıya yırtılarak ikiye bölündü" sözünde ruhani bir anlam vardır. Tapınağın uzun perdesi, Kutsalların Kutsalından bu Kutsal Mekânı ayıracaktı. Rahip dışında kimse bu kutsal mekâna giremezdi ve ancak başrahip senede bir kez Kutsalların Kutsal'ına girebilirdi.

Tapınak perdesinin yırtılması, İsa'nın günah duvarının yıkılması için kendini barış sunusu olarak verdiğini işaret eder. Perde, ikiye yırtılmadan önce, başrahip insanların adına günah sunuları verir ve insanlarla Tanrı arasında arabuluculuk yapardı.

Ancak İsa'nın ölümüyle günah duvarı yıkıldığından, artık Tanrı ile doğrudan ilişki içine girebilirsiniz. Yani her kim İsa Mesih'e inanırsa, başrahiplerin ya da peygamberlerin arabuluculuğuna gerek duymadan kutsal mabede girebilir, Tanrı'ya ibadet ve dualarını yapabilir.

Bu nedenle İbranilerin yazarı açık bir dille şunu belirtir, *"Bu nedenle, ey kardeşler, İsa'nın kanı sayesinde perdede, yani kendi bedeninde bize açtığı yeni ve diri yoldan kutsal yere girmeye cesaretimiz vardır."* (İbraniler 10:19-20).

Buna ek olarak, yer sarsılmış, kayalar yarılmıştı. Tüm bu doğal olmayan hadiseler, size yeryüzünde ki tüm tabiatın sarsıldığını anlatır. Tanrı'nın insanın kötülüğü karşısında çektiği büyük acının bir temsilidir. Tek ve yegane Oğlu'nu insanlar kurtulsun diye vermiş olmasına rağmen, onların İsa Mesih'i kabul etmeyen katılaşmış yürekleri karşısında nasıl derinden incindiğinin bir göstergesidir. Mezarlar açıldı, ölmüş olan birçok kutsal kişinin cesetleri dirildi. Bu, İsa Mesih'e inananların bağışlanacağı ve tekrar yaşama döneceği dirilişin bir kanıtıdır.

Bu nedenle ümit ederim ki imanın atalarının Rab'bin kendisini ifşa etmesine duydukları özlemi duyarak övgü dolu bir Hrıstiyan yaşamı sürdürebilmek için, Rab'bim çarmıhta ki son yedi sözünde ki sevgiyi ve ruhani anlamları anlayabilesiniz.

Bölüm 8.

GERÇEK İMAN VE SONSUZ YAŞAM

- Ne Büyük Bir Sırdır O!
- Yapmacık Söylemler Kurtuluşa Taşımaz
- İnsanoğlu'nun Bedeni ve Kanı
- Sadece Işıkta Yürüyerek Bağışlanma
- Eylemli İman Gerçek İmandır

Bedenimi yiyenin, kanımı içenin sonsuz yaşamı vardır ve ben onu son günde dirilteceğim. Çünkü bedenim gerçek yiyecek, kanım gerçek içecektir. Bedenimi yiyip kanımı içen bende yaşar, ben de onda. Yaşayan Baba beni gönderdiği ve ben Baba'nın aracılığıyla yaşadığım gibi, bedenimi yiyen de benim aracılığımla yaşayacak.

Yuhanna 6:54-57

İsa Mesih'e inanmanın ve kiliseye gitmenin nihai hedefi, kurtulmak ve sonsuz yaşama kavuşmaktır. Ancak insanların pek çoğu sadece pazar ayinlerine katılarak ve Tanrı'nın sözüne göre yaşamadan İsa Mesih'e inandıklarını söyleyerek kurtulacaklarını düşünürler.

Tabiî ki Galatyalılara 2:16'da denildiği gibi, *"Yine de insanın Kutsal Yasa'nın gereklerini yaparak değil, İsa Mesih'e iman ederek aklandığını biliyoruz. Bunun için biz de Yasa'nın gereklerini yaparak değil, Mesih'e iman ederek aklanalım diye Mesih İsa'ya iman ettik. Çünkü hiç kimse Yasa'nın gereklerini yaparak aklanmaz."* özellikle kalbiniz kötülükle doluyken yasayı sadece zahiren yerine getiriyor olmanızın hiçbir faydası olmaz ve göklere giremezsiniz. Eğer günah işlemeye devam ediyor ve öğrendikten sonra bile Tanrı'nın sözünden gitmiyorsanız, İsa Mesih ile hiçbir ilişkiniz olamaz.

Bu nedenle sadece dudaklarınızla imanınızı itiraf ederek kurtulabilmenizin çok zor olduğunu bilmelisiniz. İsa Mesih'in kanı, sadece ışığın yolunda yürüdüğünüz ve hakikatle yaşadığınız zaman günahlarınızdan sizi arındırabilir. Eylemlerinizin eşlik ettiği gerçek bir imana sahip olmalısınız (1. Yuhanna 1:5-7).

Öyleyse şimdi, Tanrı'nın samimi çocukları olarak kurtuluşa ve sonsuz yaşama hakkıyla sahip olabilmek için gerçek imana nasıl sahip olabileceğimizi inceleyelim.

Ne Büyük Bir Sırdır O!

Efesliler 5:31-32 şöyle der, *"Bunun için adam annesini babasını bırakıp karısına bağlanacak, ikisi tek beden olacak. Bu sır büyüktür; ben bunu Mesih ve kiliseyle ilgili olarak söylüyorum."* Belli bir olgunluğa eriştikten sonra insanların eşleriyle birleşerek anne ve babalarını bırakmaları doğal bir durumdur. Peki, öyleyse Tanrı, bunun niçin büyük bir sır olduğunu söylemiştir? Eğer bu ayeti tam anlamıyla anlar ve yorumlarsanız, bu "büyük sırrın" ne olduğunu bilirsiniz. Dahası arkasında gizlenen ruhani anlamı kavradığınızda içiniz mutlulukla dolar.

Bu ayette "kilise," Kutsal Ruh'u almış Tanrı'nın çocuklarını simgeler. Yani Tanrı, kadın ile erkek arasında ki birleşmeyi örnek göstererek, İsa Mesih ile O'na inananları kastetmiştir.

Dünyayı nasıl bırakabilir ve Güveyiniz İsa Mesih ile nasıl birleşebilirsiniz?

İsa Mesih'i İmanla Kabul Ederseniz

İlk insan Âdem Tanrı'ya itaatsizlik ederek günah işlediği için, günah bu dünyaya girdi. Âdem'in tüm torunları günahın köleleri ve yeryüzünü yöneten şeytanın çocukları oldular.

İsa Mesih'i kabul etmeden önce, bu karanlık dünya üzerinde güç sahibi olan şeytana ve dünyaya aittiniz. Bu durum Yuhanna 8:44 şöyle doğrulanmaktadır, *"Siz babanız İblis'tensiniz ve babanızın arzularını yerine getirmek istiyorsunuz. O başlangıçtan beri katildi. Gerçeğe bağlı kalmadı. Çünkü onda gerçek yoktur. Yalan söylemesi doğaldır. Çünkü o yalancıdır ve yalanın babasıdır"* ve 1. Yuhanna 3:8, şöyle devam eder, *"Günah işleyen, İblis'tendir. Çünkü İblis başlangıçtan beri günah işlemektedir."* Ama İsa Mesih'i Kurtarıcınız olarak kabul ettiğinizde ve ışığa yönlendiğinizde, Tanrı'nın çocuğu olma yetkisini elde eder ve İsa Mesih'in kanı yoluyla günahlarınız bağışlandığından onlardan kurtulursunuz.

Çarmıha gerilerek sizi günahlarınızdan kurtaran İsa Mesih'in imanına sahip olursanız, Tanrı size Kutsal Ruh'u ödül olarak verir ve Kutsal Ruh kalbinizde ruhun doğuşuna sebep olur. Kutsal Ruh, Tanrı'nın isteğini size anlatarak ve öğreterek hakikate göre davranmanızı ve hakikatle yaşamanızı sağlar.

Böylece Tanrı ruhu ile yönetilen bir Tanrı çocuğu meydana gelir ve O'na, "Abba, Baba" (Romalılar 8:14-15) diye seslenebilir ve göksel krallığa mirasçı olursunuz.

Vaktiyle sonsuz ölümün pençesinde şeytanın çocuklarıyken, şimdi iman yoluyla göklere yönelen Tanrı'nın çocukları olmaları ne harikulade ve gizemlidir!

O'na inanarak İsa Mesih'le birleştiğinizde, kalbiniz Kutsal Ruh ile doğar ve yaşam tohumuyla birleşir. Tanrı, ilk insanı topraktan yaratmış ve ona yaşam nefesini üflemiştir. Yaşam nefesi yaşamın ta kendisi, yaşamın tohumudur. Bu sebeple asla ölmez ve nesilden nesile yumurta ve sperm yoluyla insanlara geçer.

Yaşam tohumu kalp ile sarılmıştır. Tanrı, Âdem'i yarattıktan sonra yaşamla ilgili bilgiyi, ruhun bilgisini kalbine ekmiştir. Yeni doğmuş bir bebeğin bu dünya bilgisini öğrenme yolu, kültür ve karakter insanı olmasından ve insan gibi yaşamasından geçer. Her ne kadar yaşamın kendisi olsa da yaşayan bir canlının gerçek bir yaşayan canlı olması için yaşam bilgisine gereksinimi vardır. Vaktiyle Âdem'de gerçek olarak adlandırılan ruh bilgisiyle dopdoluydu. Ama Tanrı'ya itaatsizlik ettikten sonra, Tanrı ile iletişimi kesildi. Azar azar ruhun bilgisini kaybetmeye başladı ve yalan kalbinde yer buldu.

Bir zamanlar sadece hakikatle dolu olan kalp, o zamandan beri hem gerçek hem de yalanla dolarak iki parçaya bölündü. Örneğin, Âdem'in kalbinde sevgi vardı ama şeytan nefret denilen yalanı onun kalbine ekti. Bunun bir neticesi olarak Yaratılış 4'de, Âdem'in günahı işledikten sonra doğan oğlu Kayin'in, kıskançlık ve çekememezlik yüzünden kardeşi Habil'i öldürmesini görürüz

Zaman geçtikçe kalpte gerçek ve yalandan oluşan diğer parça gelişmeye başladı. Bu parçaya "doğa" denir. Karakter ve özelliklerinizi ebeveynlerinizden miras alırsınız. Gördükleriniz ve duyduklarınızı kayıt eder ve aklınızda duygularınızla birlikte öğrenirsiniz. Bu ikisi hakikatin peşinde "doğa" yı meydana getirir

Sıklıkla bu doğaya "vicdan" adı verilir ve vicdan, tanıştığımız insanlara, okuduğumuz kitaplara ve büyütülürken deneyimlediğimiz şartlara bağlı olarak farklı şekillerde oluşur. Örneğin, aynı kişi ve olaya bakarak kimisi " çok kötü" derken, diğerleri "iyi" ya da "iyilikle dolu" diyebilir.

Bu sebeple birinin kalbini analiz ederken, Tanrı'ya ait olan hakikat parçası, şeytana ait olan yalan parçası vardır ve kişinin doğası bu iki parçanın sonucundan meydana gelir.

Kalpteki Yaşam Tohumuyla Birleşen Kutsal Ruh

Âdem'in durumunda bu üç parça, Tanrı'nın kalbe yerleştirdiği yaşam tohumunu sarmalıyordu. İşte bu durum, Âdem, iyilik ve kötülüğün bilgisini taşıyan ağaçtan yedikten sonra Tanrı'nın "kesinlikle öleceksiniz" sözünün yerine getirildiği zaman ki durumdur. Yaşam tohumu var olsa da, eğer işlevsel değilse, durumu ölü olmaktan farksızdır. Örneğin tarlaya ekin ektiğinizde bazıları çoktan ölmüş olduğundan tüm tohumlar yeşermez. Ancak tohumlar canlı olsaydı kesinlikle yeşeriyor olacaklardı. Aynı durum insanlar içinde geçerlidir. Eğer Tanrı'nın verdiği yaşam tohumu tamamen ölü olsaydı, yeniden canlanamaz ve o zaman da Tanrı'nın ne gökleri ile cehennemi ne de insanoğlunun kurtuluşu için İsa Mesih'i hazırlamaya ihtiyacı olurdu

Ama Tanrı'nın yaşam nefesini üfleyerek insana verdiği yaşam tohumu, ölümsüzdür. Müjdeyi kabul ettiğiniz zaman, yaşam tohumu tekrar canlanır. Kalbinizde ki hakikat tohumu ne kadar geniş ise, müjdeyi o kadar kolay kabullenirsiniz. Her kim çarmıhın mesajını dinler ve İsa Mesih'i kabul ederse, o kişi Kutsal Ruh'u elde eder. O anda kalbinde ki yaşam tohumu Kutsal Ruh ile birleşir.

Öte yandan kızgın bir demir misali vicdanları olan insanların müjde için kalplerinde yer yoktur çünkü kalplerinde ki yaşam tohumu yalanın baskın gelmesiyle sarmalanmış ve üstü kapanmıştır. Ölü durumda olan yaşam tohumu, fonksiyonlarına kavuşma gücünü Tanrı'nın büyük gücü olan Kutsal Ruh ile birleşmesiyle kazanır.

Ruhun İnsanı Olmak

Ayinlere katıldığınızda, Tanrı'nın sözünü kavradığınızda ve dua ettiğinizde, Tanrı'nın yüceliği ve kudretli gücü sizin üzerinize gelir ve Kutsal Ruh'un doğasını izlemenizi sağlar. Bu süreç yoluyla kalbiniz yalanı sökerek ve daha da hakikatle gün be gün dolarak ruhunuzla bir olur. Kişinin kalbi tamamen ruhun ve hakikatin bilgisiyle dolduğunda, bu kalp Âdem'in ilk yaratıldığında olduğu gibi ruhun ta kendisidir.

Sadık gözükseniz bile eğer dua etmiyorsanız doğanıza göre yaşıyorsunuzdur. İçinizde ki Kutsal Ruh, ruhun doğuşuna izin vermez ve hala bedenden ibaret bir insan olmaya devam edersiniz. Daha da ötesi, çok uzun süre ve kendinizi adayarak dua etseniz bile, eğer kendi düşünce ve savlarınızdan kopamıyorsanız Kutsal Ruh'un doğasını izleyemezsiniz. Bu sebeple ruhun insanına dönüşemezsiniz.

Kutsal Ruh, kalbinizde ki gerçeğe göre düşünmenizi sağlar. Bunun anlamı, Kutsal Ruh'un arzularına göre yaşıyor olmanızdır. Aynı şekilde şeytanda, kalbinizde hala biraz yalan varsa, benliğinizin düşünceleri arkasından gitmeniz için aklınızı çeler ve sizi yok oluş yoluna sürükler.

Bu yüzden Korintlilere 10:5'de *"Tanrı bilgisine karşı diklenen her engeli yıkıyor, her düşünceyi tutsak edip Mesih'e bağımlı kılıyoruz."* denildiği gibi hem benliğin düşüncelerinden hem de kendini üstün görme eğilimlerinden kurtulmalısınız.

"Evet" diyerek Tanrı'nın sözüne itaat ettiğiniz ve Kutsal Ruh'un arzusunu izlediğiniz zaman, kalbiniz sadece gerçekle dolar ve böylece ruhun mükemmelce günahlarından arınmış insanı olabilirsiniz.

Her Ne İsterseniz Yanıtını Alabilirsiniz

Kutsal Ruh aracılığıyla ruhunuzun doğuşuna izin vererek yalanı söküp attığınızda, "kendini üstün görme" eğilimine sırt çevirdiğinizde ve kalbinizi Rab'biniz İsa Mesih gibi tertemiz kıldığınızda, Rab'binizle bir olursunuz.

Kadın ve erkek tek beden olur ve spermle yumurtanın birleşmesi sonucu bir bebek dünyaya getirirler. Aynı şekilde dünyadan çıkıp geldiğinizde ve O'nu kabul ederek Güveyiniz İsa Mesih'le bir olduğunuzda, Kutsal Ruh ile birlikte ruhun doğuşuna neden olacak ve Tanrı'nın bir çocuğu olarak bolca kutsanacaksınız.

Romalılar 12:3'de söylendiği gibi, imanın ölçüleri vardır ve sizlerde bu ölçülere göre yanıtlarınızı alırsınız. 1. Yuhanna 2:12 ve onu izleyen ayetlerde imanın gelişimi, insanoğlunun gelişim süreciyle mukayese edilir..

İsa Mesih'i kabul edenler Kutsal Ruh'a kavuşurlar ve küçük çocukların imanı gibi kurtulurlar (1. Yuhanna 2:12). Gerçeği eyleme dönüştürmeye çalışanlar, çocukların imanına sahiptir (1. Yuhanna 2:13). Biraz daha büyüyüpte gerçeği eyleme dönüştürdüklerinde, gençlerin eylemine sahiptirler (1. Yuhanna 2:13). Daha çok büyüdüklerinde ise, babalarının imanına sahip olurlar (1. Yuhanna 2:13).

Tanrı, Eski Ahit'te Eyüp'ten kusursuz ve doğru bir adam olarak bahseder ama şeytan bunu sorgulamaya davet ettiğinde, Tanrı Eyüp'ü test etmesi için şeytana izin vermiştir. Önce Eyüp doğruluğunda ısrarlığını sürdürmüş ancak kısa zamanda kötülüğünü anlayıp, test sırasında ortaya çıkan kötü doğası için Tanrı huzurunda tövbe etmiştir. Eyüp'ün kendini üstün görme eğilimi kırılmış ve Tanrı'nın nazarında doğru ve saf olmuştur. Ve ancak O zaman Tanrı önce olduğundan iki katı daha fazla onu kutsamıştır.

Aynı şekilde kendinizi üstün görme eğiliminden sıyrılır ve Rab'binizle bir olarak en yüksek iman mertebesi olan babaların iman ölçüsünü elde ederseniz, Tanrı'nın bir çocuğu olarak bolca kutsanırsınız. Tanrı'nın 1. Yuhanna 3:21-22'de size vaat ettiği budur: *"Sevgili kardeşlerim, yüreğimiz bizi suçlamazsa, Tanrı'nın önünde cesaretimiz olur, O'ndan ne dilersek alırız. Çünkü O'nun buyruklarını yerine getiriyor, O'nu hoşnut eden şeyleri yapıyoruz."*

Tanrı'nın Bir Çocuğu Olarak Kutsanmanın Hazına Varabilirsiniz

Bu şekilde ruhaniyetinizin ölçüsüne göre İsa Mesih ile bir olursunuz. Tanrı'nın doğruluğunu başardığınız kadar Tanrı ile bir olarak kutsanırsınız.

İsa Yuhanna 15:7'de şu vaatte bulunmuştur, *"Eğer bende kalırsanız ve sözlerim sizde kalırsa, ne isterseniz dileyin, size verilecektir"* Ayrıca Yuhanna 17:21'de bize *"hepsi bir olsunlar. Baba, senin bende olduğun ve benim sende olduğum gibi, onlar da bizde olsunlar. Dünya da beni senin gönderdiğine iman etsin."* demiştir.

Aynı şekilde, şeytanın karanlık gücü tarafından yönetilen bu dünyadan sıyrılarak Rab'binizle birleşirseniz, Baba olan Tanrı ile bir olursunuz. Galatyalılara 4:4-7 bu konuda şöyle der:

Ama zaman dolunca Tanrı, Yasa altında olanları özgürlüğe kavuşturmak için kadından doğan, Yasa altında doğan öz Oğlu'nu gönderdi. Öyle ki, bizler oğulluk hakkını alalım. Oğullar olduğunuz için Tanrı öz Oğlu'nun "Abba! Baba!" diye seslenen Ruhu'nu yüreklerinize gönderdi. Bu nedenle artık köle değil, oğullarsınız. Oğullar olduğunuz için de Tanrı sizi aynı zamanda mirasçı yaptı.

İnsanlar tıpkı ebeveynlerinden mal miras aldıkları gibi, İsa Mesih'i kabul ederek Tanrı'nın çocukları olduklarında, Tanrı'nın krallığını da aynı şekilde miras alırlar. Yani, şeytanın çocukları şeytandan cehennemi ve Tanrı'nın çocukları ise Tanrı'dan gökleri miras alır.

Ancak şunu aklınızdan çıkarmamalısınız ki, Kutsal Ruh yoluyla ruhun doğuşuna muktedir olmayanlar cehenneme gitmek zorundadır çünkü gökler gerçekle dolu saf bir yerdir ve ancak ruhunuzun zenginliği ve Tanrı ile bir olabilme ölçüsüne göre, göklerde Tanrı'ya yakın bir yerde yaşama şerefine erişebilirsiniz.

Bu sebeple ümit ederim ki Güveyiniz İsa Mesih'i kabul ederek sonsuz yaşamın kutsaması üzerinizde olsun ve tüm yalan ile kendini üstün görme eğilimlerinden sıyrılarak Rab İsa ve Baba ile bir olabilesiniz. Tüm şükranlar Tanrı'yadır.

Yapmacık Söylemler Kurtuluşa Taşımaz

İman yoluyla birleştiğinizde, İsa Mesih sizi sonsuz yaşamın ve kutsamaların yoluna taşıyan güveydir. Güveyiniz İsa Mesih'in kalbine benzer ve mükemmel imana erişirseniz sadece göklerin egemenliğini miras almakla kalmaz ama orada tıpkı bir güneş gibi parlarsınız.

İncil'i okuduğunuzda görürsünüz ki Tanrı'ya inandığını söyleyen bazı kişiler kurtulamamışlardır. Matta 25'de on bakireyle ilgili bir benzetme vardır. Akıllı olan beş bakire yanlarında yağı hazır bulundurdukları için kurtulmuş ama diğer akılsız beş bakire kurtulamamıştır.

Aynı şekilde Tanrı, size İncil'de kişi iman sahibi olduğunu söylese bile açıkça kimlerin kurtulacağını ve kimlerin kurtulamayacağını açıklamıştır. Kurtulmak için ne tip bir hayat sürmeniz gerektiğini bu şekilde bilirsiniz.

Matta 7:21'de açıkça şöyle denir, *"Bana, 'Ya Rab, ya Rab!' diye seslenen herkes Göklerin Egemenliği'ne girmeyecek. Ancak göklerdeki Babam'ın isteğini yerine getiren girecektir."* Eğer İsa'yı "Rab, Rab!" diye çağırıyorsanız, O'nun Mesih olduğuna inanıyorsunuz demektir. Ancak O'nu sadece bu şekilde çağırarak ve kilisede Pazar ayinlerine katılarak kurtulamazsınız.

Kötü İş Yapanlar Kurtulamaz

Tanrı Matta 13:40-42'de yargılama hakkında bilgi verir:

Deliceler nasıl toplanıp yakılırsa, çağın sonunda da böyle olacaktır. İnsanoğlu meleklerini gönderecek, onlar da insanları günaha düşüren her şeyi, kötülük yapan herkesi O'nun egemenliğinden toplayıp kızgın fırına atacaklar. Orada ağlayış ve diş gıcırtısı olacaktır.

Çiftçi hasadı topladığında buğdayı ambarda bir araya toplar samanı ateşte yakar. Bu yol ile Tanrı size Tanrı'nın nazarında doğru olmayanların cezalandırılacaklarını anlatır.

"Günaha neden olan her şey" Tanrı'ya inandıklarını söyleyip iman konusunda kardeşlerinin akıllarını çelen ve onların imanlarını kaybetmelerine neden olan her şey kastedilir. Bu sebeple eğer insanların günah işlemelerine ve kötü şeyler yapmalarına neden oluyorsanız, kurtulamayacaksınız.

Öyleyse kötü olan nedir? 1. Yuhanna 3:4 şöyle der, *"Günah işleyen, yasaya karşı gelmiş olur. Çünkü günah demek, yasaya karşı gelmek demektir."*

Tıpkı her ülkenin kendine has kanunları olduğu gibi, Tanrı'nın krallığında da ruhsal yasa vardır. Ruhsal krallığın yasası Kutsal Kitap'ta yazılı olan Tanrı'nın sözüdür. Yasaları çiğneyenler nasıl cezalandırılıyorlarsa, Tanrı'nın sözünü çiğneyenlerde aynı şekilde cezalandırılırlar. Bu sebeple Tanrı'nın sözünü çiğnemek kötü ve günahtır.

Tanrı'nın yasası ekseriyetle dört kategoriye ayrılır: "yapılması gerekenler," "yapılmaması gerekenler," "tutulması gerekenler" ve "atılması gerekenler." Tanrı ışık olduğundan çocuklarına doğru olanı yapmalarını, yanlış olanı yapmamalarını, Tanrı'nın çocukları olarak vazifelerini tutmalarını ve çocuklarının ışıkta yaşamasını istediği için tiksindiği her şeyi atmalarını söyler. Yasa'nın Tekrarı 10:12-13'de Tanrı bizlerden şunları yapmamızı ister, *"Şimdi, ey İsrail halkı, Tanrınız RAB sizden ne istiyor? Yalnız şunu istiyor: Tanrınız RAB'den korkun, O'nun yollarında yürüyün, O'nu sevin; bütün yüreğinizle, bütün canınızla O'na kulluk edin; üzerinize iyilik gelsin diye bugün size bildirdiğim buyruklarına, kurallarına uyun."* Bir yandan Tanrı'nın sözünü eyleme koyduğunuzda kutsanırken, öte yandan Sözüyle yaşamadığınız takdirde kötülük ve günah yüzünden sonsuz ölüme çarptırılacaksınız.

Galatyalılara 5:19-21 benliğin işlerini betimler:

Benliğin işleri bellidir. Bunlar fuhuş, pislik, sefahat, putperestlik, büyücülük, düşmanlık, çekişme, kıskançlık, öfke, bencil tutkular, ayrılıklar, bölünmeler, çekememezlik, sarhoşluk, çılgın eğlenceler ve benzeri şeylerdir. Sizi daha önce uyardığım gibi yine uyarıyorum, böyle davrananlar Tanrı Egemenliği`ni miras alamayacaklar.

"Fuhuş," yasal evlilik öncesi cinsel beraberlikte olmak üzere, bakire kalmayarak her türlü cinsel iffetsizliği içine alır. Burada "iffetsizlikten kasıt, benliğin tutkuları sebebiyle sağduyunun çok ötesinde ortaya konan düzensiz eylemlerdir."

"Sefahat," sürekli benliğin arzuları, fuhuş peşi sıra gitmeniz ve caiz olmayan söz ve eylemlerle yaşamanızdır. "Putperestlik," altın, gümüş ve bronzdan yapılmış her türlü nesneye tapınmak ve herhangi bir şeyi Tanrı'dan daha fazla sevmektir. "Büyücülük," kurnazca yalanlarla birini kandırmaktır. "Düşmanlık," sevgiye karşıt kalan hislerle başkalarının hayatlarını mahvetmeye duyulan arzudur. "Çekişme," kendi çıkarları ve yetki sahibi olabilmek için çabalama eylemidir. "Kıskançlık," diğer kişinin sizden daha iyi olduğunu düşündüğünüz için ondan nefret etmenizdir. "Öfke," kızgın olmak anlamına gelmez ama had safhada bir kızgınlıkla diğerlerine zarar vermektir.

"Bencil tutkular," diğerleriyle anlaşamıyorsunuz diye, bir grup ya da kol olarak ayrılarak şeytanın işlerini takip etmektir. "Ayrılıklar," Kutsal Ruh'un değil ama kendi düşüncelerinizin arkasından gitmek adına gruplaşmaktır. "Bölünmeler," Tanrı'nın Üçlü Birlik'ini, İsa'nın bir beden olarak geldiğini, insanları günahlarından kurtarmak için kanını döküp Mesih olduğunu inkâr etmektir.

"Çekememezlik," kıskançlık yüzünden birine karşı zarar verici eylemlerde bulunmaktır. "Sarhoşluk" alkol içme davranışıdır ve "çılgınca eğlenceler" sadece sarhoş olmak, isteklerini frenleyememek ve kontrolsüz yaşamlar sürmek değil ama ayrıca bir eş ya da ebeveyn olarak vazifelerinizi yerine getirmekte başarısız olmaktır.

Buna ek olarak "benzeri şeyler" demek, bunlara benzer pek çok günahın olduğu ve bu eylemleri yapanların kurtulamayacağı demektir.

Ölümcül ve Ölümcül Olmayan Günahlar

Bu dünyada günahın sonucu aşikârsa ve bir diğer kişiye zararı kusursuz kanıtlarla desteklenir nitelikteyse "günah" olduğuna hüküm verilir. Ancak ışık olan Tanrı bize sadece günah dolu eylemlerin değil ama ışığın karşıtı olan tüm karanlığın günah olduğunu söyler. Her ne kadar görünmese ve şahidi olmasa da kalbinizde ki nefret, çekememezlik, kıskançlık, şehvet, diğerlerini yargılama, kınama, kalpsizlik ve dürüst olmayan düşünceler gibi tüm benliğin arzuları, şeytani ve aynı zamanda günahtır.

Bu yüzden Tanrı bize şöyle der, *"Ama ben size diyorum ki, bir kadına şehvetle bakan her adam, yüreğinde o kadınla zina etmiş olur."* (Matta 5:28) ve *"Kardeşinden nefret eden katildir. Hiçbir katilin sonsuz yaşama sahip olmadığını bilirsiniz."* (1. Yuhanna 3:15). Buna ek olarak Romalılar 14:23 şöyle der, *"Ama bir yiyecekten kuşkulanan kişi onu yerse yargılanır; çünkü imanla yemiyor. İmana dayanmayan her şey günahtır"* ve Yakup 4:17 şunu söyler *"Bu nedenle, yapılması gereken iyi şeyi bilip de yapmayan, günah işlemiş olur."* Bu sebeple, Tanrı'nın istek ve buyruklarını yerine getirmemenin günah ve kanunsuzluk olduğunu kavramalısınız.

Peki, günah işleyen herkes ölecek mi? Duadan önce yalan söylese bile eğer bir adam dürüst bir adam olmaya çalışıyorsa bunun ancak imanla olacağını anlamalısınız. Hatta zayıf imanları yüzünden kalplerinde ki tüm dürüstlük dışı şeyleri atmamış olsalar da günahları yüzünden kurtulamayacakları doğru değildir. 1. Yuhanna 5:16-17 bize şöyle der, *"Kardeşinin ölümcül olmayan bir günah işlediğini gören, onun için dua etsin. Duasıyla kardeşine yaşam verecektir. Bu, ölümcül olmayan günah işleyenler içingeçerlidir. Ölümcül günah da vardır, bunun için dua etsin demiyorum. Her kötülük günahtır, ama ölümcül olmayan günah da vardır."*

Günahlar genellikle iki kategoriye ayrılır: ölümcül ve ölümcül olmayan günahlar. Eğer teşvik eder, onlar için dua eder ve günahlarından tövbe etmelerini sağlarsanız, ölümcül günah işlememiş olanlar kurtulabilir. Ama ölümcül günah işlemiş birini onun için dua etseniz bile kurtaramazsınız.

Dürüst olduğu düşünülen insanlar, bazen kendi çıkarları için yalan söyler veya her ne kadar eylemleri başkalarına zarar vermese de aldatıcı eylemlerde bulunurlar. Tanrı'ya inanmadan önce doğru bir hayat sürmüş olduğunuzu düşünseniz de, gerçeği kavradığınızda günahkârlar olduğunuzun doğruluğunu kabul edersiniz. Tanrı, size sadece görülebilen günahları değil ama ayrıca kalbinizde her biri günah olan tüm şeytani düşüncelerin günah olduğunu anlatır.

Tüm kötü davranışlar günahtır ve günahın ücreti ölümdür. Ama çarmıhta kanını dökerek, İsa Mesih, dünün, bugünün ve geleceğin tüm günahlarından bağışlanmanızı sağlamıştır. Tövbe ettiğinizde ve sırtınızı onlara çevirdiğinizde İsa'nın kanının gücüyle bağışlanacağınız günahlar vardır. Bunlar ölümcül olmayan günahlardır.

Tövbe etmez ve günah işlemeye devam ederseniz, vicdanınız

katılaşır ve bunun bir neticesi olarak ölümcül bir günah
işlediğinizde, pişman ve tövbekâr ruhla dolamazsınız. Böylece
tövbe etseniz bile günahlarınız bağışlanmaz.

Şimdi ölümcül olan üç çeşit günahı inceleyelim: Ruha küfür
etme, Tanrı'nın oğlu'nu sürekli herkesin önünde aşağılama ve
kasıtlı olarak günah işlemeye devam etme.

Kutsal Ruha Küfür Etme

Kutsal Ruh'a üç şekilde küfür ediyor sayılırsınız: Kutsal Ruh'a
karşı konuşur, O'nun işlerine karşı çıkar ve gözden düşürmeye
çalışırsanız, Ruh'a karşı küfür etmiş sayılırsınız.

*Bunun için size diyorum ki, insanların işlediği her
günah, ettiği her küfür bağışlanacak; ama Ruh'a edilen
küfür bağışlanmayacaktır. İnsanoğlu'na karşı bir söz
söyleyen, bağışlanacak; ama Kutsal Ruh'a karşı bir söz
söyleyen, ne bu çağda, ne de gelecek çağda
bağışlanacaktır. (Matta 12:31-32).*

*İnsanoğlu'na karşı bir söz söyleyen herkes
bağışlanacak. Oysa Kutsal Ruh'a küfreden
bağışlanmayacaktır. (Luka 12:10).*

İlk olarak, "başkalarına karşı söz söylemek", onlara iftira
etmek ya da işlerini engellemektir. ***"Kutsal Ruh'a karşı söz
söylemek"*** ise, kişinin kendi istek ve düşünceleri doğrultusunda
Kutsal Ruh'un işlerinin akışını bozarak, Tanrı'nın krallığının

muvaffakiyetini engellemeye çalışmaktır. Örneğin, Kutsal Ruh'un işi olsa dahi kendi düşüncelerinizle çakışmadığı için Tanrı'nın işlerine karşı durmak, Kutsal Ruh'a karşı söz söylemektir.

Olmadığı halde Tanrı'nın bir hizmetkârını kâfirlikle suçlamak ve Kutsal Ruh'un işlerinin akışını bozmak, Tanrı'nın nazarında bağışlanamayacak öylesine kötü bir günahtır. Bu sebeple, gerçeğe göre ruhları ayırabilmelisiniz.

Elbette ki insanları inatla uyarmalı ve eğer başkalarının kötü ruha sahip olmalarına neden oluyorlarsa ya da Tanrı'nın nazarında kâfirler ise davranışlarına izin vermemelisiniz. Titus 3:10 şöyle der, *"Birinci ve ikinci uyarıdan sonra bölücü kişiyle ilişkini kes."*

Bu gün pek çok insan ruhlar arasında ki ayrımı yapamadığından, Tanrı'nın Üçlü Birlik'inin doğruluğunu kabul eden ve Kutsal Ruh'un işlerinin eşlik ettiği bazı kiliseleri kafirlikle suçlar ve hatta onlara çeşitli yollarla zulmederler. Tanrı'ya inandıklarını iddia etseler de, sapkınlıkla ilgili yeterli Kutsal Kitap bilgisine sahip değildirler. Hatta sapkınlığın anlamını bile bilmezler.

Yeterli bilgiye sahip olmadan diğerlerine zulmeder ve sonra tövbe edip dönerlerse, bağışlanabilirler. Ancak eğer Kutsal Ruh'un işleri olduğunu bile bile, kötü ve kıskanç niyetlerle Tanrı'nın işlerini bozarsanız, asla bağışlanmazsınız.

Bununla ilgili bir örneği İncil'de bulabilirsiniz. Markos 3 İsa'nın gerçekleştirdiği mucizevî belirtiler yüzünden O'nu kıskananların aklını kaçırmış olduğuna dair yaydıkları söylentiden bahseder. Söylenti öylesine yayılmıştır ki uzaklarda yaşayan ailesi bile O'nu insanların göz önünden çekip almak için gelmişlerdir.

Yasanın öğretmenleri ve Ferisililer İsa'yı tenkit ederek şöyle demişlerdi, *"Yeruşalim'den gelen din bilginleri ise, 'Baalzevul O'nun içine girmiş' ve 'Cinleri, cinlerin önderinin gücüyle kovuyor' diyorlardı."* (Markos 3:22). Tanrı'nın Sözü ile ilgili esaslı bilgiye sahiptiler. Yasayı çok iyi biliyor ve insanlara öğretiyorlardı ama yine de İsa'ya olan kıskançlık ve çekememezlikleri yüzünden hala Tanrı'nın işlerine karşı geliyorlardı.

İkinci, "Kutsal Ruh'un işine engel olma" Tanrı'nın verdiği Kutsal Ruh'un sesine meydan okuma, Kutsal Ruh'un işlerini yargılama ve diğer insanlara zarar vermektir.

Mesela toplantı ve ayinleri canlandırmak için Kutsal Ruh'un işlerinin gösterildiği kiliseleri engellemek adına söylentiler yaymak, sahte belgeler ortaya sürmek ya da bir rahibi veya kiliseyi "sapkın" diye yargılamak, Kutsal Ruh'a karşı söz söylemektir.

Öyleyse "insanoğluna karşı bir söz söyleyen bağışlanacaktır" demek, ne demektir? Bu ayette "insanoğlu" çarmıha gerilmeden önce bir insan olarak dünyaya gelen İsa'ya işaret eder.

İnsanoğluna karşı bir söz söylemek demek, bir beden olarak dünyaya geldiği için O'nu sadece bir şahıs olarak bilmek, tanımak ve itaatsizlik etmektir. İsa'yı Kurtarıcı olarak görememenin nedeni, bilgi eksikliğidir. Bu durumda eğer gerçekten tövbe eder ve Rab'bi kabul ederseniz, bağışlanacak ve kurtulacaksınız.

Bu sebeple eğer hakikati bilmeden ve Kutsal Ruh'u almadan önce günah işlerseniz, Tanrı size tövbe etmeniz için şans tanır ve bağışlanırsınız.

Ancak İsa Mesih'in kim olduğunu bile bile Rab'be itaatsizlik ettiğinizde ya da karşı geldiğinizde bunun için asla bağışlanmayacağınızı kavramalısınız çünkü bu Kutsal Ruh'a söz söylemek ve Kutsal Ruh'un eserlerine karşı gelmekle aynıdır.

Üçüncü olarak, küfür etmek ayrıca ilahi, kutsal ve saf olan şeyleri karalamak demektir. Kutsal Ruh'a küfür etmek, Kutsal Ruh'u, Tanrı'nın Ruhunu ve Tanrısallığı karalamak anlamına gelir. Eğer Kutsal Ruh'un işlerini kötüler ve onların şeytanın işleri olduğunu söylerseniz veya olmayan bir şeyin Kutsal Ruh'un işi olduğunda ısrar ederseniz, Tanrı'nın sonsuz kudretini ve tanrısallığını karaladığınızdan günah işlemiş olursunuz. Bunların yanı sıra gerçeğin bir yalan olduğunun vaazını verme, temelsiz ve gerçekle bağdaştırılmayan şeylerin gerçek olduğunu iddia etmenin hepsi "Kutsal Ruh'a küfür etmek" sayılır.

Eski zamanlarda bir kişi krala karşı küfür ettiğinde ya da ona karşı işler çevirip yakalandığında vatan hainliğiyle suçlanıp ölüme mahkûm edilirdi.

Yeryüzünde ki hiçbir kralla mukayese edilemeyecek olan Kudretli Tanrı'nın kutsal tanrısallığına küfür ederseniz, asla bağışlanmazsınız.

Tanrı'nın özyapısında yeryüzüne bir beden olarak gelen İsa bile hiç kimseyi kınamamıştı. Eğer kardeşlerinizi kınar ve daha da ileri giderek Kutsal Ruh tarafından ortaya konan işleri karalarsanız, nasıl da korkunç bir günah işlemiş olacaksınız! Tanrı önünde korkuyla karışık bir saygı ile durduğunuzda Kutsal Ruh'a asla karşı gelmez, söz söyleyemez ve Kutsal Ruh'u karalayamazsınız.

Bu sebeple, bu günahların ne bugün ne de gelecekte asla bağışlanmayacağını ve asla bu günahları işlememeniz gerektiğini kavramalısınız. Bu günahları daha önce işlemişseniz, Tanrı'nın merhametine sığınmalı ve tüm kalbinizle tövbe etmelisiniz.

Tanrı'nın Oğlu'nu Herkesin Önünde Aşağılama

İbraniler 6'da açıklandığı gibi Tanrı'nın Oğlu'nu halk önünde aşağılayarak yeniden çarmıha germek sizi ölüme götürür.

Bir kez aydınlatılmış, göksel armağanı tatmış ve Kutsal Ruh'a ortak edilmiş, Tanrı sözünün iyiliğini ve gelecek çağın güçlerini tatmış oldukları halde yoldan sapanları yeniden tövbe edecek duruma getirmeye olanak yoktur. Çünkü onlar Tanrı'nın Oğlu'nu adeta yeniden çarmıha geriyor, herkesin önünde aşağılıyorlar. (İbraniler 6:4-6).

Bazı insanlar bu dünyanın baştan çıkarışına mani olamayarak kiliseyi ve Tanrı'yı terk ederler ve Kutsal Ruh'u almış, göklerle cehennemi öğrenmiş ve gerçeğin sözüne inanmış olsalar bile Tanrı'yı fazlasıyla karaladıkları bir duruma düşerler. Onların, Tanrı'nın Oğlu'nu tekrar çarmıha germe ve herkesin önünde aşağılama günahını işlediklerini söyleriz. Bu kişi sadece şeytanın kontrol ettiği birçok günahı işlemekle kalmaz ama Tanrı'yı inkâr eder, kilise ve inananlarına zulmederek aşağılar.

Vicdanlarını çoktan şeytanın eline verdiklerinden, kalplerinde karanlıktan başka bir şey yoktur.

Bu nedenle, tövbe etmeyi bile istemeyecek ve tövbe ruhu onlara gelmeyecektir. Tövbe etmek için hiçbir şansları olmadığından asla bağışlanmayacaklardır.

Yahuda İskaryot bu günahı işlemiştir. İsa'nın oniki havarisinden biriydi. Pek çok belirti ve işarete tanıklık etmişti ama açgözlülük ve otuz gümüş paraya İsa'yı sattı. Sonra vicdanı ıstırap çekti ve üzüntüyle doldu ama tövbe ruhu Yahuda'ya gelmedi. Günahı bağışlanmadı ve sonunda suçunun verdiği ıstırapla intihar etti (Matta 27:3-5).

Kasıtlı Olarak Günah İşlemeye Devam Etmek

Son günah, gerçeğin bilgisine eriştikten sonra kasıtlı olarak günah işlemeye devam etmektir.

Gerçeği öğrenip benimsedikten sonra, bile bile günah işlemeye devam edersek, günahlar için artık kurban kalmaz; geriye sadece yargının dehşetli beklenişi ve düşmanları yiyip bitirecek kızgın ateş kalır. (İbraniler 10:26-27).

Gerçeğin bilgisine eriştikten sonra "kasıtlı olarak günah işlemeye devam etmek" demek, Tanrı'nın bağışlamayacağı kanunsuz şeyleri yapmaya devam etmek demektir. Tıpkı ayette, *"Şu gerçek özdeyiş onların durumunu anlatıyor: 'Köpek kendi kusmuğuna döner,' 'Domuz da yıkandıktan sonra çamurda yuvarlanmaya döner.'"* (2. Petrus 2:22) denildiği gibi, günah işlediğini bile bile günahı işlemeye devam etmektir.

Tanrı'yı çok seven Davud zina işlediğinde bu pek çok günahı da beraberinde getirmiş ve Davud'u en sadık askerlerinden birini öldürmeye itmişti. Ama peygamber Natan kendisine günahını gösterdiğinde Kral Davud hemen tövbe etmiştir.

Diğer yandan ise Kral Saul, peygamber Samuel'in kendisine günahlarını göstermesinden sonra bile günah işlemeye devam etmiştir. Davud tövbe ederek Tanrı'dan kutsanmayı alırken, Saul tövbe etmediği ve günah işlemeye devam ettiği için terkedilmiştir.

Bunlara ek olarak peygamber Balam, hem kutsamaya hem de lanet etmeye yetkisi olan bir peygamberdi ama zenginlik ve şöhret sahibi olmak istediğinden sonu perişanlıkla noktalandı.

Kasıtlı olarak günah işlemeye devam edenlerin kalplerinde ki Kutsal Ruh, Tanrı onlara yüz çevirdiği için solar. Sonra da imanlarını kaybeder ve şeytan tarafından kontrol edilen kötü ve yanlış şeyleri yapmaya başlarlar. Sonuç olarak onlarda ki Kutsal Ruh tamamıyla yok olacaktır ve isimleri Yaşam Kitap'ından (Vahiy 3:5) silineceği için tövbe edemeyecek ve kurtulamayacaklardır.

Öte yandan ise, tüm kalpleriyle Tanrı'ya inanmadıkları ama O'nu sadece bilgiyle bildikleri için günah işlemeye devam eden insanlar vardır. Eğer tüm yürekleriyle ve samimiyetleriyle tövbe eder ve gerçek iman sahibi olurlarsa, günahları bağışlanabilir ve kurtuluş yoluna taşınabilirler.

Bu sebeple, daha önce öğrenmiş olmanıza, göklerle cehennemin var olduğuna inanmanıza ve Tanrı'nın bol lütuflarıyla karşılaşmış olmanıza rağmen günahkâr doğanın eylemlerini kasıtlı olarak yerine getirip günah işlediğinizde, kurtulamayacağınızı bilmelisiniz.

Ümit ediyorum ki tüm günahların kanunsuzluk ve karanlık olduğunu, her ne kadar bazıları ölümcül olmasa da Tanrı'nın hepsinden nefret ettiğini anlayabilesiniz. Lütfen hiçbir günaha izin vermeyen ve onları işlemeyen akıllı bir inanan olun.

İnsanoğlu'nun Bedeni ve Kanı

Sağlıklı bir yaşamın sürekliliğini sağlamak için uygun gıda ve içecek tüketmelisiniz. Aynı şekilde ruhunuzu sağlıklı tutabilmek ve sonsuz yaşama kavuşabilmek için İnsanoğlu'nun bedenini yemeli ve kanını içmelisiniz.

Şimdi İnsanoğlu'nun bedeni ve kanının ne olduğunu ve niçin O'nun bedenini yemek ve kanını içmek zorunda olduğunuzu Yuhanna 6:53-55'de ki ayetlerden öğreneceksiniz:

> *İsa onlara şöyle dedi: "Size doğrusunu söyleyeyim, İnsanoğlu`nun bedenini yiyip kanını içmedikçe, sizde yaşam olmaz. Bedenimi yiyenin, kanımı içenin sonsuz yaşamı vardır ve ben onu son günde dirilteceğim. Çünkü bedenim gerçek yiyecek, kanım gerçek içecektir."*

İnsanoğlu'nun Bedeni Nedir?

İsa, benzetmeler yoluyla sizlere göklerin sırlarını ve Tanrı'nın isteğini İncil'de açıklar. Üç boyutlu bu dünyada yaşayan insanlar için, dördüncü boyutta ve üzerimizde olan Tanrı'nın ne istediğini anlamak ve kavramak zordur. Bu sebeple İsa, ilahi isteğin ne olduğunu daha iyi anlayabilmemiz için yeryüzünde ki nesnelerin, bitkilerin, hayvanların ve yaşamların yoluyla göklerde ki şeyleri karşılaştırmıştır.

İşte bu yüzden Tanrı'nın tek ve yegâne Oğlu İsa, boyutsuz olan kaya ve yıldızla, tek boyutlu olan üzüm asmasıyla, iki boyutlu kuzuyla ve üç boyutlu İnsanoğlu'yla kıyaslanır.

İsa, İnsanoğlu diye çağırılır çünkü İnsanoğlu'nun bedeni İsa'nın bedenidir.

Yuhanna 1:1 bize der ki, *"Başlangıçta Söz vardı. Söz Tanrı'yla birlikteydi ve Söz Tanrı'ydı."* Yuhanna 1:14 şöyle der, *"Söz, insan olup aramızda yaşadı. O'nun yüceliğini Baba'dan gelen, lütuf ve gerçekle dolu biricik Oğul'un yüceliğini gördük."* İsa, Tanrı'nın sözü olarak yeryüzüne beden olarak gelendir. Bu nedenle insanoğlu'nun bedeni, kendisi gerçek olan Tanrı'nın Sözü'dür ve İnsanoğlu'nun bedenini yemek, Kutsal Kitap'ta ki Tanrı'nın sözünü öğrenmektir.

İnsanoğlu'nun bedeni Nasıl Yenir?

Mısır'dan Çıkış 12:5-7 ve izleyen ayetler İsa'yı "kuzu" olarak tasvir eder:

> *Koyun ya da keçilerden seçeceğiniz hayvan kusursuz, erkek ve bir yaşında olmalı. Ayın on dördüne kadar ona bakacaksınız. O akşamüstü bütün İsrail topluluğu hayvanları boğazlayacak. Hayvanın kanını alıp, etin yeneceği evin yan ve üst kapı sövelerine sürecekler.*

Genellikle pek çok inanan, kuzuyla yeni inananların kastedildiğini düşünür. Ama Kutsal metinleri dikkatlice çalıştığınızda, kuzunun İsa'nın sembolü olduğunu görürsünüz.

Vaftizci Yahya kendisine doğru gelmekte olan İsa'ya bakarak Yuhanna 1:29'da şöyle der, *"Yahya ertesi gün İsa'nın kendisine doğru geldiğini görünce şöyle dedi: 'İşte, dünyanın günahını ortadan kaldıran Tanrı Kuzusu!'"* Havari Petrus 1. Petrus 1:19'da İsa'dan şöyle bahsetmiştir, *"Biliyorsunuz ki, atalarınızdan kalma boş yaşayışınızdan altın ya da gümüş gibi geçici şeylerle değil, kusursuz ve lekesiz kuzuyu andıran Mesih'in değerli kanının fidyesiyle kurtuldunuz."* Bunların yanı sıra İsa'yı kuzu ile kıyaslayan pek çok ifade daha mevcuttur.

Niçin Kutsal Kitap İsa'yı kuzuyla kıyaslar? Kuzu, çiftlik hayvanları içersinde en yumuşak başlı ve en itaatkâr olandır. Çobanın sesini tanır ve ona itaat eder. İnsanlar çobanın sesini taklit etseler bile kuzuyu asla kandıramazlar. Beyaz ve yumuşak tüylerini, sütünü, etini ve bedeninin tüm parçalarını insanlara verir.

Tıpkı kuzunun insanoğlu için her şeyi kurban vermesi gibi, İsa'da Tanrı'ya mükemmel bir şekilde itaat etmiş ve her şeyini bizim için kurban vermiştir.

Tanrı'nın özyapısında olmasına rağmen, yeryüzüne bir beden olarak gelmiş, göklerin müjdesini duyurmuş, birçok hastalığı iyileştirmiş ve çarmıha gerilmiştir. İsa, sizleri günahlarından kurtarmak için her şeyden vazgeçmiştir.

İsa, kuzuyla kıyaslanır çünkü karakter özellikleri ve hareketleri yumuşak huylu kuzuya andırır ve kuzunun etini yemek, İnsanoğlu'nun bedeni olarak adlandırılan İsa'nın bedenini yemeyi sembolize eder.

Öyleyse İnsanoğlu'nun bedenini nasıl yemelisiniz? Bize aşağıda ki talimatı veren Mısır'dan Çıkış 12:9-10 ayetlerini inceleyelim:

Eti çiğ veya haşlanmış olarak değil, başı, bacakları, bağırsakları ve işkembesiyle birlikte kızartarak yiyeceksiniz. Sabaha kadar bitirmelisiniz. Artakalan olursa, sabah ateşte yakacaksınız.

İlk olarak, Tanrı'nın Sözünü Çiğ Yememelisiniz

İnsanoğlu'nun bedenini "çiğ" yemek ne demektir? Genel olarak çiğ et yemek iyi bir şey değildir. Çiğ et yerseniz, virüs ya da bakteri kapabilir ya da hastalanabilirsiniz. Aynı şekilde Tanrı, zararlı olduğu için Tanrı sözünü çiğ yememeniz gerektiğini söyler.

Tanrı'nın sözü Kutsal Ruh'un ilhamıyla yazılmıştır. Bu yüzden Kutsal Ruh'un ilhamıyla onu okumalı ve yiyeceğiniz yapmalısınız.

Tanrı'nın sözünü harfi harfine yorumladığınızda ne olur? Büyük bir ihtimalle Tanrı'nın niyetini yanlış anlarsınız. Bu nedenle "Tanrı'nın çiğ sözü"nü yemek demek, Kutsal Kitap'ı harfi harfine yorumlamak demektir.

Yuhanna 1:1'de *"Söz Tanrı'ydı."* dendiği gibi, Kutsal Kitap Tanrı'nın kalbini ve isteğini içine alır ve her şey bu Söze göre yerine getirilir.

Tanrı'nın sözü bize nasıl göklere gireceğimizi anlatır. Sonsuz yaşama sahip olmayı istiyorsanız Tanrı'nın sözünü tam anlamıyla anlamalısınız. Eğer tersi olursa, bedenden ibaret bir adam olarak ruhani dünyayı göremez ve aklınız ona eremez.

Tıpkı toprakta bir larvayken gökyüzü olduğunu bilmeyen bir ağustos böceği gibidir. Yumurta içindeyken dış dünyanın varlığından habersiz bir tavuk gibidir. Anne karnındayken dünyada neler olduğunu bilmeyen bir bebek gibidir. Aynı şekilde bu dünyada bir bedenden ibaret olduğunuz sürece ruhani dünya hakkında bir şey bilemezsiniz. Tanrı size bu üç boyutlu dünyanın ötesinde başka bir dünya olduğunu söylüyor. Tıpkı civcivin yumurta kabuğunu kırması gibi, ruhani krallığı anlamak ve oraya girmek için sizlerde benliğinizin düşüncelerini kırmalısınız.

Örneğin Matta 6:6 şöyle der, *"Ama siz dua edeceğiniz zaman iç odanıza çekilip kapıyı örtün ve gizlide olan Babanız'a dua edin. Gizlilik içinde yapılanı gören Babanız sizi ödüllendirecektir."* Eğer bu ayeti kelimesi kelimesine yorumlayacak olsaydınız, sadece odanızda dua ediyor olurdunuz. Ama kendi odalarında gizlice dua eden hiçbir imanlı atanıza rastlayamazsınız.

İsa odasında değil ama geceyi bir dağda (Luka 6:12) ve sabahın erken bir saatinde ıssız bir yerde dua ederek geçirdi (Markos 1:35).

Ek olarak Daniel, odasının Yeruşalim yönüne bakan açık pencereleriyle günde üç kez diz çökerek dua etti (Daniel 6:10) ve Aziz Pavlus ise dama çıkarak dua etmiştir (Elçilerin İşleri 10:9).

Öyleyse İsa'nın "odanıza gidin, kapıyı örtün ve dua edin" demesi ne demektir?

Burada "oda" ruhani anlamda insanın kalbini temsil eder. Yani, odanıza gidin demek tıpkı odanıza girmek için salonu ya da holü geçeceğiniz gibi düşüncelerinizden sıyrılıp onları geride bırakarak kalbinizin derinliklerine ulaşın demektir. Sadece o zaman tüm kalbinizle dua edebilirsiniz. Odanıza girdiğinizde dış dünya ile irtibatınız kesilir. Aynı şekilde dua ettiğinizde tüm gereksiz düşünceleri, endişeleri engellemek ve tüm kalbinizle dua etmek zorundasınız. Bu sebeple İnsanoğlu'nun bedenini çiğ yiyemezsiniz. Tanrı'nın sözünü harfi harfine yorumlamamalısınız. Kutsal Ruh'un ilhamıyla Tanrı'nın sözünü ruhani anlamda yorumlamalısınız.

İkinci olarak, Tanrı'nın Sözünü Su da Pişirerek Yeme

"Eti suda pişirerek yeme" demek ne demektir? Tanrı'nın sözüne yeni bir şey eklememiz ve onu bütünüyle olduğu gibi yememiz anlamına gelir.

Bir yandan Tanrı'nın sözünü duyurmak ve diğer yandan onu siyasetle, toplum hikâyeleriyle, hayranlık duyulan atasözleri ve tarihi bireylerle karıştırmak doğru değildir

Gökleri ve yeryüzünü yaratan, insanoğlunun hayat ve ölümünü, kutsama ve lanetini kontrol eden Tanrı, kudretlidir ve O'nda eksik olan hiçbir şey yoktur.

1.Korintlilere 1:25 şöyle der, *"Çünkü Tanrı'nın 'saçmalığı' insan bilgeliğinden daha üstün, Tanrı'nın 'zayıflığı' insan gücünden daha güçlüdür."* En akıllı ve en mükemmel insanın bile Tanrı ile mukayese edilemeyeceğini anlamanız için bu ayet yazılmıştır.

Tüm yaşamınız boyunca Kutsal Kitap'ta yazılı olan her şeyin vaazını veremezsiniz. Öyleyse hangi cüretle bir mesaj vermeyi istediğinizde, Tanrı'nın sözünü insanların sözleriyle karıştırırsınız?

Zaman geçtikçe insanların sözleri değişir. Hatta onlarda gerçek olsa bile zaten söylenenler Kutsal Kitap'ta yazılmıştır ve onlar Tanrı'nın hikmetiyle söylenmiştir.

Bu sebeple, Kutsal Kitap'ı öğretirken önceliğiniz Tanrı'nın saf sözü olmalıdır. Tabii ki insanlar Tanrı'nın sözünü ve ruhani dünyanın sırlarını daha kolayca anlasın diye bazı benzetmeler ve örnekler kullanabilirsiniz.

Ancak anlamalısınız ki sizi sonsuz yaşama taşıyan sadece Tanrı'nın ebedi sözü, mükemmel ve tamamlanmış hakikattir. Bu sebeple, O'nun sözünü suda pişmiş yememelisiniz. .

Üçüncü olarak, Tanrı'nın sözünü ateş üzerinde kızartılmış olarak yemelisiniz

"Başı, bacakları ve iç organlarıyla kızartarak yemek" ne demektir? (Mısır'dan Çıkış 12:9) Tanrı'nın sözünü, İnsanoğlu'nun bedenini geride hiç bir şey bırakmayacak şekilde ruhani gıdanız yapmanız demektir.

Örneğin bazı insanlar Musa'nın Kızıldeniz'i ikiye ayırdığına kuşkuyla bakar. Bazıları ise Levililer'i okumayı denemez bile çünkü Eski Ahit'te ki kurbanların anlaşılması zordur. Kimileri ise İsa'nın gerçekleştirdiği mucizelere inanmanın zor olduğunu ve bu mucizelerin sadece 2000 yıl önce meydana gelebildiğini düşünürler. İnsan, düşüncelerine uymayan pek çok şeye arkasını döner ve sadece ahlaki derslerle ilgilenirler.

"Düşmanınızı sevin" veya " her türlü kötülükten sakının" gibi sözleri akıllarında tutmayı denemezler bile çünkü bunlara itaat etmek zor görünür. Bu kişilerin kurtulması mümkün müdür? Bu sebeple tıpkı aptal insanların yapacağı gibi, Kutsal Kitap'tan sadece işinize geleni almamalısınız. Yaratılış'tan Vahiy'e kadar Kutsal Kitap'ta mevcut tüm sözleri ateşte tamamen kızarmış bir şekilde yemelisiniz.

Öyleyse Tanrı'nın sözünü "ateşte kızarmış" olarak yemek ne demektir? Burada ateş, Kutsal Ruh'u sembolize eder. Kutsal Ruh'un ilhamıyla kaleme alındığı için, Tanrı'nın sözünü okuduğunuzda ve dinlediğinizde Kutsal Ruh ile dolabilmeli ve O'nu soluyabilmelisiniz. Aksi takdirde onlar ruhani gıda değil, sadece bilgiden ibaret olurlar.

Tanrı sözünü ateşte kızarmış yiyebilmek için kendinizi adayarak dua etmeniz gerekir. Dualar, Kutsal Ruh'un bütünselliğinin kaynağı olan benzin gibidirler. Eğer Kutsal Ruh'un ilhamıyla Tanrı sözünü yerseniz, baldan daha tatlıdır. Bir su kenarı arayan geyiğin susuzluğu gibi Tanrı'nın sözünü severek dinlersiniz ve sizin için öylesine değerlidir ki ayın uzun sürse bile sıkılmazsınız.

Tanrı'nın sözünü ateşte kızarmış olarak yemek budur. Sadece bu yolla Tanrı'nın sözünü anlayacak, onu ruhani bedeniniz ve kanınız yapacak ve Tanrı'nın isteğini izleyeceksiniz. Ancak bu şekilde Kutsal Ruh ile ruhunuzu uyandırabilir, imanınızı büyütebilir ve insanın tüm vazifesini keşfederek, Tanrı'nın kaybolan suretini yeniden canlandırabilirsiniz.

Ama ateşin üzerinde kızartmadan kendi düşünceleriyle Tanrı'nın sözünü yiyenler onun sıkıcı olduğunu düşünür ve boş düşüncelerle onları dinlediklerinden hatırlayamazlar. Bu kişiler ne ruhani anlamda gelişir ne de gerçek hayatı elde ederler.

Dördüncü olarak, Tanrı'nın sözünü sabaha bırakmamalısınız

"Sabaha kadar bitirmelisiniz. Artakalan olursa, sabah ateşte yakmalısınız" ne demektir? Anlamı, İnsanoğlu'nun bedenini, Tanrı'nın sözünü gece yemeniz gerektiğidir. Şu anda yaşamış olduğunuz dünya, şeytan tarafından kontrol edilen karanlık bir dünyadır ve ruhani açıdan bu gece ya da gece vaktiyle ifade edilir. Rab'bimiz geri geldiğinde tüm karanlık yitip gidecektir ve her şey eski haline geri dönecektir. Işığın dünyası gündüz olacaktır.

Bu sebeple, "sabaha kadar bitirmelisin" demek, Rab'bimiz geri gelmeden önce O'nun bir gelini gibi kendinizi Tanrı'nın sözünü öğrenerek hazırlamanız demektir.

Buna ek olarak, ister Rab'bin dönüşü yakın olsun ya da olmasın, 70 ve 80 yaşlarına kadar yaşayabilirsiniz ve Rab'binizle ne zaman karşılaşacağınızı bilemezsiniz. Rab'binizle karşılaşacağınız zamana kadar İnsanoğlu'nun bedenini yeme ve kanını içme derecesinde ruhani anlamda büyürsünüz. Bu nedenle, sebatla Tanrı'nın sözünü öğrenmeli ve ruhsal açıdan büyümelisiniz.

Ruhunuzu sürekli geliştirecek babanın imanına sahip olursanız, Tanrı'nın krallığında ve O'nun tahtının yanında güneş gibi parlayan övgü sizin olacaktır çünkü siz Tanrı'yı başından beri bilmiş, Kutsal Ruh'un dokuz ürününü ve gerçek mutluluğu içinizde yeşertmiş ve Tanrı'nın suretine benzemişsinizdir.

İnsanoğlu'nun Kanını İçme

Yaşamınızı sürdürebilmek için yemek ve su içmek zorundasınız. Eğer su içmezseniz yedikleriniz sindirilmeyeceğinden ölürsünüz. Yiyecekler mideye gittiğinde orada su ile karışır, sindirilir, besin değeri yüksek olanlar emilir ve atıklar dışarı atılır.

Aynı şekilde İnsanoğlu'nun bedenini yediğinizde ama kanını içmediğinizde sindirim gerçekleşmez. Bu sebeple sonsuz yaşam için İnsanoğlu'nun bedenini yemenin yanı sıra kanını da içmelisiniz.

"İnsanoğlu'nun kanını içmek," imanla Tanrı'nın sözünü eyleme dönüştürmek demektir. Tanrı'nın sözünü dinledikten sonra buna uygun davranış sergilemek çok önemlidir ve bunun diğer adı imandır. Dinledikten ve öğrendikten sonra Tanrı sözüne göre davranış sergileyemezsiniz, onu dinlemeniz anlamsızdır.

Yedikleriniz sindirildiğinde besin değeri yüksek maddelerin emilmesi ve atıkların dışarı atılması gibi kirli kalplerinizi arındırıp, Tanrı'nın sözüne uygun davranışlar sergilediğinizde, Tanrı'nın Sözü gerçek emilir ve yalan dışarı atılır.

Öyleyse "emilen gerçek" ve "dışarı atılan yalan" nedir? Diyelim ki Tanrı'nın "Birbirinizden nefret etmeyin ama birbirinizi sevin" sözünü dinlediniz. Eğer bu sözü yiyeceğiniz yapar ve ona uygun davranışlar sergilerseniz, besin değeri yüksek olan sevgi emilir ve nefret denilen atık dışarı atılır. Kalbiniz otomatik olarak kötü ve kirli düşünceleri dışarı atarak daha saf ve doğru olmaya başlar.

Dinledikten Sonra Tanrı'nın Sözüne Uygun Davranışlar Sergileyin

Bununla beraber eğer İnsanoğlu'nun kanını içmiyorsanız, Tanrı'nın sözüne uygun davranışlarda sergilemiyorsunuzdur. Tanrı'nın sözü kafada ufak bir bilgi parçasıdır ve O'na uygun davranışlar sergilemezsiniz kurtulamazsınız.

İnsanoğlu'nun kanını içmek, Tanrı'nın sözüne uygun davranışlar sergilemek sadece insan çabalarıyla gerçekleşmez. O'nun sözüne uygun davranışlar sergilemek için hem istek hem de çaba olması gerekir ve sonra Tanrı'nın rahmetini, gücünü ve adanmış bir duayla Kutsal Ruh'un yardımını almak gerekir.

Eğer kendi çabalarınızla günahlarınızdan kurtulabilseydiniz İsa'nın çarmıha gerilmesine ve Tanrı'nın da Kutsal Ruh'u göndermesine gerek kalmazdı.

Kendi kendinize günahlarınızla başa çıkamadığınız için İsa Mesih onların bağışlanması adına çarmıha gerildi ve kirli kalpleriniz temiz kalplere dönüşsün diye Tanrı Kutsal Ruh'u gönderdi.

Tanrı'nın Ruhu Kutsal Ruh, Tanrı'nın çocukları hakikat ve doğruluk içinde yaşasınlar diye yardım eder. Bu nedenle, Kutsal Ruh'un yardımıyla Tanrı'nın çocukları günahlarından arınarak Tanrı'nın sözlerine uygun yaşayacak ve Tanrı'nın sevgi ve kutsamasına kavuşacaklardır.

Sadece Işıkta Yürüyerek Bağışlanma

İnsanoğlu'nun bedenini yemeniz ve kanını içmeniz demek, sizlerin Tanrı'nın sözüne uygun olarak ışıkta hareket etmeniz demektir. Öyleyse bunlar ne tip davranışlardır? Işıkta davranışlar sergilemelisiniz. İnsanoğlu'nun bedenini yiyip sindirdiğinizde ve kalbinizi gerçeğe açtığınızda, karanlığı geride bırakıp ışıkta hareket ediyorsunuzdur. Işıkta olduğunuz vakit ise Rab'biniz kanı sizi geçmişin, bugünün ve geleceğin günahlarından temizler.

Ve hatta henüz atılmamış günahlar olsa dahi, Tanrı önünde tüm kalbinizle tövbe ettiğiniz takdirde Tanrı'nın lütfüyle günahlarınız bağışlanabilir. Tanrı'ya tüm içtenlikleriyle inanan ve kalplerinde doğruluğu gerçekleştirmeye çalışanlar, daha fazla günahkâr değil ama doğru insanlardır ve onlar hem kurtarılabilir hem de sonsuz yaşamı elde edebilirler.

Tanrı Işıktır

1. Yuhanna 1:5 şöyle der, *"Mesih'ten işittiğimiz ve şimdi size ilettiğimiz bildiri şudur: Tanrı ışıktır, O'nda hiç karanlık yoktur."* 1. Yuhanna'yı yazan havari Yuhanna, yeryüzüne gelen, yeryüzünde ışık ve Tanrı'nın yolu olan İsa tarafından doğrudan eğitilmişti.

Yuhanna 1:4-5'de İsa hakkında şöyle denir, *"Yaşam O'ndaydı ve yaşam insanların ışığıydı. Işık karanlıkta parlar. Karanlık onu alt edemedi."* ve *"İsa, 'Yol, gerçek ve yaşam Ben'im' dedi. 'Benim aracılığım olmadan Baba'ya kimse gelemez.'"*

(Yuhanna 14:6). Bu sebeple İsa'nın havarileri "Tanrı'nın ışık" olduğu gerçeğine tanık oldular ve sizlere duyurdukları mesaj ise, "Tanrı'nın ışık" olduğudur.

Işığın Ruhani Anlamı Gerçektir

Öyleyse "ışık" nedir? Ruhani olarak ışık ve gerçek, karanlığın karşıtıdır. Tanrı, Efesliler 5:8'de bize şöyle der, *"Bir zamanlar karanlıktınız, ama şimdi Rab'de ışıksınız. Işık çocukları olarak yaşayın."* "Tanrı, ışıktır" mesajını alanlar ve Tanrı'dan gerçeği öğrenenler tıpkı ışığın karanlığı uzaklaştırdığı gibi bu dünyada parlar ve ışık saçarlar.

Gerçeğe göre davranan ışığın çocukları, ışığın meyvesini verirler. Bu sebeple Efesliler 5:9'da şöyle denir, *"Çünkü ışığın meyvesi her iyilikte, doğrulukta ve gerçekte görülür."* 1. Korintlilere 13'de anlatılan ruhani sevgi ile birlikte sevgi, neşe, huzur, sabır, nezaket, iyilik, sadakat, iyi huyluluk ve kendini kontrol edebilme gibi Kutsal Ruh'un meyveleri ışığın ürünleridir.

Bu nedenle ışık, gerçeğin iyiliği, doğruluğu ve Tanrı'nın Kutsal Kitap'ta dediği "birbirinizi sevin, şabat gününü hatırda tutun ve on Emire itaat edin" gibi sevgisini kapsar.

Karanlığın Ruhani Anlamı Günahtır

Karanlık, ışığın olmama durumudur ve ruhani anlamı günahtır.

Gerçeğin karşıtı olan tüm gerçekdışı şeyler Romalılar 1:28-29'da yazılmış şu şeylerdir, *"Tanrı'yı tanımakta yarar görmedikleri için Tanrı onları yararsız düşüncelere, yakışıksız davranışlara teslim etti. Her türlü haksızlık, kötülük, açgözlülük ve kinle doldular. Kıskançlık, öldürme hırsı, çekişme, hile, kötü niyetle doludurlar."* Tüm bunlar karanlıktır. Kutsal Kitap sizlere karanlığa ait olan çalmak, öldürmek, zina etmek vs gibi şeylerden uzak durmanızı söyler.

Bazıları, Tanrı'nın kendilerinden istediklerini yapmadıkları ve istemediklerini yaptıkları halde kendilerinin Tanrı'nın çocukları olduğunu iddia ederler. Karanlık, şeytan ve iblis tarafından kontrol edilir ve bu dünyaya aittir. Bu yüzden, asla ışıkla bir arada olamaz. Karanlıkta yaşayanların ışıktan nefret etmelerinin ve ondan uzak durmalarının nedeni budur.

Kendisinde hiç karanlık olmayan ve ışık olan Tanrı'nın gerçek çocukları, karanlıktan uzak olmalı ve ışıkta hareket etmelidirler. Sadece o zaman Tanrı ile iletişim kurulabilir ve hayatlarında her şey iyi bir yola girebilir.

Tanrı ile Paydaşlık Kurmanın Kanıtı

Genellikle çocuklar ile anne-babaları arasında sevgiye dayalı bir paydaşlık vardır. Aynı şekilde ruhunuzun Babası Tanrı ile paydaşlık sahibi olabilmeniz, siz İsa Mesih'e inananlar için açıktır (1. Yuhanna 1:3).

Burada paydaşlıktan kasıt sadece birbirini bilmek değil ama her iki tarafından birbirini çok iyi bilmesi demektir. Başbakan için çok şey hissetseniz bile onunla ile bir paydaşlığınız olduğunu söyleyemezsiniz. Aynı şey Tanrı içinde geçerlidir. Tanrı ile gerçek bir paydaşlık kurabilmeniz için, O'nun sizi bildiği ve tanıdığı kadar sizinde O'nu bilmeniz ve tanımanız gereklidir. 1. Yuhanna 1:6-7 şöyle der, *"O'nunla paydaşlığımız var deyip de karanlıkta yürürsek, yalan söylemiş, gerçeğe uymamış oluruz. Ama O ışıkta olduğu gibi biz de ışıkta yürürsek, birbirimizle paydaşlığımız olur ve Oğlu İsa'nın kanı bizi her günahtan arındırır."* Bunun anlamı şudur: Tanrı ile bir paydaşlığı ancak günahlarınızdan sıyrılıp ışıkta hareket etmeye başladığınız zaman tesis edebilirsiniz. Eğer hala karanlıkta yaşarken ve hareket ederken Tanrı ile paydaşlığınız olduğunu söylüyorsanız, bu bir yalandır.

Tanrı ile paydaşlık kurmak demek sadece kafanızda ki bilgiyle O'nu bilerek Tanrısal olmayan bir paydaşlık kurmanız demek değil ama O'nunla ruhani ve doğru bir bağ sahibi olmanız demektir. Tanrı ile bir paydaşlık kurabilmeniz için sizin kendinizin ışık olması gerekir çünkü Tanrı ışıktır. Tanrı'nın kalbi Kutsal Ruh sizin gerçekte kalmanızı sağlayacak ölçüde Tanrı'nın isteğini net bir şekilde öğretir. Böylece, Tanrı'nın sözünü ve duasını okuduğunuzda Tanrı ile derin bir iletişim kurabilirsiniz.

Eğer karanlıkta Yürürseniz

Eğer Tanrı ile paydaşlık kurduğunuzu iddia edip günah işliyor ve karanlıkta yürüyorsanız, yalan söylüyorsunuz. Bu gerçek üzerinde yürümek değildir ve nihai olarak ölümün yoluna gireceksiniz.

1. Samuel 2'de, kâhin Eli'nin oğulları kötü davranışlarda bulunmuş ve günah işlemişlerdi. Eli onları cezalandırmalıydı ama bunun yerine onları uyardı, *"Neden böyle şeyler yapıyorsunuz? Bunları yapmamalıydınız."* (v. 23). Sonunda Tanrı'nın öfkesi üzerlerine düştü. Kâhin Eli'nin iki oğlu savaşta öldü ve Eli'de sandalyeden geriye, kapının yanına düştü; boynu kırılıp öldü. Tanrı'nın öfkesi torunlarının üzerine de düştü(1. Samuel 2:27-36, 4:11-22).

Bu sebeple Efesliler 5:11-13 ayetlerinde şöyle denir, *"Karanlığın meyvesiz işlerine katılmayın. Tersine, onları açığa çıkarın. Karanlıktakilerin gizlice yaptıklarından söz etmek bile ayıptır. Işığın açığa vurduğu her şey görünür. Çünkü görünen her şey ışıktır."*

Eğer Tanrı ile paydaşlığı olduğunu söyleyip ışıkta yürümeyen biri varsa, ona sevgiyle tembihte bulunmalısınız. Eğer hala ışığı doğru adım atmıyorsa, ölümün yoluna gitmemesi için o kişiyi azarlamalısınız.

Işıkta Yürüyerek Bağışlanma

Bu dünyada yasalar vardır ve bir kişi yasayı çiğnerse yapmış olduğu davranışın ölçüsünde cezalandırılır. Yaptığı hatanın cezasını çekerek ödemiş olsa da, çoktan zararın verilmiş olması sebebiyle, vicdanında suçlu hissetmekten kendini alıkoyamaz.

Aynı şekilde İsa Mesih'i kabul etmiş, günahlarınızdan arınmış ve doğru olduğunuzu ilan etmiş olsanız bile, kalbinizde hala o günahkâr doğa vardır. Bu sebeple Tanrı, vicdanınızda dahi suçlu hissetmemeniz için yüreğinizi sünnet etmeniz gerektiğini buyurur. Yeremya 4:4 şöyle der, *"Ey sizler, Yahuda halkı ve Yeruşalim'de yaşayanlar, Kendinizi RAB'be adayın, Bunu engelleyen her şeyi yüreğinizden uzaklaştırın. Yoksa yaptığınız kötülüklerden ötürü Öfkem ateş gibi yağacak, Her şeyi yiyip bitirecek Ve söndüren olmayacak,"* yüreğin sünneti demek, yüreğinizin derisini kesip sıyırmanız demektir.

Yüreğinizin derisini kesip sıyırmanız demek ise, Tanrı'nın Kutsal Kitap'ta dile getirdiği "yapılması gerekenler", "yapılmaması gerekenler," "tutulması gerekenler" ve "atılması gerekenler" gibi buyruklarını izlemeniz demektir. Diğer bir deyişle yalan, kötülük, doğru olmama, kanunsuzluk ve karanlık gibi Tanrı'nın sözüne aykırı olan her şeyden uzak kalmanız ve yüreğinizi temizleyerek gerçekle doldurmanız demektir.

Bu nedenle Tanrı sözünü yiyeceğiniz yapmalı, besin değeri yüksek olanları emmeli ve Söze uygun davranışlar sergilemeli, karanlığa ait olan şeytani ve gerçek dışı atıkları içinizden atmalısınız. Yüreğin sünnetiyle temizlediğinizde ruhsal açıdan büyüyebilirsiniz.

Günahı ve kötü şeyleri bir atık gibi dışarı atıp ruhani ve doğru bir insan olduğunuzda, Tanrı ile paydaşlığa sahip olursunuz. Böylece İsa Mesih'in kanı, paydaşlığınız olduğu için günahlarınızdan sizi temizler.

Bu sebeple sadece İsa Mesih'i kabul edip doğru olduğunuzu ilan etmemelisiniz ama aynı zamanda İnsanoğlu'nun bedenini yiyerek, kanını içerek ve yüreğin sünnetiyle ruhunuzu temizleyerek doğru insana dönüşmelisiniz.

Eylemli İman Gerçek İmandır

İmanın anlamını hakkıyla anlamayan insanları görmek sizi hayretlere düşürür. Bazıları, "Niçin sadece kiliseye gitmiyorsun? Hala kurtulabilirsin." der.

Eğer Tanrı'nın sözünü dinler, O'nu bilir ama ona uygun davranışlar sergilemezsiniz, kafanızda ki gerçek iman değil ama bir tip bilgidir. Bu şekilde kurtulamazsınız. Tanrı'nın onayladığı iman nedir? İmanla nasıl kurtulabilirsiniz?

Gerçek Tövbe Günahlara Sırt Çevirmeyi Gerektirir

1. Yuhanna 1:8-9 şöyle der, *"Günahımız yok dersek, kendimizi aldatırız, içimizde gerçek olmaz. Ama günahlarımızı itiraf edersek, güvenilir ve adil olan Tanrı günahlarımızı bağışlayıp bizi her kötülükten arındıracaktır."*

Öyleyse günahları itiraf etmek ne demektir?

Farz edelim ki Tanrı bize şunu söylemiş olsun, "Doğu, sonsuz yaşamın ve benim isteğimin yoludur. Bu sebeple doğuya gidin." Buna rağmen eğer siz batıya gider ve "Tanrım, doğuya gitmeliyim ama batıya gidiyorum. Bu nedenle ne olur beni bağışla." derseniz, bu bir itiraf değildir. Bu, Tanrı'ya inanmamak, O'ndan korkmamak ama daha ziyade O'nunla alay etmektir. Gerçek tövbe sadece dudaklarınız arasından günahlarınızı itiraf etmek değil, ama tüm eylem ve işlerinizde günahlarınıza sırt çevirmektir. Sadece o zaman Tanrı tövbelerinizi kabul eder ve bağışlanmanıza rıza gösterir.

Hayatınızı sürdürmek için yemek zorunda olduğunuzu bile bile yiyeceği yemiyor ve Rab'bin kanıyla temizlenmiyorsanız, sadece dudaklarınızın arasından günahlarınızı itiraf ediyor ama onlara sırt çevirmiyorsanız, bu yolla ölüme sürükleneceksiniz.

Eylemsiz İman Ölü İmandır

Yakup 2:22 şöyle der, *"Görüyorsun, onun imanı eylemleriyle birlikte etkindi; imanı eylemleriyle tamamlandı."* 26. ayette şöyle devam eder, *"Ruhsuz beden nasıl ölüyse, eylemsiz iman da ölüdür."*

Göksel egemenlikle cehennemin olduğunu duydukları için pek çok kişi kiliseye gider. Ama bu gerçeğe tüm kalpleriyle inanmadıkları için eylemler onlara eşlik etmez.

Bu sadece bilgi olan imandır ve dolayısıyla ölü imandır.

İlaveten, dudaklarınızla inandığınızı itiraf etseniz bile hala günahla yaşıyorsanız nasıl imanınız olduğunu söyleyebilirsiniz? Kutsal Kitap size bilerek günah işlemenin bilmeyerek işlemekten daha kötü olduğunu söyler.

Eylem olmadan, "inanıyorum" dediğinizde imanınız olduğunu düşünebilirsiniz ama Tanrı bunu gerçek iman olarak onaylamaz.

Mısır'dan çıkan İsrailliler, Tanrı'nın pek çok eserlerine şahit oldular. Tanrı, Kızıldeniz'i ikiye ayırdı, onlara man ve bıldırcın verdi ve gündüzün bir bulut sütunu, geceleyin ise bir ateş sütunuyla onları korudu.

Ama Tanrı onlara Kenan diyarına gidip araştırmalarını

söylediğinde sadece Yeşu ve Kalev Tanrı'nın sözüne ve kudretine inandılar. Bunun neticesinde Kenan diyarına gitmek için yeterince güçlü imanı olmayan İsrailliler, 40 sene çölde kalıp orada öldüler.

Tanrı'nın birçok işine tanık olduktan sonra bile Tanrı'nın sözüne göre davranışlar sergilemiyor ve inanmıyorsanız bunun faydasız olduğunu idrak etmelisiniz. İman, eylemlerle tamamlanır.

Sadece Yasayı Yerine Getirenler Doğru Kılınacaktır

Tanrı, Romalılar 2:13'de bize şöyle der, *"Çünkü Tanrı katında aklanacak olanlar Yasa'yı işitenler değil, yerine getirenlerdir."* Sadece kilise ayinlcrine katılarak ve mesajı dinleyerek doğru olamazsınız. Gerçek dışı kalbiniz sadece Tanrı'nın sözüne uygun davranışlar sergilemeye başlayıp, gerçek bir kalbe dönüştüğünde sizi doğru kılar.

Bazıları Romalılar 10:13, *"Rab'be yakaran herkes kurtulacak."* ayetini yanlış anlayarak sadece dudaklarınızla İsa Mesih'e, "Rab" diye seslenerek kurtulabileceğiniz söylerler. Ancak bu kesinlikle yanlıştır. Yeşaya 34:16'de denildiği gibi, *"RAB'bin kitabını okuyup araştırın: Bunlardan hiçbiri eksik kalmayacak, eşten yoksun hiçbir hayvan olmayacak. Çünkü bu buyruk RAB'bin ağzından çıktı, Ruhu da onları toplayacak."* Tanrı'nın sözünün eşi vardır ve ancak bu eşle yorumlandığında mükemmel olur.

Romalılar 10:9-10 şöyle der, *"İsa'nın Rab olduğunu ağzınla açıkça söyler ve Tanrı'nın O'nu ölümden dirilttiğine yürekten iman edersen, kurtulacaksın. Çünkü insan yürekten iman ederek aklanır, imanını ağzıyla açıklayarak kurtulur."* İsa'nın dirildiğine tüm kalpleriyle inananların dudaklarından yaptığı itiraf gerçektir çünkü onlar Tanrı'nın sözüne göre yaşarlar. Böylesi gerçek bir imanla itiraf edenler kurtulacak ve doğru kılınacaklardır ama böyle bir imanla itirafta bulunamayanlar kurtulamazlar.

Bu yüzden İsa Matta 13:49-50'de şöyle demiştir, *"Çağın sonunda da böyle olacak. Melekler gelecek, kötü kişileri doğruların arasından ayırıp kızgın fırına atacaklar. Orada ağlayış ve diş gıcırtısı olacaktır."* Burada "doğrular" Tanrı'ya inanan ve imanları olduğunu itiraf edenlerdir. "kötü kişileri doğruların arasından ayırmak" ise, kiliseye gidip Hrıstiyan hayatları süren ama Tanrı'nın sözüne göre davranışlar sergilemeyenlerdir.

Tanrı Yüreğin Gerçekten Temizlenmesini İster

Tanrı, çocuklarından kutsal ve mükemmel olmalarını ister. Bu sebeple bizlere 1. Petrus 1:15'de şöyle der, *"Sizi çağıran Tanrı kutsal olduğuna göre, siz de her davranışınızda kutsal olun."* ve Matta 5:48'de öğütler, *"Bu nedenle, göksel Babanız yetkin olduğu gibi, siz de yetkin olun."*

Eski Ahit zamanında insanlar buyrukları yerine getiren eylemler yoluyla kurtulurlardı ama Yeni Ahit Zamanında İsa, yasayı sevgiyle tamamladığından insanlar imanla kurtuldular.

"Yasanın eylemleri yoluyla kurtulmak," cinayet işlemeye, nefrete, zinaya, yalana vs eğilimli kirli bir kalp sahibi olsanız bile, eyleme taşınmadığı sürece günahtan sayılmadığı anlamına gelir. Tanrı yanlış eylemlerde bulunmadıkları sürece insanları yargılamadı çünkü Eski Ahit zamanlarında Kutsal Ruh'un yardımı olmadan günahlarını atmaları mümkün değildi. Ama Yeni Ahit zamanında Kutsal Ruh'un yardımıyla kalbinizi temizlediğiniz için kurtulabildiniz çünkü Kutsal Ruh size geldi. Kutsal Ruh, günah ile doğruluk ve adalet arasında ki farka vakıf olmanızı, Tanrı'nın sözüne göre yaşamanızı sağlar. Bu sebeple, gerçek olmayandan uzaklaşabilir ve ruhunuzu Kutsal Ruh'un yardımıyla temizleyebilirsiniz.

Tanrı'nın sizden gerçekten kalbinizi temizlemenizi, günahlarınızdan arınmanızı, kutsal olmanızı ve ilahi özyapıya eşlik etmenizi istediğini kavramalısınız. Aziz Pavlus Tanrı'nın isteğini biliyordu ve bedensel sünnetin değil ama yüreğin sünnet edilmesi gerektiğini öğretti. (Romalılar 2:28-29). Gözlerinizi imanın öncüsü ve tamamlayıcısı İsa'ya dikerek, günaha karşı kanınızı akıtma noktasında direnmenizi öğütledi(İbraniler 12:1-4).

Ümit ediyorum ki sadece "ya Rab, ya Rab" diye seslenerek göklere girilemeyeceğini ama ışıkta yürümenin ve yüreğin sünnetinin de gerekli olduğunuz idrak edesiniz ve eylemlerin eşlik ettiği gerçek iman sahibi kişiler olabilesiniz.

Bölüm 9.

SUDAN VE RUHTAN DOĞMAK

- Nikodim İsa'ya Geliyor
- İsa, Nikodim'in Ruhani Anlayışına
  Yardım Ediyor
- Sudan ve Ruhtan Doğulduğunda
- Üç Tanık: Ruh, Su ve Kan

Yahudiler'in Nikodim adlı bir önderi vardı. Ferisiler'den olan bu adam bir gece İsa'ya gelerek, "Rabbî, senin Tanrı'dan gelmiş bir öğretmen olduğunu biliyoruz. Çünkü Tanrı kendisiyle olmadıkça kimse senin yaptığın bu mucizeleri yapamaz" dedi. İsa ona şu karşılığı verdi: "Sana doğrusunu söyleyeyim, bir kimse yeniden doğmadıkça Tanrı'nın Egemenliği'ni göremez." Nikodim, "Yaşlanmış bir adam nasıl doğabilir? Annesinin rahmine ikinci kez girip doğabilir mi?" diye sordu. İsa şöyle yanıt verdi: "Sana doğrusunu söyleyeyim, bir kimse sudan ve Ruh'tan doğmadıkça Tanrı'nın Egemenliği'ne giremez."

Yuhanna 3:1-5

Tanrı, tek ve yegâne oğlu İsa Mesih'i gönderdi ve kurtuluş yolunu açtı. Her kim İsa'yı kabul ederse Tanrı'nın çocuğu olma imtiyazını elde eder ve hem bu gün hem de sonsuza dek kutsanmış, sonsuz bir yaşamın tadına varır. Ancak son zamanlarda İsa Mesih'i kabul etmiş olsalar dahi kurtuluşla ilgili güvene sahip olmayan pek çok kişiye rastlarsanız. Daha da fazlası bazıları kurtuluşu kazandıklarını iddia ederler ama kurtulmalarını sağlayacak yeterli imanları yoktur. Diğerleri ise Kutsal Ruh'u aldıkları için kurtuluşu kazandıklarını söylerler ama onlarda sonradan eylemlerini pek umursamazlar.

Şimdi çarmıhın mesajının sonuna gelirken, Nikodim'in hikâyesini inceleyerek İsa Mesih'i kabul ettiğiniz andan itibaren mükemmel kurtuluşa nasıl kavuşulacağı hakkında net olalım.

Nikodim İsa'ya Geliyor

İsa'nın zamanında Ferisiler, Musa'nın Yasa'sına yüksek saygı ve ihtiyarlardan gelen geleneklere de sıkı sıkıya bağlılık gösterirlerdi. Tanrı'nın egemenliğine, dirilişe, meleklere, kıyamet gününe ve gelecek bir Mesih'e inanan ve seçilmiş İsraillilerden oluşan dini liderlerdi.

Ama İsa onları mütemadiyen, "Vah halinize Ferisililer"

diyerek azarlıyordu. Tıpkı ikiyüzlüler gibi insanlara dışarıda kutsal görünüyor ama içleri açgözlülükle ve taşkınlıkla dolu badanalı mezarlara benziyordu.(Matta 23:25-36).

Nikodim'in İyi Bir Kalbi Vardı

Nikodim, sanhedrin – Yahudilerin Meclisi – adı verilen iktidarda ki Yahudi Konseyinden bir Ferisi'ydi. Ancak diğer Ferisililer gibi İsa'ya zulüm etmemiştir. Aksine İsa'nın gerçekleştirdiği işaretleri gördükten sonra O'nun Tanrı'dan geldiğine inanmıştır. İyi bir kalbi olduğu için Nikodim, İsa'yı tanımak istemiştir.

Yuhanna 7:51'de Nikodim İsa'yı yakalamak isteyen Ferisililere İsa'yı savunarak sorar, *"Yasamıza göre, bir adamı dinlemeden, ne yaptığını öğrenmeden onu yargılamak doğru mu?"*

O zamanlarda konseyin bir üyesi olarak bu şekilde konuşmak kolay değildi. Hatta bu gün bile eğer bir hükümet Hrıstiyanlık'ı yasaklayıp kanun ile yıldırsa, resmi kişiler Hrıstiyanlık'ın yanında duramazlar. Aynı şekilde o zamanlar İsrailliler, Yahudilik dışında ki tüm dinleri yanlış görüyorlardı. Nikodim, İsa'nın tarafında olursa aforoz bile edilebileceğini biliyordu.

Buna rağmen İsa'yı savundu. Dürüst olduğunu ve İsa'ya olan imanında sağlam olduğunu kanıtladı.

Yuhanna 19:39-40, İsa'nın çarmıhta ölmesinden hemen sonra meydana gelen bir sahneyi betimler:

Daha önce geceleyin İsa'nın yanına gelen Nikodim de otuz litre kadar karışık mür ve sarısabır özü alarak geldi. İkisi, İsa'nın cesedini alıp Yahudiler'in gömme geleneğine uygun olarak onu baharatla keten bezlere sardılar.

Bu nedenle Nikodim, İsa'nın Tanrı adamı olduğuna inandı ve çarmıhtan sonra bile değişmeden İsa'ya hizmet etti ve dirilişinde kurtuluşu kazandı.

Nikodim İsa'ya Geliyor

Yuhanna 3, Nikodim'in ruhta gerçeği anlamadan önce, İsa ile arasında geçen bir konuşmayı betimler.

Bir gece Nikodim İsa'ya gelir ve açıkça şöyle der, *"Ferisiler'den olan bu adam bir gece İsa'ya gelerek, 'Rabbî, senin Tanrı'dan gelmiş bir öğretmen olduğunu biliyoruz. Çünkü Tanrı kendisiyle olmadıkça kimse senin yaptığın bu mucizeleri yapamaz' dedi."* (v. 2.)

Nikodim, önceleri İsa'nın Mesih ve Tanrı'nın Oğlu olduğunu bilmiyordu. Ama İsa'nın mucizelerine tanık olduktan sonra İsa'nın Tanrı adamı olduğunu kavradı ve bunu açıkça söyledi çünkü iyi bir vicdanı vardı. İyi bir vicdan sahibi olması nedeniyle ancak Kudretli Tanrı'nın ölüleri diriltebileceğini, körün gözlerini açabileceğini, sakatı yürütebileceğini ve cüzamlıyı iyileştirebileceğini biliyordu.

Peki, öyleyse İsa'ya neden gece geldi? Çünkü Yaratan Tanrı'ya güveni olmadığından, aşikâr bir şekilde kiliseye gitmek istemeyenlerden biri gibiydi.

Nikodim'in iyi bir kalbi olmasına rağmen gerçek bir imanı

yoktu. İsa'ya Tanrı'nın Oğlu ve Mesih olarak itimadı yoktu ve bu yüzden gün ışığı yerine gece O'nu ziyaret etti.

İsa, Nikodim'in Ruhani Anlayışına Yardım Ediyor

İsa, Nikodim'e şöyle dedi, *"İsa ona şu karşılığı verdi: 'Sana doğrusunu söyleyeyim, bir kimse yeniden doğmadıkça Tanrı'nın Egemenliği'ni göremez.'"* (Yuhanna 3:3).

Ancak Nikodim bunun ne demek olduğunu anlamadı. Sonra tekrar sordu, "Yaşlanmış bir adam nasıl doğabilir?" Ruhani imanı yoktu ve bu yüzden merak etti, "Yaşlı bir insan ölür ve toprağa karışır. Sonra tekrar nasıl doğabilir?"

Sonra İsa, ona su ve ruhtan tekrar doğuşu anlattı: *"Sana doğrusunu söyleyeyim, bir kimse sudan ve Ruh'tan doğmadıkça Tanrı'nın Egemenliği'ne giremez. Bedenden doğan bedendir, Ruh'tan doğan ruhtur."* (Yuhanna 3:5-6).

Nikodim, İsa'nın söyledikleriyle merak içindeyken, İsa ona bir benzetmeyle bunu açıkladı: *"Yel dilediği yerde eser; sesini işitirsin, ama nereden gelip nereye gittiğini bilemezsin. Ruh'tan doğan herkes böyledir."* (Yuhanna 3:8).

Âdem'in itaatsizliğinden sonra tüm insanların ruhları ölmüş ve tüm insanlık ölüme mahkum edilmişti. Ama insan ruhu, Kutsal Ruh sayesinde tekrar canlanır. Ruhani oldukça Tanrı'nın sureti eski haline dönüşür ve böylece kurtulur. Ama Nikodim, İsa'nın ne demek istediğini anlamamıştı (Yuhanna 3:9).

Bu yüzden, *"Bunlar nasıl olabilir?"* diye sordu ve İsa cevapladı:

Sizlere yeryüzüyle ilgili şeyleri söylediğim zaman inanmazsanız, gökle ilgili şeyleri söylediğimde nasıl inanacaksınız? Gökten inmiş olan İnsanoğlu'ndan başka hiç kimse göğe çıkmamıştır. Musa çölde yılanı nasıl yukarı kaldırdıysa, İnsanoğlu'nun da öylece yukarı kaldırılması gerekir. Öyle ki, O'na iman eden herkes sonsuz yaşama kavuşsun. (Yuhanna 3:12-15).

Çölde Sayım 21:4-9'de Mısır'dan çıkan İsrailliler Musa'ya karşı yakındılar çünkü Kenan diyarına yaptıkları yolculuk tahammül sınırlarının ötesinde zordu. Bu yüzden Tanrı onlardan yüz çevirip insanları ısıran zehirli yılanlar gönderdi.

Yardım için yakarmaya başlayınca Tanrı, Musa'dan bronz bir yılan yapıp direğin üzerine koymasını söyledi. Tanrı, bronz yılana bakan herkesi kurtardı ama inatçı insanlar inançsızlıkları yüzünden bakmaya bile tenezzül etmediklerinden öldüler.

Tanrı'nın Sözünü Ruhani Anlamda Anlamak

Tanrı niçin bronzdan bir yılan yapılmasını ve onun direğe konulmasını buyurmuştu? Yaratılış 3:14'den yılanın lanetlendiğini biliyoruz. Buna ek olarak, Galatyalılara 3:13 şöyle der, *"Ağaç üzerine asılan herkes lanetlidir."*

Bu yüzden bronz bir heykelin direğe konulması, tıpkı lanetlenmiş yılan gibi İsa'nın tahtadan bir çarmıha gerileceğini ve sizleri günahlarınızdan kurtaracağını sembolize eder. İlaveten, tıpkı bronz heykele bakanın kurtulması gibi, İsa Mesih'e inanan herkes kurtulacaktır.

Nikodim, Tanrı'nın sözünden neyin anlatılmak istendiğini anlayamamıştı çünkü henüz sudan ve ruhtan doğmamış, ruhani gözleri açılmamıştı.

Hatta bugün bile eğer sudan ve ruhtan doğmaz ve ruhani gözleriniz açılmazsa, ruhani mesajı harfi harfine alıp yanlış anlayacağınızdan anlayamazsınız.

Kutsal Ruh'un ilhamıyla Tanrı sözünün ruhani anlamını anlamanız için kendinizi adayarak dua etmelisiniz. Böylece Tanrı'nın lütfuyla kalbiniz açılacak ve Tanrı'nın sözünü anlayıp gerçek iman sahibi kişiler olacaksınız.

Sudan ve Ruhtan Doğulduğunda

İsa, kendisini gece ziyaret eden Nikodim'e şöyle dedi, *"Sana doğrusunu söyleyeyim, bir kimse sudan ve Ruh'tan doğmadıkça Tanrı'nın Egemenliği'ne giremez. Bedenden doğan bedendir, Ruh'tan doğan ruhtur."* (Yuhanna 3:5-6).

Öyleyse sudan ve ruhtan doğuşun ne anlama geldiğini net bir şekilde inceleyelim. Nasıl sudan ve ruhtan doğabilir ve kurtuluşa erebilirsiniz?

Su, Sonsuz Yaşamın Suyunu Sembolize Eder

Su, susuzluğunuzu dindirir ve iç organlarınızı yatıştırır. Ayrıca bedeninizin hem dışını hem de içini temizler. Bu yüzden İsa, sizi arındıran ve yaşam sunan sonsuz yaşamın suyunu, su ile mukayese etmiştir.

İsa Yuhanna 4:14'de şöyle der, *"Oysa benim vereceğim sudan içen sonsuza dek susamaz. Benim vereceğim su, içende sonsuz yaşam için fışkıran bir pınar olacak."* Eğer su içerseniz bir süre susamazsınız ama eninde sonunda tekrar susarsınız. Kutsal metinlerde ki su, sonsuz su anlamına gelir. Her kim İsa'nın verdiği suyu içerse asla tekrar susamayacaktır. Diğer bir deyişle, "sonsuz yaşama fışkıran su pınarı" size hayat verir.

Yuhanna 6:54-55 şöyle der, *"Bedenimi yiyenin, kanımı içenin sonsuz yaşamı vardır ve ben onu son günde dirilteceğim. Çünkü bedenim gerçek yiyecek, kanım gerçek içecektir."* Yani, İsa'nın bedeni ve Kanı sonsuz sudur.

İsa'nın "bedeni," Kutsal Kitap'ın sözüne işaret eder çünkü İsa bir beden olarak yeryüzüne gelen sözdür. O'nun bedenini yemek, Kutsal Kitap'ı okuyarak Sözünü aklınızda tutmak demektir.

İsa'nın kanı hayattır ve hayat ise gerçektir. Gerçek, Mesih'tir ve Mesih ise Tanrı'nın gücüdür. Tüm bunlar İsa'nın kanıdır. Tanrı'nın gücü imanla geldiği için, İsa'nın kanını içmek Tanrı'nın sözüne imanla itaat etmek demektir.

Suyun Tanrı'nın sözü ve kuzusu olan İsa'nın bedenini sembolize ettiğini öğrendiniz. Suyun bedeninizi temizlediği gibi, Tanrı'nın sözü de kalbinizi tüm kirli şeylerden yıkayıp temizler.

Bu sebeple kilisede su ile vaftiz edilirsiniz ve vaftizim sizin Tanrı'nın bir çocuğu olduğunuzu ve günahlarınızın bağışlandığını sembolize eder. Bundan başka, Tanrı'nın sözü üzerine tefekkür etmeniz ve her gün temizlenmeniz gerektiği anlamına gelir.

Su ile Tekrar Doğmak

Öyleyse sonsuz su olan Tanrı sözüyle nasıl kalplerinizde ki kiri yıkayabilirsiniz? Tanrı'nın bize verdiği dört tip buyruk vardır. "Yapılması gerekenler," "yapılmaması gerekenler," "tutulması gerekenler" ve "atılması gerekenler." Örneğin, Tanrı sizden kıskançlık yapmamanızı, nefret etmemenizi, yargılamamanızı, çalmamanızı, zina etmemenizi ve cinayet işlememenizi buyurmuştur.

Aynı şekilde, yasak olanı yapmamalı ve aynı zamanda şeytani olan her şeyi çekip atmalısınız. Şabat gününü tutmalı, müjdeyi duyurmalı, dua etmeli ve birbirinizi sevmelisiniz. Kalbiniz böylece Kutsal Ruh'un yardımıyla gerçekle dolacak ve Tanrı sözü doğru olmayan şeylerden ve günahlardan sizi temizleyecektir. Bu şekilde kalbin sünneti gerçekleşir, Tanrı'nın sözüne uygun davranışlar sergileyerek gerçeğe dönüşürsünüz ve buna "sudan doğmak" denir.

Bu nedenle tüm kurtuluşa kavuşmak için, sadece İsa'yı kabul etmekle kalmamalı ama ayrıca Tanrı'nın sözüne hayatınızın her anında uyarak yüreğin sünnetini gerçekleştirmelisiniz.

Ruh ile Tekrar Doğmak

Kurtuluşa kavuşmak için hem sudan hem de ruhtan

doğmalısınız. Ruhtan nasıl doğabilirsiniz? Elçilerin İşleri 19:2'de Aziz Pavlus havarilere sordu, *"İman ettiğiniz zaman Kutsal Ruh'u aldınız mı?"* Kutsal Ruh'u almak ne demektir? İlk insan Âdem, "ruh", "can" ve "beden"den meydana gelmiş (1. Selanikliler 5:23), ama itaatsizliği sonucu ruhu ölmüştü. Böylece can ve bedenden meydana gelmiş hayvandan farksız bir canlıya dönüşmüştü (Vaiz 3:18).

Günahlarınızdan tövbe eder ve bir günahkâr olduğunuzu kabullenirseniz, Tanrı çocuğu olarak sizi Kutsal Ruh ile ödüllendirir (Elçilerin İşleri 2: 38).

Tanrı'nın Kutsal Ruh'u alan her çocuğu, Tanrı'nın sözüyle iyi ve kötü arasında ki farkı ayırabilir, sürekli ve kendini adamış dua yoluyla göklerden gelen güç ve kudretle birlikte Tanrı sözüne göre yaşar.

Bu yolla, gerçeğe dönüşür ve Kutsal Ruh'un ruhunuzun doğuşuna izin verdiği ölçüde ruhani iman sahibi olursunuz. Yuhanna 3:6 şöyle der, *"Bedenden doğan bedendir, Ruh'tan doğan ruhtur."* ve Yuhanna 6:63 şöyle der, *"Yaşam veren Ruh'tur. Beden bir yarar sağlamaz. Sizlere söylediğim sözler ruhtur, yaşamdır."*

Kutsal Ruh'u İzleyerek Ruhun İnsanı Olmak

Sudan ve Kutsal Ruh'tan doğduğunuzda, göksel vatandaşlığı elde edersiniz (Filipililer 3:20). Tanrı'nın bir çocuğu olarak kiliseye gider, O'na coşkuyla hamd eder ve ışıkta yaşamak için mücadele verirsiniz.

Gerçeği bilmediğinizden, kutsal Ruh'u almadan önce

karanlıkta yaşıyordunuz. Ama Kutsal Ruh'u aldıktan sonra ışıkta yaşamaya çalışırsınız.

Zaman geçtikçe, kalbinizde coşkuyu hissetseniz dahi sürekli mücadele içinde olduğunuzu fark edersiniz çünkü Kutsal Ruh'u izleyen ruhun yasası, benliğin arzularını, gözlerde ki şehveti ve maddi yaşamın verdiği gururu izleyen günahkâr doğanın yasasına karşı mücadele verir. (1. Yuhanna 2:16). Aziz Pavlus bu mücadeleden bahsetmiştir: *"İç varlığımda Tanrı'nın Yasası'ndan zevk alıyorum. Ama bedenimin üyelerinde bambaşka bir yasa görüyorum. Bu da aklımın onayladığı yasaya karşı savaşıyor ve beni bedenimin üyelerindeki günah yasasına tutsak ediyor. Ne zavallı insanım! Ölüme götüren bu bedenden beni kim kurtaracak?"* (Romalılar 7:22-24).

Su ve ruhtan doğduğunuzda, Tanrı'nın bir çocuğu olursunuz ama bu ruhani anlamda mükemmel insan olduğunuz anlamına gelmez.

Bu sebeple Galatyalılara 5:16-17 bize şunu der, *"Şunu demek istiyorum: Kutsal Ruh'un yönetiminde yaşayın. O zaman benliğin tutkularını asla yerine getirmezsiniz. Çünkü benlik Ruh'a, Ruh da benliğe aykırı olanı arzular. Bunlar birbirine karşıttır; sonuç olarak, istediğinizi yapamıyorsunuz."*

Kutsal Ruh'u izlemek için Tanrı'nın sözüne göre yaşamalı ve Tanrı'yı memnun eden, kabul edilebilir isteklerini yapmalısınız. Bu şekilde ruhun arzularını izlerseniz, baştan çıkmaz ve benliğin arzularını izlemeniz için aklınızı çelmeye çalışan şeytan ve iblisi yenilgiye uğratabilirsiniz. Gerçekle yaşar ve kendinizi sadakatle Tanrı'nın krallığına ve doğruluğuna adayabilirsiniz.

Kutsal Ruh'un arzularını izlediğinizde coşku ve huzur içinde olursunuz. Ancak benliğin tutkularını izlerseniz, perişan ve külfet sahibi olacaksınız.

İmanınız olgunlaştıkça günahlarınızı söküp atabilir ve her şeyde Kutsal Ruh'un arzularını izliyor olursunuz. İçinizde benliğin tutkuları peşi sıra gitmek isteyen arzular kaybolur. Daha da fazlası, ne perişan olursunuz ne de günahlarınızı söküp atmak için mücadele etmeye gereksinim duyarsınız. Her durumda her zaman coşkuyla dopdolusunuzdur. Tanrı, ruhun arzularına göre yaşayanlardan memnuniyet duyar. Mezmurlar 37:4'de şöyle vaat ettiği gibi, *"RAB'den zevk al, O senin içindeki istekleri yerine getirecektir"* 671, kalbin arzularını yerini getirir. Eğer kalbinizi sadece gerçekle doldurursanız, Tanrı sizden çok memnun olur ve sizin için mümkün olan her şeyi yapar. Ümit ediyorum ki su ve ruhtan doğabilesiniz ve ruhun arzularına göre yaşayabilesiniz.

Üç Tanık: Ruh, Su ve Kan

Daha önce açıkladığım gibi, kurtulabilmek için su ve ruhtan doğmalısınız. Ama tam anlamıyla kurtuluşu elde edebilmek için, ışıkta yürüyerek İsa'nın kanıyla günahlarınızdan arınmalısınız.

Eğer kalbiniz arınmamışsa, hala günahlarınız vardır. Bu yüzden geride kalmış günahlardan arınabilmek için İsa'nın kanına ihtiyacınız var.

Bununla ilgili 1. Yuhanna 5:5-8 bize şunu söyler:

İsa'nın Tanrı Oğlu olduğuna iman edenden başka dünyayı yenen kim? Suyla ve kanla gelen İsa Mesih'tir. O yalnız suyla değil, suyla ve kanla gelmiştir. Buna tanıklık eden Ruh'tur. Çünkü Ruh gerçektir. Şöyle ki, tanıklık edenler üçtür: Ruh, su ve kan. Bunların üçü de uyum içindedir.

İsa, Su ve Kan ile Gelir

Yuhanna 1:1 şöyle der, *"Söz Tanrı'ydı."* ve Yuhanna 1:14, *"Söz, insan olup aramızda yaşadı. O'nun yüceliğini Baba'dan gelen, lütuf ve gerçekle dolu biricik Oğul'un yüceliğini gördük."* Yani, Tanrı'nın tek Oğlu ve sözü olan İsa, yeryüzüne bizi günahlarımızdan kurtarmak için bir beden olarak gelmiştir. Hatta bugün bile bizi Tanrı'nın sözü olan Kutsal Kitap ile arındırmaya devam etmektedir.

Ancak Kutsal Ruh'un yardımı olmadan Tanrı'nın sözüne göre yaşayamazsınız. Kendi gücünüzle günahları söküp atmak imkânsızdır. Kendinizi adayarak dua etme yoluyla Kutsal Ruh'un yardımını istemelisiniz. Ancak böyle benliğin tutkularını, gözün tutkularını ve maddi yaşamın verdiği gururu söküp atabilir ve ancak o zaman kalbinizden yalanın karanlığını uzaklaştırabilirsiniz.

Buna ek olarak, bağışlanabilmek için kanınızı dökmelisiniz. İbraniler 9:22 der ki; *"Nitekim Kutsal Yasa uyarınca hemen her şey kanla temiz kılınır, kan dökülmeden bağışlama olmaz."* İsa'nın kanına ihtiyacınız vardır çünkü ancak O'nun günahsız ve lekesiz kanı bağışlanmanızı sağlayabilir.

Su ve kan ile gelen İsa'ya inanmalı ve şu üç şeyle – ruh, su ve kan – elde edilebilen kurtuluş için, Tanrı'dan Kutsal Ruh'u ödül olarak alabilmelisiniz. Eğer kan dökme yok ise bağışlanma yoktur ve sizde hala günah içindesinizdir. Arınmak için sadece söze – su – ihtiyacınız yok ama ayrıca tamamen söze göre yaşamanıza yardımcı olan Kutsal Ruh'a da ihtiyacınız vardır ve bu üçü dayanışma halindedir.

Bu sebeple, İsa Mesih'i kabul ederek günahlarımızın bağışlanmasından sonra bile, mükemmel kurtuluşu kazanmak için su ve ruhtan doğmaya devam etmeli ve bu üçünün bir arada bizi göksel krallığa taşıyacakları gerçeğini anlamalıyız.

Bölüm 10.

SAPKINLIK NEDIR?

- Kutsal Kitap'ta Sapkınlığın Açıklaması
- Gerçeğin Ruhu ve Yalanın Ruhu

*Ama İsrail halkı arasında sahte
peygamberler vardı; tıpkı sizin de
aranızda yanlış öğreti yayanlar
olacağı gibi. Bunlar kendilerini
satın alan Efendi'yi bile yadsıyarak
gizlice aranıza yıkıcı öğretiler
sokacaklar. Böyleleri kendi
başlarına ani bir yıkım getirecek.
Birçokları da onların sefahatine
kapılacak. Onların yüzünden
gerçeğin yoluna sövülecek.
Açgözlülüklerinden ötürü uydurma
sözlerle sizi sömürecekler. Onlar
için çoktan beri verilmiş olan yargı
gecikmez. Onları bekleyen yıkım da
uyuklamaz.*

2. Petrus 2:1-3

Materyalist medeniyet geliştikçe, insanlar kendi akıl ve
bilgilerine dayandıklarından Tanrı'yı inkâr etmeye başladılar.
Günah yayıldıkça insanların ruhları karanlığa gömüldü ve
insanlar bozuldular. Neyin doğru ve neyin yanlış olduğunu
birbirlerinden ayıramadıkları için yalanlarla kandırıldılar ve
kendi doğru, bilgi ve teorilerine dayanarak insanları yargılama
hatasına düştüler.

Matta 12:22-32'de İsa, kör ve dilsiz cinli bir adamı iyileştirir
ama bunu duyan Ferisiler şunu der, *"Bu adam cinleri, ancak
cinlerin önderi Baalzevul'un gücüyle kovuyor"* (v. 24).
Tanrı'nın eserinin bir şeytan tarafından yerine getirildiğine
hükmettiler.

İsa ise onlara Matta 12:31-32'de şu cevabı verir, *"Bunun için
size diyorum ki, insanların işlediği her günah, ettiği her küfür
bağışlanacak; ama Ruh'a edilen küfür bağışlanmayacaktır.
İnsanoğlu'na karşı bir söz söyleyen, bağışlanacak; ama Kutsal
Ruh'a karşı bir söz söyleyen, ne bu çağda, ne de gelecek
çağda bağışlanacaktır."*

Ferisiler, İsa'nın Tanrı'nın gücüyle meydana getirdiği eserleri
şeytan işi olarak değerlendirmişlerdi. Bu, Kutsal Ruh'a karşı söz
söylemektir. Bu nedenle Ferisilerin kurtulması mümkün
değildir.

Kutsal Kitap'ta net bir şekilde ortaya konan gerçekle ile yalan arasında ki ayrımı yapabilirseniz, ne diğer insanları yargılayacak ne de yanlış olan tarafından kandırılabileceksiniz.

Tanrı'nın perspektifinden sapkınlığın ne olduğu, Tanrı'nın ruhuyla kötü ruhları nasıl birbirinden ayırmanız gerektiği ve dikkatli olmanız gereken bazı sapkın tarikatlar konularını biraz daha derinden inceleyelim.

Kutsal Kitap'ta Sapkınlığın Açıklaması

Oxford sözlüğü sapkınlığı şöyle açıklar, "belli bir dinin ilkelerine aykırı düşen inanç ya da fikir." Bazı insanlar sadece kendi inandıklarının doğru din olduğunu düşünür ve diğer dinlere sapkın gözüyle bakarlar. Örneğin bir Budist için sadece Budizm gerçek ve doğru yoldur. Onlar için Konfüçyüs'çülük gibi diğer dinler gerçek değildir.

Pavlus Sapkın Bir Tarikatın Elebaşı Olarak Suçlandı

Elçilerin İşleri 24:5 şöyle der, *"Biz şunu anladık ki, bu adam dünyanın her yanında bütün Yahudiler arasında kargaşalık çıkaran bir fesatçı ve Nasrani tarikatının elebaşılarından biridir."* Burada "Nasrani Tarikatı," "sapkın bir mezhebe" işaret eder ve "sapkın" sözü Kutsal Kitap'ta ilk burada karşımıza çıkar.

Yahudiler Vali'nin önünde Pavlus'u suçluyorlardı çünkü Pavlus'un müjdeyi yaymasının sapkınlık olduğunu düşünüyorlardı. Pavlus ise suçlamaları yalanlamış ve Elçilerin İşleri 24:13-16'da anlatıldığı gibi imanını itiraf etmişti.

Şu anda bana yönelttikleri suçlamaları da sana kanıtlayamazlar. Bununla birlikte, sana şunu itiraf edeyim ki, kendilerinin tarikat dedikleri Yol'un bir izleyicisi olarak atalarımızın Tanrısı'na kulluk ediyorum. Kutsal Yasa'da ve peygamberlerin kitaplarında yazılı her şeye inanıyorum. Aynı bu adamların kabul ettiği gibi, hem doğru kişilerin hem doğru olmayanların ölümden dirileceğine dair Tanrı'ya umut bağladım. Bu nedenle ben gerek Tanrı, gerek insanlar önünde vicdanımı temiz tutmaya her zaman özen gösteriyorum.

Aziz Pavlus Gerçekten Sapkın mıydı?

Sapkınlığın Kutsal Kitap'ta ki açıklamasına bakmalısınız çünkü Kutsal Kitap, doğru ile yalanı ayırt edebilen tek gerçek varlık olan Tanrı'nın Sözü'dür. "Sapkın bir tarikat" ima eden terim, Kutsal Kitap'ta beş kez ortaya çıkar ancak açıklaması sadece bir kere yapılır:

Ama İsrail halkı arasında sahte peygamberler vardı; tıpkı sizin de aranızda yanlış öğreti yayanlar olacağı gibi. Bunlar kendilerini satın alan Efendi'yi bile yadsıyarak gizlice aranıza yıkıcı öğretiler sokacaklar. Böyleleri kendi başlarına ani bir yıkım getirecek. (2. Petrus 2:1).

"Kendilerini satın alan Efendi," İsa Mesih'tir. İnsan, esas

olarak Tanrı'ya aitti ve O'nun isteğine göre yaşıyordu. Ama itaatkârsızlığından sonra Âdem, şeytana ait bir günahkâr oldu. Ancak Tanrı, ölümün yoluna giren insanoğluna acıdı. Tanrı, tek Oğlu'nu bir barış sunusu olarak gönderdi ve çarmıha gerilmesine izin verdi ki Kanı ile kurtuluş yolunu açabilsin.

Tanrı, bir zaman şeytana ait olan bizlerin günahları İsa Mesih'e inanarak bağışlansın diye çalışır. Bu sayede, yaşama kavuşur ve Tekrar Tanrı'ya böyle ait oluruz. Ve yine bu sayede İsa çarmıha gerilerek bizi satın aldı diyebiliriz. Kutsal Kitap size İsa'nın "onları satın alan egemen Rab" olduğunu söyler.

Sapkınlar İsa Mesih'i İnkâr Ederler

Şu anda biliyorsunuz ki "sapkın," *"kendilerini satın alan Efendi'yi bile yadsıyarak kendi başlarına ani bir yıkım getirecekler"* (2. Petrus 2:1)'e işaret eder. Bu terim, İsa'nın Kurtarıcı olarak görevini tamamlamasına kadar hiç kullanılmamıştı. "İsa" isminin anlamı, İnsanlarını günahlarından kurtaracak kişi [tek ve yegâne olan] demektir. "Mesih" ise, "mesh edilmiş olan" demektir. İsa ancak görevini tamamladıktan sonra Kurtarıcı olmuştur – çarmıha gerilmiş ve göğe yükselmiştir.

Bu nedenle bu terime Eski Ahit'te ya da İsa'nın hayatını yazan Matta, Markos, Luka ve Yuhanna İncillerinde rastlayamazsınız. Hatta İsa'ya zulmeden Ferisiler ve Yasa'nın öğreticileri bile bu terimi kullanmadılar. Başrahipler tarafından dahi telaffuz edilmedi.

İsa, görevini "Mesih" olarak tamamlayarak dirildikten sonra, "kendilerini satın alan Efendi'yi yadsıyanlar" ortaya çıkmış ve ancak ondan sonra Kutsal Kitap sapkınlarla ilgili uyarmaya başlamıştır. Bu sebeple eğer insanlar İsa Mesih'e "kendilerini satın alan Efendi" diye inanırlarsa, sapkın değillerdir. Eğer inkâr ederlerse, sapkındırlar. Aziz Pavlus, değerli kanıyla kendisini satın alan İsa Mesih'i inkâr etmedi. Tam aksine, gittiği her yerde duyurduğu İsa Mesih'e şükranlarını sundu. Eziyet çekti ve yüksek bedeller ödemek zorunda kaldı. Tam beş kere Yahudilerden kırk eksi bir kırbaç yedi. Bir keresinde taşlandı. Zindana atıldı, Yahudi olmayanlar ve kendi ülkesinin insanları tarafından zulüm gördü ve güven duyduğu kişiler tarafından ihanete uğradı. Tüm olanlara rağmen, çektiği sıkıntı ve çileleri coşku ve minnettarlıkla bertaraf ederek çok yetkin bir insan oldu ve şehit olarak öldüğü güne kadar İsa Mesih'in adıyla sayısız insana şifa dağıttı ve Tanrı'ya şükretti.

Pavlus Tanrı'nın Gücünü Göstererek Müjdeyi Duyurdu

Bilmelisiniz ki Yaratan Tanrı'nın gücünü ve Tanrı'nın özyapısında olan İsa Mesih'i inkâr edenlere Tanrı'nın gücü gösterilmez. Kutsal Kitap, bizlere açıkça şöyle der, *"Tanrı bir şey söyledi, Ben iki şey duydum: Güç Tanrı'nındır"* (Mezmurlar 62:11).

Tanrı onunla olduğu ve o da Tanrı'yı çok sevdiği için, Tanrı'nın gücünü gösteren bir kişiyi yargılamamalısınız. Galatayalılar'a 1:6-8'de Nasrani tarikatının elebaşısı olarak adlandırılan Pavlus, çarmıhın mesajından başka bir müjdeyi izlememek ve duyurmamak konusunda ciddi bir şekilde uyarır:

Sizi Mesih'in lütfuyla çağıranı bırakıp değişik bir müjdeye böylesine çarçabuk dönmenize şaşıyorum. Gerçekte başka bir müjde yoktur. Ancak aklınızı karıştırıp Mesih'in Müjdesi`ni çarpıtmak isteyenler vardır. İster biz, ister gökten bir melek size bildirdiğimize ters düşen bir müjde bildirirse, lanet olsun ona!

Hatta bu gün bile İsa Mesih'i inkâr etmedikleri, Mesih'in müjdesini duyurdukları, O'nun gücüyle ortaya işler koydukları ve Yaşayan Tanrı'yı açıkça ilan ettikleri halde, bazı insanların sapkın olduğuna hükmedilir

Rasgele, İnsanları Sapkın Olarak Yargılamayın

Tanrı'nın gücünü ifşa ettiğim ve kilisem her gün biraz daha büyüdüğü için bende sapkınlıkla suçlandım ve bir dizi denemeye tabi tutularak sıkıntılar çektim. Aslında, 1982 senesi olan kuruluşundan bu yana ve son yirmi senede cemaat üyelerinin sayısı 120.000'i geçti.

Yedi sene boyunca çok ciddi hastalıklara katlandım ve bir kereye mahsus olmak üzere Tanrı'nın gücüyle iyileştim. İster Aziz Pavlus'un yediği ya da içtiği şekilde olsun, Tanrı'ya şükrederek yaşamaya çalıştım. Hayatımı Tanrı'nın ellerine bıraktım ve "sadece İsa ve her zaman İsa" ya odaklandım.

Rahip olmadığım zamandan beri, Tanrı'nın beni iyileştirişini ve müjdeyi duyurmaya çabaladım. Tanrı'nın bir hizmetkârı olarak göreve çağrıldıktan sonra çarmıhın mesajını ve Yaşayan Tanrı ile Kurtarıcımız İsa'yı duyurdum. Öylesine şiddetli bir arzuyla daha çok insanı kurtuluş yoluna taşımak istiyordum ki yönettiğim bir düğünde Tanrı hakkında şahitlik ettim.

Dünyanın nihayetinde Rab'be tanık olmak için hem Tanrı'nın güçlü sözünün hem de Yaşayan Tanrı'nın kanıtının gerekli olduğunu kavradım. Bu sebeple, Tanrı'yı hissetmek için tıpkı imanın ataları gibi kendimi adayarak dua ettim ve tüm yargılamaları coşku ve minnetle geçtim.

Bazen öldürücü nitelikte yargılamalar oldu. Ama günahsız ölümünden sonra İsa'nın dirilerek eriştirildiği onur gibi, bu yargılamaların birer birer üstesinden geldiğim zaman Tanrı'da benim gücümü arttırdı.

Bunun bir neticesi olarak Tanrı'nın niçin tek gerçek Tanrı olduğuna ve İsa Mesih'e inandığınız takdirde kurtulacağınıza dünyanın hemen her yerinde – Kenya, Uganda, Honduras, Japonya ve hatta Müslüman Pakistan ve Hindu Hindistan'da – 2000 yılından beri şahitlik ediyorum. Binlerce kişi tövbe etti, kör gördü, dilsiz konuştu, sağır duydu ve AIDS ile kanser gibi tedavisi olmayan hastalar şifa buldu. Bu mucizeler fazlasıyla Tanrı'yı yüceltti.

Bu sebeple, sapkınlığın ne anlama geldiğini çok iyi bilen biri, diğerlerini dikkatsizce sapkınlıkla yargılamaz. Elçilerin İşleri 5:33-42'de tüm insanlar tarafından hürmet edilen yasanın öğreticisi Gamaliel hakkında okursunuz. Gamiliel nasıl davranmıştır?

O zamanlar Yahudi meclisinde ki Ferisililer, Petrus ve

242 _ ÇARMIHIN MESAJI

Yuhanna'nın İsa Mesih'e şahitlik etmeleri yasaklamıştı ama onlar Kutsal Ruh ile dopdoluydular ve meclise itaat etmediler. Bu sebeple meclis üyeleri onları infaz etmeye karar verdi. Ama Gamaliel buna karşı çıktı ve adamların bir süreliğine uzaklaştırılmasını buyurdu ve şöyle dedi:

Ey İsrailliler, bu adamlara yapacağınızı iyi düşünün! Bir süre önce Tevdas da kendi kendisiyle ilgili büyük iddialarda bulunarak başkaldırdı. Dört yüz kadar kişi de ona katıldı. Ama adam öldürüldü, izleyicilerinin hepsi dağıtıldı, hareket yok oldu. Ondan sonra, sayım yapıldığı günlerde ortaya çıkan Celileli Yahuda, pek çok insanı ayartıp peşine taktı. Ama o da öldürüldü ve izleyicilerinin hepsi darmadağın oldu. Şimdi size şunu söyleyeyim: Bu adamlarla uğraşmayın, onları rahat bırakın! Çünkü bu girişim, bu hareket insan işiyse, yok olup gidecektir. (Elçilerin İşleri 5:35-39).

Bu ayette de okuduğunuz gibi, eğer mucizevî bir iş, Tanrı'dan ya da Tanrı işi değilse insanlar buna karşı tavır alsınlar ya da almasınlar eninde sonunda başarısızlıkla sonuçlanacaktır. Ama Tanrı'dan gelen işlere karşı tavır alıp rahatsızlık verseler bile bu işlerin durdurulmasına güçleri yetmeyecektir. Çabaları Tanrı'ya savaş ilan etmekten farksızdır Tanrı'nın ceza ve yargısıyla yüzleşeceklerdir.

Bazen insanlar Üçlü Birlik'in ve İsa Mesih'in bir beden olarak geldiğinin doğruluğunu kabul etseler de, Kutsal Kitap'ın farklı yorumu ve Kutsal Ruh'un görüsü sebebiyle birbirlerini sapkın olarak yargılarlar.

Hatta bazıları dile ve görüye gereksinim olmadığını ve Kutsal Ruh'un bu işlerinin yanlış olduğunu bile söylerler çünkü İsa'nın dillerle konuşma ve görüler görmesiyle ilgili bir kayıt yoktur. Ancak İncil bize bunların iyi şeyler olduğunu söyler:

Herkesin ortak yararı için herkese Ruh'u belli eden bir yetenek veriliyor. Ruh aracılığıyla birine bilgece konuşma yeteneği, ötekine aynı Ruh'tan bilgi iletme yeteneği, birine aynı Ruh aracılığıyla iman, ötekine aynı Ruh aracılığıyla hastaları iyileştirme armağanları, birine mucize yapma olanakları, birine peygamberlikte bulunma, birine ruhları ayırt etme, birine çeşitli dillerle konuşma, bir başkasına da bu dilleri çevirme armağanı veriliyor. Bunların tümünü etkin kılan tek ve aynı Ruh'tur. Ruh bunları herkese dilediği gibi, ayrı ayrı dağıtır. (1. Korintlilere 12:7-11).

Sonuç olarak, Ruh'un farklı yeteneklerine sahip olanlarına sırf kendiniz deneyimlemediğiniz için sapkın diye iftira atmamalı ve onları yargılamamalısınız.

Gerçeğin Ruhu ve Yalanın Ruhu

2. Petrus 2:1-3'de sapkınlıkla ilgili bir açıklama vardır. Kutsal Kitap sizi yalancı peygamberlere ve yıkıcı öğretilere karşı uyarır. *"Birçokları da onların sefahatine kapılacak. Onların*

*yüzünden gerçeğin yoluna sövülecek. Açgözlülüklerinden
ötürü uydurma sözlerle sizi sömürecekler. Onlar için çoktan
beri verilmiş olan yargı gecikmez. Onları bekleyen yıkım da
uyuklamaz.''* (2. Petrus 2:2-3).
Ayrıca 1. Yuhanna 4:1-3 şöyle der, *"Sevgili kardeşlerim, her
ruha inanmayın. Tanrı'dan olup olmadıklarını anlamak için
ruhları sınayın. Çünkü birçok sahte peygamber dünyanın her
yanına yayılmış bulunuyor. İsa Mesih'in beden alıp dünyaya
geldiğini kabul eden her ruh Tanrı'dandır. Tanrı'nın Ruhu'nu
bununla tanıyacaksınız. İsa'yı kabul etmeyen hiçbir ruh
Tanrı'dan değildir. Böylesi, Mesih Karşıtı'nın ruhudur. Onun
geleceğini duydunuz. Zaten o şimdiden dünyadadır.''*

Ruhların Tanrı'dan Olup Olmadığını Anlamak İçin Sınayın

Sizi kurtuluş yoluna taşıyacak iyi ruhlar olduğu gibi, yıkıma
taşımak için sizleri kandıracak kötü ruhlarda vardır.

Ruh'unu Tanrı'dan alan, İsa Mesih'in bir bedende gelişinin
doğruluğunu kabul eder. Üçlü Birlik'e – Tanrı, İsa Mesih ve Ruh
– inandığı için Tanrı'nın çocuğu olarak mühürlenmiştir. Gerçeği
anlar ve Ruh'un yardımıyla gerçeğe uygun yaşar.

Mesih karşıtı ruhu olan ise, Tanrı'nın Sözü olan İsa Mesih'e
karşı çıkar ve dirilişini inkâr eder. Mesih karşıtları konusunda
çok dikkatli olmalısınız çünkü Mesih karşıtı, Tanrı'nın sözünü
farklı kullanarak inananlar arasında çalışır.

Her ne şekilde olursa olsun İsa Mesih'i inkâr etmek, O'nu
yeryüzüne gönderen Tanrı'ya karşı savaşmaktan farksızdır

Kutsal Kitap, Mesih Karşıtı hakkında 2. Yuhanna 1:7-8 'de şöyle uyarır:

Ne var ki, İsa Mesih'in beden alıp geldiğini kabul etmeyen birçok aldatıcı dünyanın her yanına yayıldı. Aldatıcı, Mesih karşıtı olan bunlardır. Başardıklarınızı yitirmemek ve ödülünüzü eksiksiz almak için kendinize dikkat edin.

1. Yuhanna 2:19'da bir başka uyarı daha vardır:

Bunlar aramızdan çıktılar, ama bizden değildiler. Bizden olsalardı, bizimle kalırlardı. Ayrılmaları hiçbirinin bizden olmadığını ortaya çıkardı.

İki çeşit Mesih karşıtı vardır: Mesih karşıtı ruhun hükmettiği insan ve Mesih karşıtı ruh tarafından kandırılan insan. Her ikisi de Kutsal Ruh'un olduğu her yerde insanları kandırmaya çalışır. Tanrı'nın sözüne karşı gelmeleri için insanları esir alırlar ve düşünceleri yoluyla onları kandırırlar. Düşünceleri tamamen Mesih karşıtı ruh tarafından kontrol edilen insanlara "cinli" adı verilir.

Eğer bir rahibe Mesih karşıtı bir ruh verilmiş ise, Mesih karşıtı ruh tarafından esir alınan kilise üyeleri yıkım yoluna doğru ilerlerler.

Bu sebeple, Mesih karşıtı ruh tarafından kandırılmamak ama gerçek ve ışığa göre yaşamak için, gerçeğin ruhu ile yalanın ruhunu çok iyi bilmelisiniz.

Ruhları Nasıl Ayıracaksınız?

1. Yuhanna 4:5-6 şöyle der, *"Sahte peygamberler dünyadandır. Bu nedenle söyledikleri sözler de dünyadandır ve dünya onları dinler. Bizse Tanrı'danız; Tanrı'yı tanıyan bizi dinler, Tanrı'dan olmayan dinlemez. Gerçeğin Ruhu'yla yalan ruhunu böyle ayırt ederiz."* "Yalan" terimi, "doğru olmayan söylem" demektir. Yalanın ruhu, doğru olmayan şeylere sanki doğruymuş gibi inanmanız için sizi kandıran dünyevi bir ruhtur ve sizin imanın sınırlarını terk etmenize yol açar. Diğer bir deyişle, Tanrı'dan olan gerçeğin sözünü ve dünyadan olan dünyevi söylemleri dinler. Bu sebeple onları tanımak çok kolaydır. Eğer gerçeği biliyorsanız onların ışıktan mı yoksa karanlıktan mı olduğu size aşikârdır. Böylece, "Bu kişi gerçekte ama şu kişi karanlıkta yaşıyor" diyebilirsiniz.

Eğer biri Pazar ayinleri hakkında, "Hadi bu öğlen pikniğe gidelim. Sadece sabah ayinine katılalım. Bu yeterli olmaz mı?" diyorsa veya şeytani oyunlarla Tanrı'nın krallığını yıkmaya çabalıyor ama aynı zamanda Tanrı'ya inandığını iddia ediyorsa, bu yalanın ruhunun işidir.

Tanrı'dan olan gerçek Ruh'unu eğer alırsanız, Tanrı'nın size bolca verdiği pek çok şeyi anlayabilirsiniz (1. Korintlilere 2:12). Bu sebeple Kutsal Ruh, Tanrı'nın değerli çocuklarının içinde yaşar. O, gerçeğin Ruh'udur ve sizin gerçeğe doğru rehberliğinizi yapar. Kendi başına konuşmaz, sadece ne Duyarsa onu Konuşur ve henüz gelmemiş olanları da söyleyecektir.

Bu nedenle İsa, Yuhanna 14:17'de şöyle demiştir, *"Gerçeğin*

Ruhu'nu verecek. Dünya O'nu kabul edemez. Çünkü O'nu ne görür, ne de tanır. Siz O'nu tanıyorsunuz. Çünkü O aranızda yaşıyor ve içinizde olacaktır." Yuhanna 15:26, bize Kutsal Ruh ile ilgili başka bir hatırlatma yapar: *"Baba'dan size göndereceğim Yardımcı, yani Baba'dan çıkan Gerçeğin Ruhu geldiği zaman, bana tanıklık edecek."* Ayrıca 1. Korintlilere 2:10 şöyle der, *"Oysa Tanrı Ruh aracılığıyla bunları bize açıkladı. Çünkü Ruh her şeyi, Tanrı'nın derin düşüncelerini bile araştırır."* Yazıldığı gibi, Tanrı'nın zihnini tam anlamıyla bilen ve algılayan tek şey Kutsal Ruh'tur.

Sonuç olarak gerçeğin Ruh'unu alanlar gerçeğin sözünü dinler ve ona itaat ederler. Tanrı'nın krallığı ve doğruluğu ne kadar genişlerse, onlarda o kadar haz alırlar. Göksel krallığa özlem duyar ve yaşam ile dolarlar.

Ancak bazıları coşku duymadan kiliseye gider çünkü Tanrı'dan hâsıl olmuş imana sahip değillerdir. Onlar hala bu dünyaya aittirler ve para ile eğlence gibi dünyevi şeyleri tercih ederler. Ne gerçekle yaşayabilir, ne gökler için özlem duyabilir, ne de Tanrı'yı tüm yürekleriyle sevebilirler.

Er ya da geç bu insanlar yalanın ruhu yüzünden Tanrı'yı terk edeceklerdir çünkü bu dünyaya aittirler ve onlarda gerçeğin Ruh'u yoktur. Ayrıca eğer bir kişi imanda kardeş olanlara iftira eder, onlar hakkında dedikodu yapar ve Tanrı'nın krallığına ve Doğruluğuna sadık oldukları için başkalarını çekemezse, O kişi gerçeğin Ruh'undan değildir.

Hiç kimsenin Sizi Doğru Yoldan Saptırmasına İzin Vermeyin

1. Yuhanna 3:7 bizi şu hususta teşvik eder: *"Yavrularım, kimse sizi aldatmasın. Mesih doğru olduğu gibi, doğru olanı yapan da doğru kişidir."* Doğru olmayan bilgi tarafından kandırılmamak için Tanrı'nın sözünden çıkmamalısınız çünkü O, size Tanrı'nın sözünden başka bir şey öğretmez. İşte o zaman tüm kurtuluşa nail olacak, bu dünyada refaha kavuşacak ve göksel egemenlikte sonsuz yaşamın tadına varacaksınız.

Ancak şeytan, Tanrı'nın çocuklarının Tanrı sözüyle yaşamalarına mani olmak için elinden geleni ardına koymaz ve dünya ile uzlaşmanızı, Tanrı'dan uzaklaşmanızı, Tanrı'dan kuşku duymanızı ve O'na karşı gelmenizi sağlar. 1. Petrus 5:8 şöyle der, *"Ayık ve uyanık olun. Düşmanınız İblis kükreyen aslan gibi yutacak birini arayarak dolaşıyor."*

Peki, düşman şeytan ve iblis, Tanrı'nın çocuklarını nasıl kandırabilirler? Bunu bir erkek tarafından aklı çelinmiş bir kadına benzetebilirsiniz. Eğer kadın zarafet ve saygınlığını korur ve terbiyeli davranırsa, erkekler onun aklını çelemez. Aksi takdirde uygunsuz davranan bir kadının aklını erkek çok rahatlıkla çelebilir. Aynı şekilde şeytan ve iblis, hakikat yolunda sağlam durmayan ve Tanrı'dan kuşku duyanlara yaklaşacaktır. Şeytan bu kişilerin akıllarını Tanrı'dan uzaklaşmaları ve Tanrı'ya karşı gelmeleri için çelecektir. Sonunda da onları ölümün yoluna taşıyacaktır. Havva'nın da aklı şeytan tarafından çelinmişti çünkü Tanrı'nın sözünü değiştirerek hazırlıksız yakalanmıştı.

Elbette ki hiçbir hatanız olmasa bile sınanmalarla yüzleşebilirsiniz. Bunun nedeni tıpkı Daniel'in aslan çukuruna atılması ya da İbrahim'in sunu olarak oğlunu kurban edip etmeyeceğinin sınanması gibi, Tanrı'nın sizi kutsamak istemesidir.

Sağlamca gerçek üzerinde durmadığınız için sınanma ve zorluklarla yüzleştiğinizde, hemen tövbe ederek günahlarınıza sırt çevirmeli, Tanrı'nın sözüyle günaha teşvik eden her şeyden sıyrılmalı ve gerçeğin kayası üzerinde sağlamca durmayı başarmak için elinizden gelenin en iyisini yapmalısınız.

Gerçeğin Üzerinde Sağlamca Durun; Kandırılmayın

1.Timoteos'un yazarı 4:1-2. ayetlerde şöyle yazmıştır, *"Ruh açıkça diyor ki, son zamanlarda bazıları yalancıların ikiyüzlülüğü nedeniyle aldatıcı ruhlara ve cinlerin öğretilerine kulak vererek imandan dönecek. Vicdanları adeta kızgın bir demirle dağlanmış bu yalancılar..."*

Bu ayetler sonra ki zamanlara işaret eder. İmanları olduğunu söyleyen bazı kişiler, aldatıcı ruhlar ve cinler tarafından öğretilen şeylerin peşi sıra giderek, imanlarından sapacaklardır.

Her ne kadar yaptıkları imanla dolu ve doğru görünse de, kandırılanlar ikiyüzlüdür. Herkesten önce onlar dua eder ve Tanrı'nın lütfu içinde değil ama para için imanlı görünmeye çabalarlar. Sonunda imanlarını terk eder ve ölümün yoluna girerler çünkü yalanlarından dolayı vicdanları tıpkı kızgın demirle dağlanmış gibidir. Gerçekten uzak yaşarlar ve dünyevi eğlencelere teslim olurlar.

Tanrı, Kutsal Kitap yoluyla bizi keskin bir dille dikkatli olmaya çağırır ve İsa Matta 7:15-16'de bizi uyarır: *"Sahte peygamberlerden sakının! Onlar size kuzu postuna bürünerek yaklaşırlar, ama özde yırtıcı kurtlardır. Onları meyvelerinden tanıyacaksınız. Dikenli bitkilerden üzüm, devedikenlerinden incir toplanabilir mi?"* Bir kişinin sözleri ve eylemleri, o kişinin düşünce ve arzularının aynasıdır. Yani, insanları verdikleri meyvelere göre tanıyabilirsiniz. Eğer bir kişide gerçeğin, iyiliğin ve doğruluğun meyvesi yerine nefret, çekememezlik ve kıskançlık gibi şeytani duyguların meyvesi varsa, O kişi sahte peygamberdir. Pek çok sahte peygamber ve Mesih karşıtı şu anda dünyada zaten mevcutlar. Bu yüzden Tanrı'nın çocuklarının sapkınlık hakkında iyi bir bilgiye sahip olmaya ve gerçeğin ruhu ile yalanın ruhu arasında ki ayrımı yapabilmeye gereksinimleri vardır.

Düşman şeytan ve iblis, Tanrı'nın çocuklarını kandırabilmek adına hiçbir fırsatı kaçırmaz ve gerçekle ilgili tereddüde düşer düşmez günah işlemelerini sağlarlar. Gerçek üzerinde sağlam durduğunuz ve itaat ettiğiniz zaman, yalanın ruhu tarafından kandırılmayacak ve size yaklaştığı zaman onu kolayca yenilgiye uğratabileceksiniz.

Gerçeğin karşısında olan hiçbir öğretiyi kabul etmemeli ve bu öğretilerle kandırılmamalısınız. Tanrı'nın sözüne itaat etmeli ve Kutsal Ruh'un arzularını izlemelisiniz ki Rab'bimiz İsa Mesih'in İkinci gelişinde yürekli ve günahsız olabilesiniz.

İsa bize şöyle der, *"İyi insan içindeki iyilik hazinesinden iyilik, kötü insan içindeki kötülük hazinesinden kötülük çıkarır. Size şunu söyleyeyim, insanlar söyledikleri her boş söz için yargı günü hesap verecekler. Kendi sözlerinizle aklanacak, yine kendi sözlerinizle suçlu çıkarılacaksınız."* (Matta 12:35-

37).
İyi insanın iyi bir yüreği vardır ve eylemi ister ona avantaj sağlasın ya da sağlamasın, başkalarına zarar verici davranışlarda bulunmaz. Kötü insan, gerçekten haz almaz. Çekememezliği ve kıskançlığı yüzünden diğerlerinin ayağına çelme takmak için her türlü kötü işi yapar. Sözleri ne kadar kulağa doğru gelse de, eğer başkaları hakkında kötü konuşuyor ve insanları birbirlerinden uzaklaştırıyorsa, o kişinin iyi bir insan olduğunu söyleyemezsiniz. Bu sebeple her zaman dua etmeli ve dikkatli olmalısınız ki kandırılmayasınız. Ruhların doğru mu yoksa yanlış mı olduklarını ayırt edebilmeli ve asla başkalarını yargılamamalısınız. Ve tüm bunlardan önemlisi, Üçlü Birlik'e – Baba, Oğul ve Kutsal Ruh – imanınız sağlam olmalı, tüm Kutsal Kitap'a inanmalı, itaat etmeli ve O'na göre yaşamalısınız.

"Rab İsa'ya Gel!"

Yazar:
Dr. Jaerock Lee

Dr. Jaerock Lee, 1943 yılında Kore Cumhuriyeti'nin Jeonnam eyaletine bağlı Muan'da doğdu. Yirmili yaşlarında yedi yıl süren ve tedavisi mümkün olmayan birçok hastalıktan dolayı ıstırap çekti ve iyileşme umudu olmadan ölümü bekledi. Fakat 1974 yılının bir bahar gününde, kız kardeşi tarafından bir kiliseye götürüldü ve orada dizlerinin üzerine dua etmek için çöktüğü anda, Yaşayan Tanrı O'nu tüm hastalıklarından bir anda iyileştirdi.

Dr. Lee, bu olağanüstü tecrübenin akabinde karşılaştığı Yaşayan Tanrı'yı o andan itibaren tüm kalbi ve samimiyetiyle sevdi ve 1978 yılında Tanrı'ya hizmet için göreve çağrıldı. Tanrı'nın isteğini tüm berraklığıyla anlayabilmek, bir bütün olarak üstesinden gelmek için kendini adayarak dua etti ve Tanrı'nın Sözüne itaat etti. 1982 senesinde Seul, Kore'de Manmin kilisesini kurdu ve bu kilisede mucizevî şifa ve kerametler gibi Tanrı'nın sayısız eserleri meydana gelmektedir.

Dr. Lee, 1986 yılında Kore İsa'nın Sungkyul kilisesinin senelik toplantısında papazlığa atandı ve 1990 yılında vaazları Avustralya, ABD, Rusya, Filipinler ve daha pek çok yerde Uzakdoğu Radyo Yayın Şirketi, Asya Radyo İstasyonu ve Washington Hrıstiyan Radyo Sistem yayıncılık şirketleri tarafından yayınlanmaya başlandı.

1993 yılında Manmin Kilisesi Hrıstiyan Dünya dergisi (ABD) tarafından "Dünyanın birinci sınıf 50 Kilisesi"nde biri seçildi ve Dr. Lee, Florida, ABD'de bulunan Christian Faith Üniversitesi İlahiyat fakültesinden fahri doktora derecesini aldı. 1996 yılında ise Iowa, ABD Kingsway Theological Seminary'de papazlık üzerine doktorasını yaptı.

1993 yılından beri Dr. Lee, Tanzanya, Arjantin, Uganda, Japonya, Pakistan, Kenya, Filipinler, Honduras, Hindistan, Rusya, Almanya, Peru, Kongo Demokratik Cumhuriyeti ve Amerika'nın New York eyaleti olmak üzere pek çok uluslararası misyonerlik faaliyetlerinde bulunmuş ve dünyanın uluslararası misyonerlik çalışmalarında öncüsü durumuna gelmiştir. Bu sebeple 2002 yılında Kore'de bulunan birçok Hrıstiyan gazetesi kendisini "Dünya Çapında Papaz" ilan etmiştir.

2012 Temmuz tarihi itibarıyla, Manmin Merkez Kilisesi, 120,000'den fazla üyesi olan, dünya çapında 10000 yerel ve uluslararası şube kiliseleri bulunan ve ABD, Rusya, Almanya, Kanada, Japonya, Çin, Fransa, Hindistan, Kenya gibi 23 ülkeye 129'den fazla rahip atayan bir cemaattir.

Bu güne kadar Dr. Lee en çok satan kitaplar listesine giren *"Ölümden Önce Sonsuz Yaşamı Tatma", "Benim Hayatım, Benim İmanim 1 & 2", "Çarmıhın Mesajı", "İmanın Ölçüsü", "Göksel Egemenlik 1& 2", "Cehennem" ve "Tanrı'nın Gücü"* eserleriyle birlikte 64 kitap yazmış ve bu kitapları 74'den fazla farklı dile çevrilmiştir.

Dini makaleleri *The Hankook Ilbo, The JoongAng Daily, The Chosun Ilbo, The Dong-A Ilbo, The Munhwa Ilbo, The Seoul Shinmun, The Kyunghyang Shinmun, The Hankyoreh Shinmun, The Korea Economic Daily, The Korea Herald, The Shisa News,* ve *The Christian Pres* dergi ve gazetelerinde yayınlanmaktadır.

Dr. Lee şu anda birçok misyonerlik kuruluşunun ve derneğinin kurucusu ve başkanıdır. Bunlardan bazıları şunlardır: Birleşmiş Kutsallık Kilisesi Yöneticisi (The United Holiness Church of Jesus Christ), Manmin Dünya Misyon Başkanı (Manmin World Mission), Global Hrıstiyan Network (GCN-Global Christian Network) Kurucusu ve Yönetim Kurulu Başkanı, Dünya Hrıstiyan Doktorları (WCDN- The World Christan Doctors Network) Kurucusu ve Yönetim Kurulu Başkanı, Manmin Uluslararası Seminer (MIS-Manmin International Seminary) Kurucusu ve Yönetim Kurulu Başkanı.

Göksel Egemenlik I & II

Göksel ahalinin keyfine vardığı muhteşem güzellikte ki yaşama ortamının detaylı bir taslağı ve göksel egemenliğin farklı katlarının güzel bir açıklaması.

Hayatım ve İmanım I & II

Karanlık dalgalar, evlilik sorunları ve derin çaresizliklerle geçen yaşamı, Tanrı'nın sevgisiyle tekrar doğan ve okuyucularına hoş kokulu ruhani aroma yayan Dr. Jaerock Lee'nin otobiyografisi.

Ölümden Önce Sonsuz Yaşamı Tatma

Tekrar doğarak ölümün vadisinden kurtulan ve örnek bir Hrıstiyan hayatının öncülüğünü yapan Rahip Dr. Jaerock Lee'nin şahitlik eden biyografisi.

İmanın Ölçüsü

Sizin için gökler nasıl bir yer, ne tip bir taç ve ödül hazırlandı? Bu kitap sizlere imanınızı ölçebilmeniz ve en iyi ve en olgun imana sahip olabilmeniz için bilgi ve rehberlik sağlar.

Cehennem

Tek bir canın bile cehennemin derinliklerine düşmesini arzu etmeyen Tanrı'dan tüm insanlığa içten bir mesaj! Aşağı ölüler diyarı ve cehennemin daha önce hiç açıklanmamış acımasız gerçeğini keşfedeceksiniz.